BAYERISCHE AKADEMIE DER WISSENSCHAFTEN

BAYERISCH-ÖSTERREICHISCHES WÖRTERBUCH

II. Bayern

BAYERISCHES WÖRTERBUCH (BWB)

Herausgegeben
von der
Kommission für Mundartforschung

Bearbeitet von Josef Denz, Felicitas Maria Erhard, Edith Funk,
Anthony R. Rowley, Andrea Schamberger-Hirt
und Michael Schnabel.

Heft 25 (8. Heft des 3. Bandes)
Tattel – [aus]teilen

DE GRUYTER
AKADEMIE FORSCHUNG

ISBN 978-3-11-059568-0
Library of Congress Control Number: 2018939395
Bibliografische Information der Deutschen Nationalbibliothek
Die Deutsche Nationalbibliothek verzeichnet diese Publikation in der Deutschen Nationalbibliografie; detaillierte bibliografische Daten sind im Internet über http://dnb.dnb.de abrufbar.

Genthiner Straße 13, 10785 Berlin, Deutschland
Satz: Typodata GmbH, Pfaffenhofen
Druck und Bindung: CPI books GmbH, Leck
www.degruyter.com

Tattel, Tatti, -a-
M., Schnuller, Sauglappen, °OB, °NB, °OP, °MF, °SCH vereinz.: °*öz gröigst an Datte* Fronau ROD; *Dattl* Ering PAN DWA XVIII,76.

Etym.: Wohl zur selben onomat. Wz. wie →*Tutte* 'weibliche Brust(warze), Zitze', vgl. WBÖ IV,1811 (tetten). M.S.

Tättel, -a-
M., oft in der Fügung *alter T.* **1** alter Mann.– **1a** Tattergreis, °OB, °NB, °OP, °MF, °SCH vereinz.: *da olt Dadl mou a no a jungs Wei hom* Lam KÖZ; °*werst holt aa scho an alta Dattl* Mintraching R; *Bin … schon an alter Tattel, Neunzig schier* Fdwies TS DREYER Bayern 48; *wie hätt sich ein alter Detl für die zarte Jungfrau geschickt* SELHAMER Tuba Tragica I,512.– Spruch: *A blinde Henn findt aa diam* [manchmal] *a Körnl und a alter Dattl a jungs Weib* Mühlrad 8 (1951) 33.– Auch alter Junggeselle, OB, NB vereinz.: *an oida Daadl* Ottendichl M.– **1b** Großvater, °OB, °SCH vereinz.: °*da Dåttl* Ried FDB.– **1c** Vater: *Datel* „alter Vater" EBE Obb.Heimatbl. 6 (1928) Nr.7[,4]; *kan im sein altä dätl … dävon Pradtn ä Prätl* Stubenbg PAN um 1800 PH. LENGLACHNER, Geistliches Zeitten B., München 2012, 106.
2 dummer, ungeschickter Mann, °OB, °NB, °OP, °MF, °SCH vereinz.: °*des wead so a Dådal sei* „dumm, unpraktisch" Dachau; °*a Dattl* „tolpatschiger Mensch" Regen.
3 allg. abwertend Mann, Schimpfw., °OB, °NB, °OP vereinz.: °*a so a spinnata Dattl!* O'viechtach; *„Jestatten Sie … Kupke … jeboren in Berlin … Was sagen Sie nun?" … „Traurig genug, alter Dattl!"* PEINKOFER Werke III,257.

Etym.: Mhd. *tetel* stm., Weiterbildung zu →*Tatte*.– In Bed.2, 3 auch zu →*Thaddädl* möglich; vgl. WBÖ IV, 953.

DELLING I,116; SCHMELLER I,631; ZAUPSER 87.— WBÖ IV, 953f.

Abl.: *tätteln, Tattler, tattlicht.*

Komp.: [**Platten**]**t.** glatzköpfiger (alter) Mann, °OB, °NB, °OP, °MF vereinz.: °*des is a richtiger Plattndattl* Fronau ROD.

[**Groß**]**t.** wie →*T.*1b, OB, °NB vereinz.: °*Großdattl* Großvater Malching GRI.

[**Himmel**]**t.** **1** Gottvater, NB, OP vereinz.: *ön Kindern muaß ma ön Himadattl zoang* Mittich GRI; „beim ersten Schimpfworte fährt der Junge auf … ruft den *Himmeltatel* und alle Heiligen an" REINHARDSTOETTNER Bayerwd III,9; *därf denn jetzt i koan Kind … vozähln von liabm guatn Himmidatl!* SCHLICHT Bayer. Ld 530.– **2** Christusfigur (am Kruzifix): *n Himmldadl schmatzn* Küssen der ausgestellten Kruzifixe Herrnthann R; „Palmprozession … Heute tragen die Ministranten nur mehr eine kleine Heilandsfigur … den *Himmidadl* … von Haus zu Haus" PEINKOFER Werke I,120.

SCHMELLER I,631.

[**Hosen**]**t.** ängstlicher Mensch, °OP, °SCH vereinz.: °*Hosndattl* O'viechtach.

[**Narren**]**t.** **1** alberner, einfältiger Mensch, °OB, °NB, °OP vereinz.: °*so a Narrndattl!* Rgbg; „Schimpfnamen für 'Mann' … *Narrntattl*" BRAUN Nordbair. 53.– **2** törichter alter Mann, °NB vereinz.: °*Narrndattl* „sucht im Alter junge Liebe" Geiselhöring MAL.

WBÖ IV,954f.

[**Stritt**]**t.** streitsüchtiger Mann, °OB, °NB, °OP, °MF vereinz.: *a ålta Stridådl* Schloppach TIR.

M.S.

tätteln
Vb., in heutiger Mda. nur im Komp. **1**: *Datteln* „langsam, ungeschickt etwas verrichten" DELLING I,117.
2: *tätteln* „sich kindisch, wie ein kindischer Alter benehmen" SCHMELLER I,631.

DELLING I,117; SCHMELLER I,631.– WBÖ IV,955.

Komp.: [**um-ein-ander**]**t.**: °*dea dadelt umanand wiar a oida Mo* „geht unbeholfen" Teisendf LF.

†[**ver**]**t.**: *Verdatteln* „durch unüberlegtes Benehmen etwas verlieren" DELLING II,188.

DELLING II,188. M.S.

Tatter
F. **1** weibliche Person.– **1a** (alte) zittrige Frau: *alte Datern* SINGER Arzbg.Wb. 50.– **1b**: *dǫdan* „weibl. Person, die erschrocken, aufgeregt, verstört ist" KOLLMER II,535.
2 Mund: *Maal … Goschn … Dadern* SCHEMM Dees u.Sell 29.

Etym.: Abl. von →*tattern*; WBÖ IV,957.

WBÖ IV,956f. M.S.

Tatter(er), -ä-
M. **1** Zittern, Tatterich, °OB, °NB, °MF vereinz.: *i kå nimma schreim, i hå in Dahdera an die Hent* Passau; *Der hat an' argen Daderer ... 's is halt an alter Herr* DREHER Schußzeit 19.
2 Angst, Furcht, OB mehrf., °NB, °MF vereinz.: *host an Daderer* Steinhöring EBE; *Daderer* „Bammel" [4]ZEHETNER Bair.Dt. 345.
3 von meist männlichen Personen.– **3a** zittriger, meist alter Mensch, °OB, °NB, °OP, °OF, °MF vereinz.: °*a rechdan oida Dåddara weada jetz schoh, da Grousvåda* Ebersbg; °*du bist a alta Dattara, laß mich eifädeln!* Ursulapoppenricht AM; *Datterer* „Zittergreis" JUDENMANN Opf. Wb. 37.– **3b** ängstlicher Mensch, °OB, °NB, OP, °MF, °SCH vereinz.: *Dåderer* feiger Mensch Aicha PA; *Dōdara* AMAN Schimpfwb. 44.– **3c** schwerfälliger, unbeholfener Mensch, °OB, °NB, °OP, °MF vereinz.: °*langsamer Datterer* Ambg.– **3d** Stotterer, °NB, °OP vereinz.: °*Dåterer* Laaber PAR.– **3e** schwatzhafter Mensch, °OP, °OF vereinz.: °*Daadera* Selb; *Doodara* BRAUN Gr.Wb. 95; *Datterer* „Schwätzer, Plauderer" HÄSSLEIN Nürnbg.Id. 55.
4 zum Spott aufgestellte vogelscheuchenartige Figur, °OB, °NB vereinz.: °*Datterer* „Spottfigur" (Ef.) Breitenbg WEG.
5 großer Glasschusser, °OB, °NB vereinz.: °*Daderer* „mit farbiger Maserung" Kochel TÖL.
HÄSSLEIN Nürnbg.Id. 55; SCHMELLER I,631.– WBÖ IV,957f.

Komp.: [**Gans**]**t.** wie → *T.*3e: *du verhöllter Gohsdadara!* „vorwitziges Plappermaul" OP.

[**Hosen**]**t. 1** Bub, der die erste Hose trägt, °OB, °NB, °OP vereinz.: °*Husndadderer* Dietkchn NM.– **2** wie → *T.*3b, °OB mehrf., °Restgeb. vereinz.: °*Hosndådara* „Angsthase" O'au BGD.
M.S.

-tatter
N., nur in: [**Ge**]**t.** Geschwätz, Gerede: *Getooda* BRAUN Gr.Wb. 171; *Das Getatter* SCHMELLER I,631; *Ge-datter* HÄSSLEIN Nürnbg.Id. 55.
HÄSSLEIN Nürnbg.Id. 55; SCHMELLER I,631.– WBÖ IV,956.
M.S.

Tatterich, -ä-, -icht
M. **1** Zittern, Tatterich, °OB, °NB, °OP, °MF vereinz.: °*der håt an gscheitn Dådarich* „vor Schreck" Aicha PA; *Datterich* „nervöses, d.h. krankhaftes Zittern" BERTHOLD Fürther Wb. 230.
2 Angst, Furcht, °OB, °NB, OP vereinz.: *an Datrich gröing* Ambg; „da hat ... jeder *ein bißl einen Dattrich* gekriegt" ROHRER Alt-Mchn 169.
3 von Menschen.– **3a** zittriger, meist alter Mann, °OB, °NB, °OP, °MF vereinz.: °*Datterich* Peiting SOG; *Datterich* „alter Mann, der ... an Parkinsonismus leidet" BERTHOLD ebd.– **3b**: *Dåtterich* „Feigling" Ried FDB.– **3c** unbeholfener Mensch, °OB vereinz.: °*Datterich* Eschenlohe GAP.
WBÖ IV,958f.
M.S.

tattericht, -ä-, -ig
Adj. **1** zittrig, °OB, °NB, °OP, °OF, °MF vereinz.: °*bisd hoid seid an Joa gscheid dådarad woan* Grafenau; *dadderi* FRIEDEL Grenzgedanken 48.
2 aufgeregt, nervös, °OB, °NB, °OP, °MF vereinz.: °*dåtterad* Günzenhsn FS.
3 ängstlich, verängstigt, °Gesamtgeb. vereinz.: °*datterad* „feig, ohne Schneid" Augsburg; *dǫdarad* „erschrocken" KOLLMER II,535.
4 verblüfft, fassungslos, °OB, °NB vereinz.: °*datteret* „sprachlos" Hunding DEG; *dǫdarad* „verstört" KOLLMER ebd.
5 müde, erschöpft, °OB vereinz.: °*dotterert* Erlstätt TS.
WBÖ IV,957, 959.

Komp.: [**der**]**t. 1** wie → *t.*3: *dea is ganz dadodarat* dem ist das Herz in die Hose gerutscht Arrach KÖZ.– **2** wie → *t.*4, OB, °NB vereinz.: °*na is a dadoudarad gwen* „verdattert" Buch LA.
M.S.

Tatterling, -ä-
M. **1** umständlicher, unbeholfener Mensch, °OB, °NB vereinz.: °*des wead so a Dodaling sei, dea Umschdandsgråma* Dachau.
2 Schwächling, Feigling: °*sei net so a Doterling!* Deggendf; *Dädaling* HELM Mda.Bgd.Ld 48.
WBÖ IV,959.

Komp.: [**Hosen**]**t.** wie → *T.*2: °*Hosndatterling* Kchseeon EBE.
M.S.

tattern, -ä-
Vb. **1** zitterig, nervös, ängstlich, fassungslos sein.– **1a** zittern, zittrig sein, °OB, °NB, °OP vereinz.: °*doohdan* Wasserburg; *Bal dadert s' wier a g'schrickis Kind* GUMPPENBERG Loder 16.– **1b**: *datern* „aufgeregt sein" SINGER Arzbg.

Wb. 50.– **1c** Angst bekommen, haben, NB vereinz.: *dadern* „sich fürchten“ Passau; „*tattern* ... erschrecken“ LEOPRECHTING Lechrain 177.– **1d** auch unpers., fassungslos sein, OB, NB vereinz.: *den hat's dottert* Mundraching LL.
2 reden.– **2a** viel reden, schwätzen, OP, °OF vereinz.: °*tatan* „plappern“ Selb; *tàdə'n* SCHMELLER I,631; *Dadern* PRASCH 17.– **2b** undeutlich sprechen.– **2bα** stottern, °OP, °SCH vereinz.: °*dattra* Augsburg.– **2bβ** mit der Zunge an den Zähnen anstoßen, OB, OP vereinz.: *dodarn* lispeln Elbach MB.– **2bγ** lallen, babbeln, OP vereinz.: *dådern* „erste Sprechversuche“ Naabdemenrth NEW; *dǭdan* „von Betrunkenen“ nach DENZ Windisch-Eschenbach 266.
3 schnattern (von der Gans): °*dadern* Cham; *dàddə'n* Dinzling CHA BM I,76.
4: *tattern* „klappern“ [4]ZEHETNER Bair.Dt. 345.
5: °*dåttern* „schussern“ Regen.

Etym.: Mhd. *tateren*, wohl onomat.; WBÖ IV,960.

DELLING I,111; HÄSSLEIN Nürnbg.Id. 55; PRASCH 17; SCHMELLER I,631; WESTENRIEDER Gloss. 97, 578.– WBÖ IV,960f.

Abl.: *Tatter*, *-tatter*, *Tatter(er)*, *Tatterich*, *tattericht*, *Tatterling*, *tatticht*.

Komp.: [**der**]**t.**, †[**er**]- **1** wie →*t.*1a: *də'tâdə'n* „zittern vor Frost, vor Furcht“ SCHMELLER I,631; „*so offt sie ... dergleichen Bild ansehe*/ *schiesse ihr etwas durch den gantzen Leib* und sie ... *ertattere* ... an allen Gliedern“ Errettung der Jungfrau 40.– Part.Prät., zittrig, °OB, °NB, °OP vereinz.: *dadatatö Gliedmassn* Hengersbg DEG; *er ist ganz ... dadadert* DELLING I,157; *dado:dad* KILGERT Gloss.Ratisbonense 58.– **2** Part.Prät., aufgeregt, nervös, °OB, °NB, °OP vereinz.: °*der is dadodat* Kottingwörth BEI; *dadodat* Wb.Krün 10.– **3** meist Part.Prät., in Verlegenheit, Angst versetzen, °NB mehrf., °OB, °OP, °OF, °MF vereinz.: °*da war a ganz dadåttert* „verängstigt“ U'föhring M; *dadådan* einschüchtern Drachselsrd VIT; *wenn da Lehra um wos fragt ... is er recht dadadat* PONZAUNER Bei uns dahoam 93; *Von diser Stimm erschröckt vnd ertattert ... sprange Melchior von dem Beth auff* HUEBER Granat-Apfel 296.– **4** wie →*t.*1c, °OB, °OP vereinz.: °*dou bini richte dadadert* Pirk NEW; *də'tâdə'n* „erschrecken“ SCHMELLER ebd.– **5** Part.Prät., verblüfft, erschüttert, fassungslos, °OB, °NB, °OP mehrf., °MF vereinz.: *i bin so derdadert gwen, daß i gar nix hab antwortn kinna* Passau; *dadatat* „baff“ Seligenporten NM; *dadoodert* „verdattert“ GÖTTLER Dachauerisch 20; „*Er ist aller* (gänzlich) *derdattert* ... ganz ausser der richtigen Besinnung gesezt“ WESTENRIEDER Gloss. 97.– **6** Part.Prät., müde, erschöpft, °OB, °OP vereinz.: °*ganz dadodat is a hoamkemma* Uffing WM.

DELLING I,121, 157; SCHMELLER I,631; ZAUPSER 23.– WBÖ IV,961f.

[**einhin**]**t.** hineinreden, sich einmischen: *Koa Ahnung ... ower eidadern!* SCHEMM Neie Deas-Gsch. 103.

[**ver**]**t.** **1** †wie →*t.*1a: *kann a Joda* [jeder] *vodattan, Dem's* [eine Natter] *abba affitzt* [daraufschlägt] PANGKOFER Ged.altb.Mda. 124.– **2** Part.Prät., wie →[*der*]*t.*2: °*ganz verdattert is gwen* „aufgeregt“ Nußdf RO.– **3** meist Part. Prät., wie →[*der*]*t.*3, °OB, MF, °SCH mehrf., °Restgeb. vereinz.: °*den håb i verdådert* „eingeschüchtert“ Lam KÖZ; *Wia i eam gsaggd hoob, daß ea mi o:gloong hood, wa:ra gands vâ:dâdâdd* CHRISTL Aichacher Wb. 241; *Ver-tattert* HÄSSLEIN Nürnbg.Id. 132.– **4** Part.Prät., wie →[*der*]*t.*5, °OB, °NB, °OP vereinz.: °*vodadad* „sprachlos“ Neufraunhfn VIB; *vadodad* „verdattert“ Wb. Krün 52.

HÄSSLEIN Nürnbg.Id. 132.– WBÖ IV,962f. M.S.

tatticht

Adj. **1** zittrig, °OB, °OP vereinz.: °*der is dattert* Hahnbach AM; *do:dad* „zittrig ... senil“ KILGERT Gloss.Ratisbonense 162.
2 aufgeregt, nervös: °*dattert* Maushm PAR; *do:dad* KILGERT ebd.
3 ängstlich, verängstigt, °OB, °OP vereinz.: °*daddad* „erschrocken“ Mettenham TS; *dåtad* nach KOLLMER II,534.
4: *dåtad* „verstört“ nach ebd.
5 ungeschickt, unbeholfen, °OB, °OP vereinz.: °*geh, lang do net gar so dattert hi* Hohenpeißenbg SOG.

Etym.: Wohl verkürzt aus →*tattericht*. Anders WBÖ IV,952.

WBÖ IV,952. M.S.

Tattirl → *Thaddädl*.

Tattler, -ä-

M. **1**: °*Daddler* „zittriger alter Mann“ Hohenwart SOB.
2 unbeholfener, umständlicher Mann, °OB vereinz.: °*da Knecht vom Hoisl is a so a Dattler* Lenggries TÖL. M.S.

tattlicht, -ig
Adj. **1**: °*da Luggi is dattle* „unsicher, schwach" Wildenroth FFB.
2: °*dattlad* „umständlich" Hohenpeißenbg SOG.
WBÖ IV,955. M.S.

Datum
M., N. **1** Datum, kalendarische Tagesangabe, °OB vereinz.: *da Datum* Kochel TÖL; *Was hamma heint für an Datum?* HuV 12 (1934) 250.
2 †zur Verfügung Stehendes: *nicht gewinlich kriegsleut, die al ir datum auf die schlacht sezen* Aventin I,225,4f. (Türkenkrieg).
Etym.: Aus lat. *datum* 'gegeben, ausgefertigt (am)'; Kluge-Seebold 182.– M. wohl nach →*Tag*; WBÖ IV, 966.
Schmeller I,551; Westenrieder Gloss. 97.– WBÖ IV,966. M.S.

†Datz, -ä-
M., Abgabe, Steuer: *die Tez und Aufschläg ... so die von Augspurg auf Getraidt, Pferdt und Salz geschlagen* Landshut 1469 Lori Lechrain 200.
Etym.: Aus it. *dazio*; Frühnhd.Wb. V,322.
Schmeller I,558; Westenrieder Gloss. 578.– WBÖ IV, 970-972. M.S.

datz[1]
Interj., Aufforderung, etwas zu nehmen: °*douzz!* „nehmt es!" Rottendf NAB; *Datz!* „Da habt ihrs! Nehmt es" OP Zaupser Nachl. 15.
Etym.: Wohl →*da*[1] mit Endg der 2.Pl. des Vb.
Zaupser Nachl. 15. M.S.

datz[2], in, bei, →*daz*.

Tatz
M. **1** Fuß eines Tieres.– **1a** Tatze, Pfote, NB vereinz.: *da Dåz* Aicha PA.– Phras. *rauher T.* Tier: *wea uman raua Daz woät, dea woät um nais Uglick* „einem verkauften oder verendeten Tier soll man nicht nachweinen" Ruhstorf GRI.– **1b**: *Dåz* „Fuß des Federviehs" Simbach PAN.
2 (abwertend) Hand, OB, NB vereinz.: *Tatz her!* „bei der Begrüßung" Partenkchn GAP; *tua dein Tatz weg!* Simbach PAN.
3 von Menschen.– **3a**: *Tatz* Mensch mit übergroßen Händen Fürstenstein PA.– **3b** Mensch mit sehr großen Füßen, NB vereinz.: *Tatz* Walchsing VOF.– **3c** in Phras. *tenker T.* Linkshänder, OB, °NB vereinz.: *a denka Tatz* Innviertel;– °*dengga Daaz* „linkischer unbeholfener Mensch" Simbach PAN.
WBÖ IV,967f.

Komp.: [**Brettlein**]**t.** **1**: *Brettltatz* Plattfuß Haarbach GRI.– **2** wie →*T.*3b: *Brettltatz* Mensch mit übergroßen Füßen ebd.

[**Tenk(er)**]**t.** Linkshänder, °OB, °NB vereinz.: °*warum is unsa Enkl a Denkadaaz, wo mia doch olle Rechtshänder han?* Stammham AÖ.– Zu →*tenk* 'links'.
WBÖ IV,968f.

[**Vier**]**t.**: °*Viadatz* „vierbeiniger Hocker zum Aufstützen der Pferdehufe beim Ausschneiden" Dachau. M.S.

Tatze[1]
F. **1** Fuß eines Tieres.– **1a** Tatze, Pfote, °OB, °NB, °OP vereinz.: *Kåutz håd vier Dazal* Mittich GRI; *Datzn* „Pranke" Aman Schimpfwb. 44; *Von einem Bären... Datzen/ oder Füß* Hagger Kochb. III,1,214.– **1b** Fuß eines Kalbs: °*de Datzal schaung scho aussa, hiatz kemmas scho!* „beim Kälbern" Dachau.
2 (abwertend) Hand, °OB, NB, OP vereinz.: *i håma Dotzn vobrennt* Taufkchn ED; *Tatzn* Mantel NEW Die Arnika 34 (2002) 212.– Phras.: °*der stengan d Tatz hintn naus wia an Schärra* [Maulwurf] „sie ist zur Arbeit ungeeignet" Schweinersdf FS.
3 Kralle, Haken.– **3a** Kralle an der Schlittenkufe, Schlittenbremse, °OB, °OP vereinz.: °*schaug, ob dei Datzn in Ordnung san, daßd bremsn koscht, wanns gach owarts geaht* Benediktbeuern TÖL; *Datz* „Bremse am Ziehschlitten" Sojer Ruhpoldinger Mda. 9.– **3b** Kralle, Haken am Hebebaum, °OB, °NB vereinz.: °„der Hebebaum für Baumstämme hat unten *die Tatze* aus Eisen mit zwei *Nasen* zwecks Halts am Boden" Gmund MB.
4 Sensengriff, OB vereinz.: *de rächt Datzn* Ainau PAF; *a dåtfn* Rottenegg PAF nach SOB V,279.
5 Schlag.– **5a** Tatze, Schlag auf die Handfläche, °Gesamtgeb. vereinz.: °*da Doni hod heid via Dådzn griagd* Ebersbg; *Für oamal Aasong haouts oa Tatzn, für zwamal drei Tatzn gebm* Schemm Stoagaß 173; *Herr Magister! warum haben sie gestern keine Tazen ausgegeben* Bucher Pferderennen 6.– Reim: „Für jeden *Batzn* [Tintenklecks im Schulheft] eine *Datzn*" Ilm-

Berger Fibel 22.– Spruch: *Voda hout mas 's Schdęggala geem 's Schdeggala ho-i ⁱn Lara … geem D' Lara hout ma ⁱn Datzn … geem Datzn hout ma bißn* EIH ZHM 4 (1903) 114.– **5b** Dim., Klaps, °OB, °NB vereinz.: °*Tatzerl* leichter Schlag St.Englmar BOG.
6 Schlagspur, Delle, °MF, °SCH vereinz.: *Datzn* Beule am Metallgeschirr Stepperg ND.
7 †Dim., Hals- od. Handkrause, Manschette: *Tátzl* „Hemdspitze, Hemdkrause, Manschette" Schmeller I,634; *die hochen Krägen … sambt den Tätzln sollen inen … verboten sein* 1578 Breit Verbrechen u.Strafe 88; *Tatzeln* „Handkrausen" Zaupser 76.

Etym.: Mhd. *tatze* f., Herkunft unklar. Zur selben idg. Wz. wie →*täckeln*[1] 'beschmieren'; WBÖ IV,984?

Delling I,117; Schmeller I,634; Westenrieder Gloss. 579; Zaupser 76.– WBÖ IV,972-977.

Abl.: *Tatz, -tätzel, tatzeln, tatzen, Tatzer, tatzicht*[1], *-tätzler, -tatzlicht.*

Komp.: [**Bären**]**t.** **1** Tatze des Bären, OB, NB, OP vereinz.: *Bärntatzn* Mchn.– **2** große Hand, OB, NB, SCH vereinz.: *der hot a paar Bearataza* Mering FDB.– **3**: *Bärntatzn* „X-Beine" Flintsbach RO.– **4** Pfln., Pilz.– **4a** Bärenklau (Heracleum sphondylium), °NB mehrf., °OB, °OP, °MF vereinz.: °*Bärndatzn* Marktl AÖ; *Bärentatze(n)* Passau Marzell Pfln. II,821.– **4b** Keulenbärlapp (Lycopodium clavatum), °OB, °NB, °OP vereinz.: °*Beerndotzn* Germannsdf WEG.– **4c** Wundklee (Anthyllis Vulneraria), °OB, NB vereinz.: °*Bärndadsn* Ingolstadt; *Bärntazal* Passau Marzell Pfln. I,342.– **4d** Huflattich (Tussilago farfara), °OP vereinz.: *Beärntazn* Altendf ESB.– **4e** Echter Schierling (Conium maculatum), °OB, °NB vereinz.: °*Bärntatz* Söldenau VOF.– **4f** Heckenkälberkropf (Chaerophyllum temulum): °*Bärentatze* Wollomoos AIC.– **4g** Bärenlauch (Allium ursinum): °*Beandatzl* Dachau.– **4h** Pilz.– **4hα** Ziegenbart (Clavaria), °OB, °NB vereinz.: °*die Bärntåtzn* O'au BGD; *Bärntåtz'n* Braun Gr.Wb. 39.– **4hβ** Krause Glucke (Sparassis crispa): °*Bärentatze* „Fette Henne" Tacherting TS.– **5**: °*Bärentatze* „Vanilleplätzchen" Zwiesel REG.

WBÖ IV,977f.

[**Brems**]**t.** Kralle zum Bremsen, °OB vereinz.: °*Bremstatzn* „Wagen-, Schlittenbremse" Rosenhm.

WBÖ IV,978.

[**Dri**]**t.** **1** Kralle mit drei Haken.– **1a** zum Bremsen des Schlittens: °*das Dritatzl* Ziegelbg RO.– **1b** zum Ziehen von Holzstämmen: „mit … *Tridatzeln* … an einem … Drahtseil befestigt und … von zwei Pferden aus dem Fluß gezogen" Schleching TS Bayerld 49 (1938) 377f.– **2** dreistrebige Vorrichtung zum Transport des Pflugs: °*min Dridatzl aufs Feld aussiroasn* „den Pflug hinausschleifen" Dachau.

[**Ein**]**t.** Kralle mit einem Haken zum Bremsen des Schlittens: °*Eindatzl, Zweidatzl* „Patentbremsen, die am Schlitten angebracht sind" Reichersbeuern TÖL.

[**Vier**]**t.** **1** Kralle mit vier Haken zum Ziehen von Holzstämmen: „mit … *Vierdatzeln* … aus dem Fluß gezogen" Schleching TS Bayerld ebd.– **2** vierstrebige Vorrichtung zum Transport des Pflugs: °*Viadatzl* Dachau.

[**Griff**]**t.** **1** Kralle, Haken.– **1a** wie →*T.*3a, °OB vereinz.: °*Griefdåtsn* Parsbg MB.– **1b** Kralle an der Seilwinde, °OB, °OP vereinz.: °*Griffdåtzn* Dachau.– **1c** wie →*T.*3b, °OB vereinz.: °„die Holzfäller verwendeten Stangen mit *Grifftatzen*" Walleshsn LL.– **2** Hebebaum, °OB, °NB, °OP, °MF vereinz.: °*Grifftatzn* Gangkfn EG.– **3**: °*Grifftatzn* „Holzgriffe der Baumsäge" Brunnen SOB.

[**Hand**]**t.** Dim., Halbhandschuh, °OB, °NB, °OP, °MF vereinz.: °*Handatzerl* „Handschuh, der die Fingerspitzen freiläßt" Hexenagger RID; *2 baar handtezl* Rgbg 1630 VHO 81 (1931) 38 (Inv.).

WBÖ IV,978.

[**Kalbs**]**t.**, [**Kälblein**]- wie →*T.*1b, °OB, °NB, °MF vereinz.: °*Kaiwitatzn* „Vorderfüße des Kalbs" Brunnen SOB.

[**Katzen**]**t.** Katzenpfote, OB, NB vereinz.: *Katzntotzn* March REG.

[**Krahen**]**t.** wie →*T.*3a: °*Krantatz* „Schlittenbremse" Rathsmannsdf VOF.

WBÖ IV,979.

[**Liebes**]**t.** wie →*T.*5b: °*Liabstatzerl* „zarter Schlag, Klaps" Malching GRI.

[**Nacht**]**t.** Dim., Klaps vor dem Schlafengehen, °OP vereinz.: °*Nachttatzl* „geben sich die

Kinder, wenn sie abends die Straße verlassen“ Michelsneukchn ROD.

[**Schleipf**]**t.** wie → *T.*3a: °*die Schleipftatzn* Bremsvorrichtung am Schlitten Rottach-Egern MB.

[**Schlitten**]**t.** dass., °OB vereinz.: °*Schlittntatzn* Thanning WOR.
WBÖ IV,979.

[**Sens**]**t.** wie → *T.*4, °OB, °OP vereinz.: °*Sengsttatzn* „Sensengriffe“ Tettenwang RID.

[**Sperr**]**t.** wie → *T.*3a, °OB vereinz.: °*d Hoaraschlittn håm Sperrtatzn* Eschenlohe GAP; *Sparrdatz* Wb.Krün 47.
WBÖ IV,979. M.S.

Tatze[2]
F., Narbe, °OB, °OP vereinz.: °*Datzl* „Blatternarbe“ Maushm PAR.
Etym.: Aus it. *taccia* ‘Fleck auf der Haut’; SCHMELLER I,634.
SCHMELLER I,634.

Abl.: *tatzicht*[2]. M.S.

Tatze[3] → *Tasse*.

Tatzel
M., Schnuller, °OB (v.a. MB) mehrf., °MF vereinz.: °*tua eahm an Datzl aussa* Fischbachau MB.
Etym.: Wohl Nebenf. von → *Tattel*. A.S.H.

-tätzel
M., nur in Komp.: [**Ein**]**t. 1** einarmiger od. einhändiger Mensch: *Oatatzl* „Einhänder“ Partenkchn GAP; *Der Eintatzel* „einarmig“ OB BzAnthr. 8 (1889) 176.– **2** Mensch mit nur einem Fuß: *Eintazl* HÖFLER Volksmed. 90.
WBÖ IV,983.

[**Stein**]**t.**: *Stoadazzl* Schusser Waakchn MB.

[**Zwie**]**t.** zweizackige Halterung zum Fixieren des Bretts beim Hobeln: °*der Zwiedatzl* Thanning WOR. M.S.

tatzeln, -ä-
Vb. **1** sich vorsichtig auf Pfoten fortbewegen: *tatzln* „von Hunden und Katzen“ Aicha PA.
2 mit der Pfote tasten: *tatzln* ebd.; *da Tyras* [Hundename] ... *schwanzlt zoua* ... *Und mit de Pfoutschn hot a tatzlt* SCHWÄGERL Dalust 82.
3 schlagen.– **3a** †Tatzen verabreichen: *zitterende Händ* ... *so auch vom Tätzlen herkombt* SELHAMER Tuba Rustica II,[2]94.– **3b** sich gegenseitig ausgestreckte Finger aufeinanderschlagen, Spiel: *tatzln* Partenkchn GAP.– **3c**: *tatzln* „sanft schlagen, tätscheln“ Hengersbg DEG.
WBÖ IV,983.

Komp.: [**an**]**t.**: °*antatzln* berühren Deggendf. M.S.

tatzen, -ä-
Vb. **1** Tatzen verabreichen, OB, °OP vereinz.: °*tazn* „mit dem spanischen Rohr, Schulstrafe“ Weiden.
2: *dåtſn* „schwerfällig greifen“ nach KOLLMER II,83.
3: *dåtſn* „schwerfällig ... gehen“ nach ebd.
WBÖ IV,984f.

Komp.: [**ab**]**t.** wie → *t.*1: °*wos is da liaber, Odazzn mitn Hoslnussern oder sechs Überglegte?* „fragt der Lehrer“ Grafing EBE.
WBÖ IV,985.

[**an**]**t.** berühren, anfassen, begrapschen, °OB, °NB vereinz.: °*ådatzn* „berühren, was man nicht berühren sollte“ O'neukchn MÜ; *tua net ois atatzn* HÄRING Gäuboden 124.
WBÖ IV,985.

[**einhin**]**t. 1** (in Wasser, Schmutz) hineintreten: *einitatzn* Hengersbg DEG.– **2**: °*eiidatzn* „einbremsen“ Mettenham TS.
WBÖ IV,985. M.S.

Tatzer
M. **1** großer Fuß: *der håt Datza* Haidlfing LAN.
2: *tatſa* „Schlag auf die Handfläche“ nach MOSER Staudengeb. 11.
3: *a Tatza* „Fingerabdruck“ HÄRING Gäuboden 124.
4 von Menschen.– **4a**: *dǫtza, dotza* „schwerfällige, langsame, faule männliche Person“ KOLLMER II,90.– **4b** Mann, der Frauen unsittlich anfaßt: *Datza* AMAN Schimpfwb. 43f.
WBÖ IV,986.

Komp.: [**Bären**]**t.** **1**: *Bärntatza* Mensch mit übergroßen Füßen Dfbach PA.– **2** Keulenbärlapp (Lycopodium clavatum): °*Bärntatza* Altenbuch LAN.

[**Tenk**]**t.**: *Tenggtatzer* „Spottname für Linkshänder" Wasserburg.– Zu →*tenk* 'links'.

WBÖ IV,986. M.S.

tatzicht[1], **-tatzig**

Adj. **1** groß (von Hand od. Pfote), °OB, NB vereinz.: *a datzadö Hend* „breite Hand" Iggensbach DEG.
2 mit großen Händen, °OB, NB vereinz.: *datzed* U'mitterdf REG.
3 ungeschickt, linkisch, °NB vereinz.: °*datzad* „tolpatschig" Pfarrkchn.– Auch: *dǫtzad, dotzad* „langsam, faul arbeitend" Kollmer II,90.
4 zudringlich gegenüber Frauen: *datzad* Aman Schimpfwb. 44.

WBÖ IV,982.

Komp.: [**bär**(**en**)]**t.** **1** mit stark durchgebogenen Fesselgelenken, °OB, °NB, °OP, °MF, °SCH vereinz.: °*des is a bärntatzigs Roß* Moosach EBE; „Ferkel können *bärndatzi* sein" Ilmberger Fibel 59.– **2** mit großen Händen od. Füßen.– **2a** wie →*t.*2: *a Bärntatziger* Enkering EIH; „ein Niederbayer ... *mit Mordstrümmer Fäust – bärentatzig*, wie man so sagt" Lettl Brauch 175.– **2b** mit großen Füßen, OB, NB vereinz.: *bärntazi* Hallertau; *bärentàtzig* [4]Zehetner Bair.Dt. 61.– Auch: *bärntatzig* „plattfüßig" Reisbach DGF.– **3** plump, ungeschickt.– **3a** plump, ungeschlacht, °OB, °NB vereinz.: °*a bärntazada Kund* Nottau WEG; *Du Bauanbinkn, du bɛandatziga!* Aman Schimpfwb. 32.– **3b** schwerfällig, ungeschickt, °NB, °OP vereinz.: °*dö wiad owai bärntatziga* Hallertau; *bärentàtzig* „unbeholfen" Zehetner ebd.– **4** mürrisch, wortkarg: „er ist wortkarg und verschlossen, *bärntatzi* (wie man auf gutbayerisch solche Leute heißt)" Schlicht Bayer.Ld 5.

WBÖ IV,987.

[**groß**]**t.** wie →[*bären*]*t.*2b: *großtatzad* mit übergroßen Füßen Dietersburg PAN. M.S.

tatzicht[2]

Adj., blatternarbig, °OB, °MF vereinz.: °*had d Moalies a dåtzads Gfries!* Dachau; *tatzet* Schmeller I,634.

Schmeller I,634. M.S.

-tätzler

M., nur in Komp.: [**Ein**]**t.** einarmiger Mensch, °OB vereinz.: *Oantatzla* Weilhm.– Auch: *Oantazla* „jemand, der nur eine Hand gebrauchen kann" Wackersbg TÖL.

WBÖ IV,988.

[**Spür**]**t.** Penis: *Dem san dö ... Zimmamadl davo, Wei as mit sein Spürtazla nimma recht ko* Queri Bauernerotik 246. M.S.

-tatzlicht

Adj., nur im Komp.: [**ein**]**t.** nur eine Hand habend: *vo' die Alt'n is der oadatzlad Girgei g'starb'n und as kropfade Agei* Franz Hutzelweck'n 43.

WBÖ IV,987. M.S.

Tau, Taub

M., N., F. **1** Tau, Niederschlag, °Gesamtgeb. vereinz.: °*wenns ö da Frej an stoaggn Daa hod, na komd a schees Wöda* Rattenbg BOG; *hei*[n]*d hod's a scheas Dau* Derching FDB; *in der Fruah ... stehn ma ... im frischen Taub draußt beim Fuadermahn* Matheis Bauernbrot 11; *Imbres ... tau* 8./9.Jh. StSG. I,182,29; *ê die sunne daz tawe benem* KonradvM BdN 111,10f.; *Fur dy tunckl der augen vach das taw zw metten zeyt* Windbg BOG 1505 Clm 4543,fol.81[v].– Phras.: *T. rösten / rötzen* Flachs rösten, NB, OP vereinz.: *Tau räistn* M'ldf NEW.– †: *d'Lieb is wie's Tau, 's follt auf a Ros'n und auf an Kuhpfifferling* [Kuhfladen] Hoheneicher Werdenfels 63.– Vkde: *T.* gilt als Heil- u. Schönheitsmittel, das Einreiben damit, bes. nach Mainächten, v.a. der Nacht vor dem 1. Mai (s. [*Walpurgi*(*s*)]*t.*) od. vor Pfingstsonntag (s. [*Pfingst*]*t.*), hilft u.a. gegen Augenkrankheiten (AÖ, IN, MB; PAN; R, VOH), Zahnschmerzen (ED) u. Sommersprossen (DAH, ED, SOB; PA, PAN; VOH; OP Bavaria II,270).– Weiteres vgl. Wuttke Volksabergl. 76, 92.– Auch Befeuchtung mit Tau: *8 bis 9 Tau muß der Flachs haben* Kollbach EG.
2 übertr. Nichtigkeit, Geringfügigkeit, in Phras.: *kein T.* u.ä. gar nichts: *koin Tau, niat n Tau mäiha* Singer Arzbg.Wb. 235;– †(*ein / kein*) *kühler T.* u.ä.: *Deiné Ochs·n sán' schö˜, àbə' gégng die meiningə˜ wár·n s· kaə˜ küələ' Tau* Schmeller I,573; *An einem dürren Kreuze hängen, ist ja kühles Thau gegen das Liegen auf einer glühenden Bank* Bucher Werke IV,74.– °*Koan Dau habn* „keine Ahnung" Kelhm.

Etym.: Ahd., mhd. *tou, -wes* stn., germ. Wort unklarer Herkunft; Kluge-Seebold 908.

Ltg, Formen: Entspr. der Entw. von mhd. *ou* vor *w*, vgl. Lg. § 21d1, *dau* u.ä., auch *dǫu* (FFB, LL, SOG, STA; DON), ferner *dā̃* (BOG, KÖZ, REG, VIT; CHA, WÜM), *dą̄* (BOG, REG; NM, WÜM; EIH), mit *-b* aus den flekt. Formen der alten *-wa*-Stämme, vgl. Lg. § 25b1, *daub* NB (dazu AÖ, MÜ, RO; RID), *dą̄b* OP (dazu EIH, HIP, WUG), *dōb(ɑ)* (SOG).– Genus M., daneben N. OB, NB, SCH (dazu NAB, PAR, R; EIH, HIP, WUG), vereinz. F. (ROL; N).

Delling I,123; Schmeller I,573.– WBÖ IV,988-995.

Abl.: *täueln, tauen*[1], *tauig*.

Komp.: [**An**]**t. 1** Rauhreif, °OB, °NB, °OP, °MF, °SCH vereinz.: °*Odau is zon segn* Brennbg R.– **2**: °*Antau* „leichter Tau“ Kay LF.

[**Pfingst**]**t.** Tau am Pfingstsonntag, OB, OP vereinz.: *min Pfingstdau soll ma d'Augn wåschn, dåß gsund bleim* Vohenstrauß.

WBÖ IV,995.

[**Himmel(s)**]**t. 1**: °*Himmelstau* „Bodennebel am Morgen“ Finsing ED.– **2** Bluthirse (Panicum sanguinale): *Himeda* Tittling PA; *Der Himmeltau* südl.OB Schmeller I,573; *Ixxx messl hymeltaw zu xj dn* Landshut 1475 MHStA Fürstensachen 1340,fol.23ʳ.

Schmeller I,573, 1112.– WBÖ IV,995f.

[**Honig**]**t.**, [**Hönig**]**- 1** Honigtau, OB, NB, OP, SCH vereinz.: *es hot an Högtau gworfn* Haag WS; *Hönötaub* „glasartiger Überzug an Obstbaumblüten“ Reisbach DGF; *Honigtau* „Ausscheidung der Blattlaus. Nährboden für den Rußtaupilz“ Horn Hersbr.Hopfenbauern 20.– **2** Regen bei Sonnenschein, °OB vereinz.: °*Hängtau* Reichersbeuern TÖL.

WBÖ IV,996.

[**Mai(en)**]**t.** Tau, der sich in Mainächten bildet, OB, NB, OP vereinz.: *mit Maitau owaschn und eitrockna lassn* Schönheitsmittel für die Haut Hundham MB.– Reim: *da Maitau bringt a schöns Gschau* Cham.

[**Mehl**]**t.**, [**Mil**]**- 1** Mehltau, °OB, °NB, OP, MF, SCH vereinz.: *i's Droi is da Milldau eigfålln* Fürnrd SUL; *s Müidab* Haunstetten EIH; *męidau* „Pilzkrankheit ... pustelartige Erhebungen und später mehlartige, weiße Flecken“ nach Meister Hallertauer Hopfenbauern 102; *Ez haisset eins miltawe, daz verderbt den hopfen oft vnd daz chorn vnd ander getraid* KonradvM BdN 113,15f.; *daß man mit so groben Fluchen ... Donner und Hagel/ Schaur und Mülthau über das liebseelige Traid zieglen solle* Selhamer Tuba Rustica I,107.– Phras.: *Hopfen ohne Mehltau und Bettler ohne Läuse sind selten zu finden* Meister ebd.– Reim: *Mehltau, die rote Spinne und Hopfenläuse und dann im Herbst ein schlechter Preis, wer das alles aushält, da weiß man es gewiss, daß das nur ein echter Holledauer ist* ebd. 102f.– **2** wie →[*Honig*]*t.*1: *Meltau* Reisbach DGF; *Das ... Mịltau* „Honig-Thau“ Schmeller I,1588.– **3** Soor, °OB, °NB, °OP, °MF, °SCH vereinz.: °*des Kind håd an Mejtau* Moosach EBE.

Delling II,73; Schmeller I,1588f.– WBÖ IV,997-999.

[**Schnecken**]**t.** wie →[*An*]*t.*1, °OB, °SCH vereinz.: °*heut isch a richtiga Schneckatau* Eresing LL.

[**Sonnen**]**t.** Rundblättriger Sonnentau (Drosera rotundifolia): *Sonnentau* Passau; „Der *Sonnentau* gehört ... zu den fleischfressenden Pflanzen der einheimischen Flora“ Stadlbauer Heilpflanzen Opf. 31.

WBÖ IV,999.

[**Walpurgi(s)**]**t.**, [**Walpern**]**-** Tau, der sich in der Walpurgisnacht vor dem 1. Mai bildet, OB, OP vereinz.: *Woibbandau* „gegen Sommersprossen, wenn man sich vor Sonnenaufgang damit abwäscht“ Haimhsn DAH; „Der ... *Walbernthau* ... macht, daß man dem Liebsten gefällt“ OP Bavaria II,270.– Sprüche: *fang i aⁿ mein Walbantau, dös hilf uns Gott und unsre liebe Frau, daß hilft für Unflat, Röian* [wohl Durchfall] *und fürs Blahn, im Namen Gottes des Vaters, Sohnes und Hl. Geistes, Amen* „beim Einreiben der Hände mit dem Tau gesprochen“ Edelsfd SUL, ähnlich Panzer Sagen II,301.– „Mit den taufeuchten Händen das Vieh bestreichen und dabei sprechen: *hab ich gwaschn mei Hand mit Walbantau, dös hilf uns Gott, Sohn und Hl. Geist, Amen*“ Edelsfd SUL.– „Am Tage Walburgis vor Sonnenaufgang geht die Bäuerin auf's Feld, ficht dreimal mit der Sichel in der Luft, und schneidet drei Grashalme ab mit den Worten: *O du guter Walbernthau, Bringe mir, so weit ich schau, In jedem Hälmlein Gras Ein Tröpflein Schmalz!* Dann geht ihr das ganze Jahr das Schmalz nicht aus“ OP Bavaria II, 309.

WBÖ IV,999.

[**Weizen**]**t.** Tau auf dem Weizen, OB, NB vereinz.: „im Mai soll man sich mit *Woatzntaub* die Augen waschen“ östl.OB.

WBÖ IV,999. A.S.H.

taub, -äu-

Adj. **1** gehörlos od. schwerhörig, °OB, NB, OP, SCH vereinz.: *taab* „ohne Gehör“ Naabdemenrth NEW; *daab* „auch nach zuviel Lärm“ FRIEDEL Grenzgedanken 48; *Da Wolf … doud, wai wenn a tab war* Neuenhammer VOH SCHÖNWERTH Leseb. 202; *tovber* Windbg BOG 12.Jh. StSG. IV,28,21; *Es sollen … Vormunder vnd versorger geben werden … den Tauben … vnd den Stummen* Landr.1616 228.– Übertr. unempfänglich, nicht zugänglich, °OB, °OP vereinz.: °*der is für solche Fragen taub* Neumarkt; *damit wir nit geben den Gebothen des Herrn ein tabes vnnutzes hören* Geisenfd PAF 15./16.Jh. MB XIV,272.

2 körperlich gefühllos, wie abgestorben, °Gesamtgeb. vielf.: °*mir is mei Fuaß taab worn* Polling WM; *a tawa Finga* Stadlern OVI.

3 im Temperament, Geist eingeschränkt.– **3a** ohne Temperament, schlapp, °OB, °MF vereinz.: °*des is a so a daabs Kind* „nicht lebhaft“ Mettenham TS; *táb* „zunächst vom Vieh: matt, still, niedergeschlagen“ OB SCHMELLER I,579; *so matt wie eine taube Müke* HÄSSLEIN Nürnbg. Id. 132.– Auch: °*a taber Hund* „verschlossener, gehemmter Mensch“ Ingolstadt.– **3b** dumm, einfältig: °*a tauber Dummkopf* Wollomoos AIC; *Taub, tumm* „ausser Stand … vernünftige Überlegung anzustellen“ HÄSSLEIN ebd.– **3c** verrückt, wahnsinnig: *a Wei ko an Mo tab macha* Ingolstadt; *Taub machen/ doll* SCHÖNSLEDER Prompt. Hh7v.

4 mangelhaft, unvollständig.– **4a** ohne Kern, Samen(körner), unfruchtbar, °OB, °NB, °OP vereinz.: °*Nussn san taub* Halfing RO; *s Droi haod vüll dawe Äala* Fürnrd SUL; *a tauwar exar* SCHWEIZER Dießner Wb. 199; *dabes Kerndl* 1738 BRÜCKL Trudering 648.– **4b** unbefruchtet (vom Ei), °OB, °OP vereinz.: °*a daubs Oa* Heufd AIB.– **4c** nicht erzhaltig (vom Gestein), °OB, NB vereinz.: *dauwa Stoa* Aicha PA; *dauba schdoa* „Wertloses Gestein“ Penzbg WM nach HuV 16 (1938) 270.– **4d** zu wenig gesalzen, gewürzt, geschmacklos, °OB, °OP, °MF, °SCH vereinz.: °*dös Gmöis schmeckt oba tab* Frauenbg PAR.– **4e** unsinnig, sinnlos, °OB, °OP vereinz.: °*was redst denn do für ein taubes Zeug daher* Hohenpeißenbg SOG.

5 muffig, dunstig.– **5a** muffig, modrig, °OB, °NB, °OP, °MF vereinz.: °*a daabe Eckn* „wo keine Luft hinkommt“ Marching KEH.– **5b** dunstig, feuchtwarm, °OB, °NB, °OP vereinz.: °*a dabs Wetta* Kchmatting SR.

6: „welk … *dāb*“ Schneizlrth BGD SOB V,294.

Etym.: Ahd. *toub*, mhd. *toup*, germ. Wort idg. Herkunft; KLUGE-SEEBOLD 908.– Bed.5 auch zu *därb* (→*derb*) möglich.

Ltg: *dāb* neben jüngerem *daub*, vgl. Lg. § 21e, ferner *dą̄* (SUL), *dǭb* (FFB; FDB, DON), mit Uml. *dę̄b* (SOG).

HÄSSLEIN Nürnbg.Id. 132; SCHMELLER I,579; WESTENRIEDER Gloss. 573.– WBÖ IV,1000-1002.

Abl.: *taubeln, tauben, taubicht*.

Komp.: [**stock**]**t.** völlig gehörlos, OB, NB, OP, MF vereinz.: *schdougdab* Pechbrunn TIR; *stūktāb* BERTHOLD Fürther Wb. 226; *Ich war ein stockdauber Mann/ Der kein wort widergeben kan* Gesangb. 81.

SCHMELLER II,729.– WBÖ IV,1002. A.S.H.

Daube, Faßdaube, →*Daufe*.

Taube

F. **1** Taube.– **1a** Taube, Vogel, °Gesamtgeb. vielf.: °*a so a nedds Deiwal* Ebersbg; *dö junga Daum sant frisch ausn Oan außagschloffa* Mittich GRI; °*schau, wöi se de Tam afpludat* Schnaittenbach AM; *Taubn dö hand wej da Deixl* [Teufel] *an Lins aus* KERSCHER Waldlerleben 75; „*Taubm*, Nürnb. *Tábm*“ SCHMELLER I,579; *columbe … tupun* 8./9.Jh. StSG. I,60,16; *Die tauben gepernd alle zeit zway taübel* KONRADvM BdN 208,19; *Die andere schöne Tugend/ so eine Tauben an ihr hat/ bestehet in der Reinigkeit* SELHAMER Tuba Rustica II,183.– Phras.: °*döi fremde Dam* „Türkentaube“ Kchnthumbach ESB.– *Geelsterte T.* schwarz-weiße Taubenart, °OB, °OP vereinz.: °*goisterte Daum* U'föhring M.– °*Fliegende Taubn* „Kartoffeln mit Butter“ Neunburg.– °*Heut gibts brotne Taubn* „mit Schale in der Röhre gebratene Kartoffeln, Armeleutespeise“ Schwandf.– (*Verliebt*) *wie* (*ein Paar*) *T.n / eine T.* u.ä. sehr verliebt, °OB, °NB, OP vereinz.: °*de schaun drein wia zwoa Teiblan* Bayersoien SOG; *verliebt wira Daum* Haunzenstein R; *Die Liabsleut müassen sei' wia Taub'n im Schlag* STEMPLINGER Ovid 28;– °*jetz sans wieder wia a paar Täuberl* „einig, unzertrennlich“ Laaber PAR.– *Dö han zangstana wia Taum* „leben unehelich zusammen“ Lam KÖZ.– *Leben wie die T.n* u.ä. friedfertig, harmonisch, °OB, OP vereinz.: °*de* *lewe wia Däuwlan* Kohlgrub GAP; *Haus'n wöi Tau(b)m* „sich gut vertragen" BRAUN Gr.Wb. 646;– *sich zusammenraufen wie die T.n*: *miasn si hoid zsamrafa wia Daum* „ihren Ehekrach beenden" Vilstal; *dö müss'n sö halt erst z'sammaraffa wia dö Taub'n, dös gibt spota dö best' Eh'* NB Bayerld 13 (1902) 441;– *zusammentaugen wie* (*ein Paar*) *T.n* u.ä. gut zusammenpassen, °OB, °NB vereinz.: *dö zwoa taugn zam wia a Paar Taubn* Rettenbach WS.– *Brav wäi a Tam* Kohlbg NEW, ähnlich WS.– *Dum wiara jungö Daubm* Mittich GRI, ähnlich WS.– *Wie eine aufgeblasene T.* u.ä. aufgedunsen, stark geschwollen, °OB, °NB, °OP vereinz.: *dea håt a Gsicht wira afblasnö Dam* Iggensbach DEG; *zu deme seynd ihre bayde Händ/ wie ein auffgeblasene Tauben/ gantz verschwollen* Wunderwerck (Benno) 235;– eitel, eingebildet, °OB, °NB, °OP vereinz.: °*der spejt si wia a aufblåsne Taubn* Malching GRI.– °*Schauen wie ein Täuberl* verweint aussehen Rottach-Egern MB;– °*dö schaut grod wöi a Täuberl* „erbarmungswürdig" Fronau ROD.– °*Dö kema grod ausa wia Täuberln* „große Kartoffeln werden beim Ausgraben sichtbar" ebd.– *Jmdm kommen / fliegen die T.n aus* u.ä. jmd hat einen offenen Hosenschlitz, °OB, NB, SCH vereinz.: *di kema mer* [wieder] *d'Daum aus* Kochel TÖL.– *Dou kiner Dam eibrijn* „du hast große Zahnlücken" Rottendf NAB.– *Jmdm können die* (*gebratenen*) *T.n ins Maul fliegen* u.ä. jmd steht mit offenem Mund da, NB, °OP vereinz.: °*machs Maal zou, sunst flöign da die Taam ei!* Wdsassen TIR; *Deà schaud … drẽi, wià wann … ẽàm de brǫnà … Daum às Mài fliàgàdn* KAPS Welt d.Bauern 58;– *jmdm fliegen die gebratenen T.n ins Maul / beim Fenster einher* u.ä. jmd kann alles mühelos erreichen, OB, NB, OP, SCH vereinz.: *dir fliegn die brahna Daum scheints beim Fenster einer* Passau; *s flöign nemez die bråna Tabn ins Mal* Wdsassen TIR; *Die bråu(t)n Tau(b)m am Tiisch kröig'n* „ohne Anstrengung auf gute Einnahmen hoffen" BRAUN Gr.Wb. 646.– *Die* (*zwei*) *hätten die T.n nicht schöner zusammentragen können* u.ä. passen gut zusammen, °OB, °NB, °OP, MF vereinz.: *dös is a Bår, as wia wans Daum zamtrång hent* Ruhstorf GRI; *De hättn d'Taubm net besser zamtrågn kenna* WAGNER Zuwanderung 9;– „Ehe … *Wós zámghàyrd, kumd zám und … möyßtn s'd'Dăbm zámdrógn*" Neuenhammer VOH SCHÖNWERTH Sprichw. 9f.;– auch ironisch: °*euch hän d'Taubn ned schöner zsamtrågn könna* „ihr seid zwei Halodri" Rdnburg; *De hęnd … d Daum ned scheenà zamm-drǫng kinà* „taugen beide nicht viel" KAPS Welt d.Bauern 1;– „*Á Sáchlá, ás wénn·s (d·) Tau'm zamtrô'ng hëit·n* … ein schönes Anwesen" mittl.Altmühl DMA (FROMMANN) 7 (1877) 409.– *Mit den T.n fliegen* noch nicht geboren sein, OB, °NB vereinz.: °*da bist du noch mitn Taubn gflogn* Kohlstorf EG.– *Dem ham die Taubm s Brot votragn* „von einem mißmutigen Menschen" Chieming TS.– °*Wou Dam san, flöign Dam zou* „wer viel hat, bekommt problemlos mehr" Weiden, ähnlich SIEBZEHNRIEBL Grenzwaldheimat 308;– *wåu Tau(b)m sann, flöig'n Tau(b)m zou* „weist man scherzhaft auf den Kinderreichtum einer Familie hin" BRAUN Gr.Wb. 646.– °*An oin flöign Taam zou, an andan furt* „der eine hat Glück, der andere Pech" Wdsassen TIR.– *Wea(r) sei' Geld fluig'n sehng wöll, mou's si' Dau(b)m oschaffa* SIEBZEHNRIEBL ebd. 311.– *Wén a Dăbm ăsfléygt, mouß s' államál Reu a Leid máchn* Neuenhammer VOH SCHÖNWERTH Sprichw. 42.– *Döi Taabm, waoun untern Doch bleibm, derwischt der Hacht* [Habicht] *niat* [was man nicht ausgibt, bleibt einem] SCHEMM Dees u. Sell 247.– *A Dăbm wàrt't niad bis 's Kurn ăfgàid* [wohl von einem, der alles voreilig verbraucht] Eschenbach SCHÖNWERTH ebd.– *Auweh Taubn, da hast dein Nest!* „Ausruf der Bestürzung" Pfatter R.– Schnaderhüpfel: *zwoa schnäiweisi Daiwala fläign iwa mai Haus, da Bua, wo ma bschafa* [bestimmt] *is, blaibt ma niat aus* Bruck ROD, ähnlich RASP Bgdn.Mda. 148.– °*Zwoa schnäiweiße Däuwala ham gschnoblt am Doch, da Wolferl und s Reserl hams grod a so gmocht* Hohenburg PAR.– *Zwou schneeweiße Deibala Hot koine koan Stern* [Fehler] *Etz hot mi mei Schotz A nimma gern* Pullenrd OVI Oberpfalz 28 (1934) 213.– *Da drent an da Doana, Da hand a paar Tau'm, Da geh i gent* [bald] *ummi Auf's Federn z'sammklaub'n* Rottal Altb.Heimatp. 14 (1962) Nr.7,9.– Vkde: Die *T.* gilt mancherorts als Glücksbringer, denn *Wou koa Daum is', is'koa heiliga Geist* SIEBZEHNRIEBL Grenzwaldheimat 307, od. als Unglücksbringer: *Wèr Dăbm hált't, doud si Várdruß ăf* Neuenhammer VOH SCHÖNWERTH Sprichw. 42.– „Die *Tauben* fliegen nicht davon, wenn man das Totenbrett eines ungetauften Kindes unter das Einflugloch legt" O'nzell WEG, ähnlich HuV 16 (1938) 175.– Weiteres vgl. ebd. 174f.– Spiele: °*Damschöißn* „Schießen nach einer Papptaube, die in die Luft geschleudert wird" Nabburg.– *Taubm werfen* einen flachen Stein über das Wasser hüpfen lassen Todtenweis AIC.– °*Taubn aus dem Kobel treibn* „Fangen spielen" Garching AÖ;– *Kinder … Iatzt lauft's auf d' Wies' und spielt's Taub'n*

und Geier MEIER Werke I,354;– „*Daum raus, Daum raus, wiafül sein Daum n Haus?*, ruft der Fänger, die anderen antworten: *Hundertnei, koani gheard dei!*, und versuchen, dem Fänger zu entkommen" Derching FDB.– Neckspruch: *mia hama Dam, de groln da* „spottet man über die Mundart von Gleißenberg" Wdmünchen.– **1b** Täubin, °OB, °NB, °OP vereinz.: °*sie is d'Taubm, er is da Tauberer* Ascha BOG.
2 eitler, eingebildeter Mensch, °OB vereinz.: °*so a aufblosne Taubn!* Garmisch-Partenkchn.
3: °*tu deine Taubn eini!* „Hoden, männliche Geschechtsorgane überhaupt" Teisendf LF.
4: „*Die Geiß hat ein groß' Paar Tauben* (Bart)" BERGMAIER Ruhpolding 240.
5 meist Dim., Kartoffel.– **5a** best. Kartoffelsorte, °OB, °NB vereinz.: °*Täuberl* „wenig ertragreiche Frühkartoffelsorte" O'schleißhm M.– **5b** scherzh. (kleine) Kartoffel, °OB, °NB, °OP, °MF vereinz.: °*des san awa Täubal* Wildenroth FFB.
6 Pfln., Pilz.– **6a** Echter Sturmhut (Aconitum Napellus): °*Täuberl* Simbach PAN.– Auch in Phras. *Täublein im Kobel / Nest / Schlag* °OB, °NB, °OP vereinz.: °*Täuberl im Nest* „Eisenhut" Frasdf RO; °*Täuberl im Kobel* Pleinting VOF; „*Tauberl im Schlag* ... die Honigblätter ... mit ... Täubchen verglichen" MARZELL Himmelsbrot 7.– **6b** Akelei (Aquilegia vulgaris): *Täuberl* Dietersburg PAN.– Auch in Phras.: *Taiwal in Nest* Fürstenfeldbruck.– **6c** Spitzwegerich (Plantago lanceolata): *Tauben* Weißenburg MARZELL Pfln. III,815.– **6d** Dim., Pilz.– **6dα** Pilz allg., °OB vereinz.: *Täuberl* Neubeuern RO.– **6dβ** Täubling (Russula), °OB mehrf., NB, °OP, SCH vereinz.: *Daiwei* St.Oswald GRA; *Aa zwoa Deiberl stengan glei nembei* HÖSCHL Himmel 65.– **6dγ** Brätling (Lactarius volemus): *daiwai* „Milchbrätling" Unterer Bay.Wald nach KOLLMER II,321.– **6dδ** Rötling (Entoloma), OB, NB vereinz.: *Täuberl* Volkenschwand MAI.– **6dε** Rotkappe (Boletus rufus): °*Daiwal* Bruckmühl AIB.
7 Zielholz, -stein u.ä. beim Eisschießen, →*Plätteln* u.a. Wurfspielen, °Gesamtgeb. vielf.: °*du schiaßt ja weit nebn Taub hi* Fischbachau MB; °*de Daum howe schee droffa* Brennbg R; „daß ... die Leute ... auf dem Eis ... mit *der Holzscheube nach der Daube wurffen*" mittl.Bay. Wald um 1800 Altb.Heimatp. 14 (1962) Nr.1,10; *Der Herr Kommandant schiaßt außa und pflanzt a wunderschöne Maß* (Schub) *vor die Taubn* ebd. 55 (2003) Nr.11,25.– Spiele: °*Daumwerfa* „die Daube ist ein Stecken, das Geschoß ein Dachziegel" Pipinsrd DAH.– °*Taubenlaufen* „man zielt mit flachen Steinen auf 2 Steine (*Tauben*) in 10 m Entfernung" Simbach EG.– „das *Daubentreiben*, wobei es galt, die *Daube* solange anzuschießen, bis sie ... nicht mehr erreicht werden konnte" Altb.Heimatp. 14 (1962) Nr.2,19.– „verschiedene Kugelspiele, wie ... *Täuberl scheiben*" BGD ebd. 9 (1957) Nr.24,5.– °*Taubenstechen* „Spiel, in dem der Spieler mit verbundenen Augen mit dem Spieß eine Scheibe treffen muß" Schlehdf WM.– Auch: °*Tawal* kleine Kugeln, mit denen die Kinder spielen Ranoldsbg MÜ.
8 Wegzeichen aus Steinen: *Daum* HELM Mda. Bgdn.Ld 50; „*die Tauben* (kleinere Steine, die auf die grössern Felsenstücke gelegt werden, dadurch die Jäger und Holzknechte die Wege bezeichnen)" BGD SCHRANK-MOLL Naturhist. Br. I,261.
9 schweres Ende der Wurfleine: „Die Wurfbirne (... *Taube*) wird dem Stegknecht zugeworfen" NEWEKLOWSKY Schiffahrt II,83.
10 Verrücktheit, Tollheit: *a daubal ham* „verrückt sein" KILGERT Gloss.Ratisbonense 195; *wann man thut zusamen klauben ... sechs Poeten mit jren Dauben* Schöner/ außerleßner ... Teutscher Lieder XX, hg. von J. PÜHLER, München 1585, Nr.XV.

Etym.: Ahd. *tûba*, mhd. *tûbe* swf., germ. Wort wohl idg. Herkunft; PFEIFER Et.Wb. 1416f.– Bed.7 auch zu →*Daufe* möglich; Altb.Heimatp. 14 (1962) Nr.1,10.– Bed.10 laut SCHMELLER I,579 Abl. von →*taub*.

Ltg, Formen: *daum* u.ä., daneben *dǭm*, *-ą-* u.ä. OP, OF, MF (dazu M, SOB; DON), *dǟm*, *-å-* (BOG, DEG, KÖZ, REG, VIT; CHA), *dauwə*, *-bə* (FFB, LL, SOG, WM; FDB), *dǭwə* (GAP), ferner *daub* südl., östl.OB (dazu GRI, LA, VIB; RID; REH, SEL; A), *dau* (AÖ).– Dim. *daiw(a)l(a)*, *-e*, *-ai*, daneben *daubal* (M; MAL).

SCHMELLER I,579f.– WBÖ IV,1002-1008.

Abl.: *Täubel*, *-tauben*, *Tauber(er)*, *Täuber*, *Tauberich*, *Tauberin*, *Täuberling*, *-taubern*, *-taubicht*, *Täubin*, *Täublin*, *Täubling*.

Komp.: [**Erd-äpfel**]**t.** wie →*T.*5a: °*Erdäpfeltäuberl* „rosa Salatkartoffeln" Brunnen SOB.

[**Pfau(en)**]**t.** Pfautaube, °OB, °NB, °OP vereinz.: °*Pfaudaam* O'wildenau NEW; „Die *Pfautauben* machen mit dem Schwanz *a halbets Ra(d)l ... am Bod'n ... af der Stang' ... a ganz's*" SIEBZEHNRIEBL Grenzwaldheimat 309.– Phras.: *si aufspieln als wie a Pfautaubn* Walchsing VOF.

WBÖ IV,1008f.

[**Pfingst**]**t.** **1**: *Pfingsttaubn* „Tauben, die an Pfingsten verspeist werden“ Cham.– **2** Darstellung des Hl. Geistes als Taube, NB, SCH vereinz.: *die Pfingsttaum* „geschnitzte Taube, an Pfingsten vom Kirchengewölbe herabgelassen“ Mittich GRI; *Pfingsttaubach traga Weiber of Pfingsta zua zum Verkoffa von Haus zu Haus* „aus Gold- und Buntpapier“ Mering FDB.
WBÖ IV,1009.

[**Blau**]**t.** Frauentäubling (Russula cyanoxantha), °OB, NB, °OP vereinz.: °*Blautäuberl* „eßbar, mit bläulichem Hut“ Bernau RO; *A Schwàmmerlsuppn mit Stoapuizl, Reherl und Blaudeiberl gibt's* P. VOGEL, Planetenjodler, Norderstedt 2015, 62.

[**Brief**]**t.** Brieftaube, °Gesamtgeb. vereinz.: °*Brejfdam* Rattenbg BOG; *I leih ma von mei'm Freind Xari, der wo Briaftaubn zücht', a Taubn aus* Altb.Heimatp. 64 (2012) Nr.21,25.
WBÖ IV,1009.

[**Trommel**]**t.** Trommeltaube, °OB, °NB, °OP vereinz.: °*Drummldam* „eine Art Haustaube“ Rottendf NAB; „*drumedām* ... die den Kropf recht stark blähen“ nach KOLLMER Laute 28.– Phras.: *an Kruapf vorn wöi a Trummltaam* SCHEMM Dees u. Sell 91.– *Aufblosn wia a Drumidaum* „eingebildet“ O'diendf PA.
WBÖ IV,1009.

[**Turt(el)**]**t.**, [**Turkel**]-, †[**Gurtel**]-, [-**ü**-]- **1** Turteltaube, °Gesamtgeb. vielf.: *Duichdldaub* Kienbg TS; *Turtam* Entenbg N; „Wer die Gicht hat, kann diese vertreiben, wenn er eine *Turteltauben* in der Stube hat“ SIEBZEHNRIEBL Grenzwaldheimat 309; *Turtur ... turteltuba* Aldersbach VOF 12.Jh. StSG. III,87,45; *turteltaub gurteltaub* AVENTIN I,389,33 (Gramm.).– Phras. (*verliebt*) *wie* (*ein Paar*) *T.n* u.ä. sehr verliebt, °OB, NB, °OP vereinz.: °*dö san wia a Paar Turtldaum* Chieming TS; *dö ham kschnaböd wia zwoa Duadldaum* „sich geküßt“ Schwaibach PAN; *do hobn dö zwoa Leut'ln z'sammglebt wia dö Turtltaubn* GRAF Werke IV,23 (Bolwieser).– °*Zåmmahoin deans wia zwoa Durdldaum* „stehen fest zueinander“ Ebersbg.– *Döi lee(b'm wöi a Påar Turkltau(b'm* „führen ein friedsames Eheleben“ BRAUN Gr.Wb. 694.– *Eitel* / *aufgeblasen wie eine T.* °OB, NB vereinz.: °*aufblosn wia a Turtltaum* Pittenhart TS;– *dahersteigen* / *sich drehen wie eine T.* °NB, °OP vereinz.: °*de draht se wia a Turtltaubn* „ist eingebildet“ Leiblfing SR.– *Sanft wie eine T.* NB, °OP vereinz.: °*so sanft wöi a Turtltaum* Schnaittenbach AM.– *A Gsichtal håm wiara Duatldam* „ein nettes Gesicht“ Iggensbach DEG.– Reim: *mia winschn da Frau a Riglhaum, daß s'ausschaud wiara Durtldaum* (Ef.) Reisbach DGF.– **2** verliebter Mensch, °OB, °OP vereinz.: °*Duatldaum* „verliebtes, scheues Mädchen“ Tirschenrth.– **3** wie → *T.*6a: °*Turteltaube* Eisenhut Sulzkchn BEI.
SCHMELLER I,621, 944.– WBÖ IV,1009f.

[**Feld**]**t.** Feldtaube, °OB, °OP vereinz.: °*do håm d'Fejddaum ara Freid, boi* [wenn] *s Droad ausfoid* Ebersbg; *Alli Vüagl sān frei, när d' Felddăbm stàid untar Polizei* Neuenhammer VOH SCHÖNWERTH Sprichw. 42; „*Feld-Tauben*, welche auf die Felder fliegen, und dort ihre Nahrung suchen“ SCHREGER Speiß-Meister 98.
WBÖ IV,1010.

[**Flach**]**t.**: °*Flachdeiberl* „Trachtenhüte“ O'haching M.

[**Frauen**]**t.** **1** wie → [*Turt(el)*]*t.*1, °NB, °OP vereinz.: *Frauatäuberl* Metten DEG.– **2** Dim., wie → *T.*6dε: °*Frauadeiwal* „Rotkappe“ Fraunbg ED.

[**Heilig-geist**]**t.** wie → [*Pfingst*]*t.*2: „*Heilig-Geist-Taube* mit dem Ölzweig“ Berchtesgaden ANDREE-EYSN Volkskdl. 79.
WBÖ IV,1011.

[**Gurtel**]**t.** → [*Turt(el)*]*t.*

[**Hahn**]**t.** wie → *T.*6b: *Hahtaubn* Akelei Dietelskchn VIB.

[**Hasel**]**t.** wie → [*Turt(el)*]*t.*1: *Hasldabm* Deinschwang NM.

[**Haus**]**t.** Haustaube, °OB, °NB, °OP, °SCH vereinz.: *Hausdaum* Mengkfn DGF; „*Hauß-Tauben* ... die nicht ausfliegen, sondern zu Hauß gefüttert werden“ SCHREGER Speiß-Meister 98.
WBÖ IV,1011.

[**Heid**]**t.**, [**Haar**]-, [**Hag**]-, [**Hain**]-, [**Hün**]- Wildtaube, °OB, °NB, °OP vereinz.: °*Hogtaub* Fischbachau MB; °*Hejtaubn* Aicha SUL; *Hoadaub* „Wildtaube“ Spr.Rupertiwinkel 46; *hádau'm* Bay.Wald BM I,363; *Palumba heitube* Schäftlarn WOR 12.Jh. StSG. IV,118,47.
WBÖ IV,1011.

[**Hennlein**]**t.** huhnähnliche Taubenart, °NB, °OP vereinz.: °*Hendltabn* Frauenbg PAR; *D'Henndltauben … tou'n Schwanz so hou(ch) wej d' Henn, wenn s' af da E(a)rd' san(d)* Siebzehnriebl Grenzwaldheimat 309f.

[**Herren**]**t.** Steinpilz (Boletus edulis): *Herrnteiberl* Kiefersfdn RO.

[**Hohl**]**t.,** [**Hüll**]- Hohltaube, °OB, °NB, °OP, °MF, °SCH vereinz.: °*Hoitaubn* „kleine, braune Wildtaubenart" Wegscheid; °*Hultam* Sulzbach-Rosenbg; *Palumbes … holetvba* Rgbg 11./12.Jh. StSG. III,459,18f.
WBÖ IV,1011.

[**Holz**]**t. 1** wie →[*Heid*]*t.*, °OB, °NB, °SCH vielf., °OP mehrf., °Restgeb. vereinz.: °*Hoizdam* „Wildtauben im Wald" Dietfurt RID; °*Hulzdabm* Dollnstein EIH; *Huulztau(b* „Wildtaube" Braun Gr.Wb. 280; *Palumbes … holztuben* Aldersbach VOF 12.Jh. StSG. III,87,49; *da kamen vil holcztauben und prachten hälm in iren schnäbeln* Tegerns.Hym. 13,12f.; *holtztaub* Schönsleder Prompt. Hh7v.– **2** wohl wie →[*Blau*]*t.*: °*Holztäuberl* Fischbachau MB.– **3** Zielholz beim Eisschießen, →*Plätteln* u.a. Wurfspielen, °OB, °NB vereinz.: °*Holzdaube* Reichenhall.
WBÖ IV,1011f.

[**Kittel**]**t. 1** scherzh. weibliche Person, °OB, °MF vereinz.: °*Kittltaubn* „unordentlich gekleidete Frau" Brunnen SOB; *Auf 'Ki'ltaubm ausgé~* Schmeller I,1311.– **2** anhängliches Kleinkind, °OB, °NB vereinz.: °*dös is a Kittldaubn* „hängt am Rockzipfel der Mutter" Hohenpeißenbg SOG.
Schmeller I,1311.– WBÖ IV,1012.

[**Kropf**]**t. 1** Kropftaube, °OB, °NB, °OP vereinz.: °*laudda scheni Grobfdaum hoda beinand* Ebersbg; „Die grauen und die weißen *Kropftauben* haben großen Kropf" Siebzehnriebl Grenzwaldheimat 308.– Phras. *sich aufblasen / daherkommen wie eine K.* u.ä. sich wichtig machen, °OB, °NB vereinz.: °*der blast si wira Kropftaum* von einem eitlen Menschen O'piebing SR.– **2** übertr.: *Kropftaubn* „häßliches Weib" Göttler Dachauerisch 88.
WBÖ IV,1012.

[**Lach**]**t.** Lachtaube, °OB, °NB vereinz.: °*Lachtaubn* Peißenbg WM; *Låchtau(b* Braun Gr.Wb. 354.
WBÖ IV,1012.

[**Loch**]**t.** wie →[*Hohl*]*t.*, °NB vereinz.: *Lochtaum* Metten DEG; *Luachtau(b* „Hohltaube" Braun Gr.Wb. 378; *lochtaub* Schönsleder Prompt. Hh7v.
WBÖ IV,1012.

[**Loh**]**t.** Feldegerling (Psalliota campestris): *Loudeiwerl* U'rohrbach EG.

[**Reut**]**t.** dass.: *Roidaiberl* Champignon Triftern PAN.
WBÖ IV,1012 (Ge-reüt-).

[**Ringel**]**t.** Ringeltaube, °NB mehrf., °Restgeb. vereinz.: °*Ringltaam* „mit dunklem Ring um den Hals" Weiden; *Ring'ltau(b* „Wildtaube" Braun Gr.Wb. 502; *Antvögel/ Ringltauben/ vnd dergleichen zuschiessen … verbotten sein* Landr.1616 781.
WBÖ IV,1012.

[**Rot**]**t.** Dim. **1** Speisetäubling (Russula vesca): °*das Rottäuberl* „eßbar, mit zartroter Kappe" Bayrischzell MB.– **2** wie →*T.*6dδ, OB, NB, SCH vereinz.: *Routdaiwai* Rötling Neubeuern RO.– **3** wie →*T.*6dε, °OB vereinz.: °*Rottäuberl* „Rotkappe" Appersdf FS.– **4** Fliegenpilz (Amanita muscaria): *Rottäuberl* Walkertshfn DAH.

[**Schopf**]**t.** Schopftaube, °OB, °NB, OP vereinz.: *Schopfdabn* „mit einem Federschopf auf dem Kopf" Beratzhsn PAR; *g'äug(e)lte Schopftauben* Siebzehnriebl Grenzwaldheimat 308.
WBÖ IV,1012.

[**See**]**t.** Möwe, NB vereinz.: *Seetaum* Eining KEH.
WBÖ IV,1012.

[**Spei**]**t.** Speitäubling (Russula emetica), °OB vereinz.: °*Speideiwei* „ungenießbarer roter Pilz" Weildf LF.

[**Stein**]**t.** wie →*T.*8: °*Stoadaum* „weisen den Weg zur Hochalm" Königssee BGD; *Steindauben* Helm Mda.Bgdn.Ld 50.
WBÖ IV,1012.

†[**Stock**]**t.** wohl wie →[*Hohl*]*t.*: *von ainer Stockhdauben 2 kr* 1674 Poschinger Glashüttengut Frauenau 18.

[**Wald**]**t.** wie →[*Heid*]*t.*, °NB mehrf., °Restgeb. vereinz.: °*Woidtaubm* Moosach EBE; *a Woid-*

taub'm dur'n Schlog hintrefliagt Bodenmais REG REIMEIER Wetzstoa 117.
WBÖ IV,1013.

[**Wiesen**]**t.** wie →[*Loh*]*t.*: °*Wiesnteibal* Champignon Pipinsrd DAH.

[**Wild**]**t.** Wildtaube, °OB, °NB, °OP, °SCH vielf., °Restgeb. vereinz.: °*wenn d Wildtaubn im Frühjahr zu schrein ofangt, werds warm* Bruckmühl AIB; *d'Wuiddaum frössn Gsam auf* Mittich GRI; *Wildtaubn und Oachkatzln hamm da ihnern Handl g'habt* KOBELL Schnadahüpfln 39.
WBÖ IV,1013. A.S.H.

Taubel, Fischernetz, →[*Tauch*]*ber.*

Täubel
M. **1** Pilz, v.a. Blätterpilz allg., °östl.OB mehrf.: °*in de Daibin geh* Hirnsbg RO; *Deibi* Chieming TS DWA XI,25.
2 Täubling (Russula), °OB, NB vereinz.: °*Daewe* Tittmoning LF.

Komp.: [**Blau**]**t.** Frauentäubling (Russula cyanoxantha), OB vereinz.: *d Blaudeiwi* Aspertsham MÜ; *der ... blǭdaiwe* nach BRÜNNER Samerbg 66.

[**Eier**]**t.** wohl Zitronentäubling (Russula ochroleuca): *Der ǫardaiwe* ebd.

[**Fleisch**]**t. 1** Feldegerling (Psalliota campestris): *Fleischdeiwi* „Wald- und Wiesenchampignon" Pfaffenhfn RO.– **2** Perlpilz (Amanita rubescens): *Der flaišdaiwe* BRÜNNER ebd.

[**Fliegen**]**t.** Fliegenpilz (Amanita muscaria), °östl.OB mehrf.: °*da Fliangdeiwi is gifti* Halfing RO.

[**Frauen**]**t.** wohl Rotkappe (Boletus rufus): °*Fraundeibe* Hirnsbg RO.

[**Grün**]**t.** Grüntäubling (Russula virescens): *Der grę̄adaiwe* BRÜNNER ebd.

[**Herren**]**t.** wie →[*Fleisch*]*t.*1: *Herrendeibi* Burgkchn AÖ.

[**Loh**]**t.** wohl dass.: *Laudeibö* Wassing VIB.

[**Mai**]**t.** dass.: °*Maitaibö* Champignon Stephanskchn RO.

[**Rot**]**t. 1** Speitäubling (Russula emetica) od. Speisetäubling (Russula vesca), °OB vereinz.: °*Rouddaewen* „Rottäublinge" Tittmoning LF.– **2** Rötling (Entoloma), OB, NB vereinz.: *Raudteiwi* Rechtmehring WS.– **3** wie →[*Frauen*]*t.*, °OB vereinz.: °*Rotdaibi* Rotkappe Rottau TS.

[**Stein**]**t.** Steinpilz (Boletus edulis): *Stoatäubi* Pfaffenhfn RO.

[**Wiesen**]**t.** wie →[*Fleisch*]*t.*1: °*Wiesndeibi* Champignon Dachau. A.S.H.

taubeln
Vb.: °*das Mehl daubalad* „riecht muffig" Degerndf RO. A.S.H.

täubeln, sich als Tau niederschlagen, →*täueln.*

tauben, -äu-, -täubnen
Vb. **1** †schwächen, eindämmen, bändigen: *dábm* „stillen, zähmen, z. B. den Schmerz" SCHMELLER I,479; *Domandorum zadauponne* Frsg 9.Jh. StSG. II,345,18; *Carbunclus ... ist so chlar, daz er ... ein chranches gesicht wider sleht* [blendet] *vnd tåvbt* KONRADVM BdN 472,18-20.
2 †niederzwingen, vernichten, sich gefügig machen: *dau pot enti cherit* Tegernsee MB 9.Jh. StSG. II,100,70; *bis das sy die alle taubten und uberwunden* HARTLIEB Dial. 143,27f.
3 (durch Schatten) das Wachstum beeinträchtigen, verdrängen, ä.Spr., in heutiger Mda. nur im Komp.: „Bäume nahe an den Feldern ... *täuben* ... benehmen den Feldern den Sonnenschein und Regen" HÄSSLEIN Nürnbg.Id. 132.
4: *tabn* „tadeln" Holzen WOR.

Etym.: Ahd. *toubôn*, mhd. *touben, -öu-*, Abl. von →*taub*; PFEIFER Et.Wb. 1416.

HÄSSLEIN Nürnbg.Id. 132; SCHMELLER I,479f., 579.– WBÖ IV,1014.

Komp.: [**ab**]**t.**: °*d Ruam san odabt* „dürr, abgestorben nach langer Trockenheit" Hütting ND.
WBÖ IV,1014.

[**be**]**t. 1** betäuben, bewußtlos machen, MF mehrf., Restgeb. vereinz.: *dean hods blos bedeibt* „durch einen Blitzschlag" Derching FDB; *Mit schlegen wart er also ser betaubet* FÜETRER

Trojanerkrieg 125,481.– **2** †um den Verstand bringen: *wen wölt solchs nit bedauben* Rgbg um 1500 Fischer Mären 343,198.

WBÖ IV,1014-1016.

[hin-ein]t. hineinfallend das Wachstum beeinträchtigen (vom Schatten): °*der Schatten tabt ins Feld hinein* Burglengenfd.

[ver]t. 1 zerstören, kaputtmachen, °OB, °NB vereinz.: °*dös Kind hat das Bild ganz vodeibt* Kchbg REG.– **2** unfruchtbar, kernlos machen, °OB, °OP vereinz.: °*Echan san vatäubt* „ohne Kern" Ziegelbg RO.– **3** wie →*t*.3, °OB, °OP, °MF, °SCH vereinz.: °*s Unkraut verdaimt wieda alls* Burggriesbach BEI.

WBÖ IV,1016. A.S.H.

-tauben

Vb., nur in Komp.: **[an]t.**: °*otaubn* „Eisstock auf die Daube richten" Hohenpeißenbg SOG.

[der]t.: °*Stock dadaubm* „den gegnerischen Eisstock abdrängen und selbst mit der Daube davongleiten" M'rfels BOG. A.S.H.

Tauber[1], Heidelbeere, →*[Tau]beere*.

Tauber[2], Fischernetz, →*[Tauch]ber*.

Tauber(er), -äu-

M. **1** Tauber, °Gesamtgeb. vielf.: *Tauwara ruggu, sama grod i und du* „Kinderlied" Rieden WS; °*da Dauwara bludat se auf* Pertolzhfn OVI; *Aiz is halt der Tauba ins Holz aufi gflogn* Brunner Heimatb.CHA 196f.– Phras.: (*verliebt*) *wie ein T.* u.ä. sehr verliebt, °OB, °NB, °OP vereinz.: °*der geht ums Dirndl umma wia a Tauberer* Rosenhm; *der ist wöi a Taba* Naabdemenrth NEW.– *Wie ein* (*aufgeblasener*) *T.* u.ä. aufgedunsen, stark geschwollen, °OB, °NB, °OP vereinz.: °*der schaug aus wia a aufbloster Tauber* „mit geschwollenem Gesicht" Rettenbach SOB; *der hat ja einen Kropf wie ein Tauberer* Queri Rochus Mang 112;– °*a Gsicht wia Tawara* „von gesundem Aussehen" Neusorg KEM.– *Sich aufblasen / kropfen* (*als*) *wie ein T.* u.ä. sich wichtig machen, °OB, °NB, °OP vereinz.: °*der Protznbaur blost si auf wia Taubera* Lenggries TÖL;– *daherkommen wie ein* (*aufgeblasener*) *T.* u.ä. °OB, °NB, °OP vereinz.: °*der steigt umanand wia a Tauberer* von einem eitlen Menschen Chieming TS.– *Leben wie ein einschichtiger T.* u.ä. als Junggeselle, Sonderling, °OB, °NB, °OP vielf., °SCH vereinz.: °*dea löbd wäi a oagschichdiga Dauwara* Lohbg KÖZ; *leben wie ein einschichtiger T[auberer]* Zehetner Bair.Dt. 337.– *Schauen wie ein* (*einschichtiger*) *T.* traurig, bekümmert, °OB vereinz.: °*der schaut wie ein Tauberer* Heilbrunn TÖL.– *tenn draips-um wiaran tauwar* [wohl von einem unruhigen Menschen] Schweizer Dießner Wb. 199.– *Der T. kommt / fliegt* (*jmdm*) *aus* u.ä. jmd hat einen offenen Hosenschlitz, °OB, °NB, °OP vereinz.: °*daß da net da Taubara auskimmt* Taching LF; *da Dauwara ko' oan fei ganz leicht davu'fluing, bol* [wenn] *oana sei' Hosntürl net zoumocht* Judenmann Opf.Wb. 38;– °*bei dir schaut der Dauberer außer* „ein Stück Hemd aus dem hinteren Schlitz der Bubenhose" Mchn.– Spruch: *Taub'ra, gehst naus aus mein' Kobi!* [laß von meiner Geliebten ab!] Gumppenberg Loder 5.– Ortsneckerei: „Buchbach [MÜ] … *Tauber*" Bronner Schelmenb. 128.

2 von Menschen.– **2a** Taubenzüchter, Taubenhalter, °OB, °NB, °OP vereinz.: °*Tauwara* Langdf REG; *da Owameia Schosch is a dawara und gwind an jedn breis* E. Oker, So wos Schüins mou ma soucha, Amberg 2003, 58.– Auch: Taubenhändler: °*Tauberer* Flintsbach RO; *Tawara* Koller östl.Jura 70.– °*Daawara* „Kleintierzüchter" Erbendf NEW.– **2b** eitler Mann, °OB, °NB, °OP vereinz.: °*damischa Dauwara* Rosenhm.– **2c** Junggeselle, Sonderling, in Phras. *einschichtiger T.* °OB, °OP, °MF vereinz.: °*dös is a oaschichtiga Tawerer* Speinshart ESB; *A oaschichtiger Tauberer* MM 11./12.9. 1999, J2.– **2d** Schürzenjäger, Courmacher, °OB, °OP vereinz.: °*Tauberer* Schwandf; *Kam aber kimmt a Taub'rer, Dersprichst eahm alls und haltst eahm nix* Stemplinger Horaz 28; *Ist ein Tauber … ein Erztauber. Geht … auf alle Tanzböden* Bucher Kinderlehre 34.– **2e** Heiratsvermittler, °OB, °NB, °OP, °SCH vereinz.: *da Dawara* Altfalter NAB.

3 Penis, °OB vereinz.: °*Tauber* Ludenhsn LL.

4 Echter Sturmhut (Aconitum Napellus), °OB, °NB, °OP vereinz.: °*Dauberer* Eisenhut Cham.

Etym.: Mhd. *tûber*, *-iu-* stm., Abl. von → *Taube*; WBÖ IV,1016.

DWA VII,K.7.– Schmeller I,579.– WBÖ IV,1016-1018.

Komp.: **[Trommel]t.** Trommeltauber: *Ich ho èmal èn schèin Trummltauber ghatt* Vogt Sechsämter 11; *verglichen mich rücksichtlich meiner* *hohen Perüque … zu einem Trommel-Tauberer* MEIDINGER Verfall 66.– Phras.: *sich aufblasen / daherkommen wie ein T.* sich wichtig machen, °NB, °OF vereinz.: *dea blåst sö auf wiara Drummödauba* Reisbach DGF.

[**Turtel**]**t.**, [**-ü-**]**-**, [**Urtel**]**-** Turteltauber: °*da Durdldauwa und die Durdldeiwin* Ebersbg; *da kimmt da Urtltauber und da Uhuhu* Landau KIEM Obb.Volksl. 88.– Phras.: *verliebt wie a Turtltauberer* „sehr verliebt" Vilseck AM.

[**Ha**(**-ha**)]**t.**: „heißt man … ein laiblähnliches Brot von Gestalt und Größe einer Taube *Ha-Tauber*" Buchbach MÜ BRONNER Schelmenb. 81.– Ortsneckereien: „St. Wolfgang (Wasserburg): *Ha-Tauber!*" ebd. 137.– *Ha-ha-Tauba!* „Bewohner von Buchbach" Zangbg MÜ.– Wohl volksetym. aus dem Ausruf *Ha Tauber!*; BRONNER ebd. 81f.

[**Hosen**]**t. 1**: *Hosntawa* „Tauber mit Federfüßen" Etzenricht NEW.– **2** von Menschen.– **2a** kleiner Bub, °OP vielf., °OB, °NB, °MF vereinz.: °*schau nea den Husatabara a!* Sulzbach-Rosenbg.– **2b** jmd, der zu weite Hosen trägt, °OP vereinz.: °*a Husadawa* Kchnthumbach ESB.– **2c**: *Huasndåwa* „wer in Unterhosen herumläuft" KONRAD nördl.Opf. 24.– **2d**: °*Hosntauberer* „einer, der den Hosenschlitz offen hat" Teisendf LF.– **2e** weibliche Person, die Hosen trägt, °OP vereinz.: °*Hosndawerer* Rottendf NAB.– **2f** wie →*T.*2d: °*Hosntauberer* „Don Juan" O'bibg WOR.– **3** (offener) Hosenschlitz, °OP vereinz.: °*Huasadawara!* „scherzhafter Hinweis, daß man den Hosenschlitz offen hat" Windischeschenbach NEW.– **4** wie →*T.*3: °*Hosntauber* „männliches Geschlechtsteil" Landshut.

WBÖ IV,1018.

[**Kropf**]**t. 1** Kropftauber: °*i hed an Grobftauwara und a Grobfdeiwin z vakaffa* Ebersbg; *Kruapftauwa* BRAUN Gr.Wb. 342.– Phras.: *sich aufblasen / daherkommen wie ein K.* u.ä. sich wichtig machen, °OB, °NB, °OP vereinz.: °*der kumt daher wäi a Kropftaubara* Hemau PAR.– **2** Mann mit Kropf, °OB vereinz.: °*Kropftauberer* Hohenschäftlarn WOR; *Kruapftauwa* BRAUN ebd. 651.

WBÖ IV,1018.

[**Ringel**]**t.** Ringeltauber, °OB, NB vereinz.: *Ringltauwara* Aicha PA; *da kimmt da Ringltauber und der Auerhoh* Ostin MB KIEM Obb. Volksl. 88.

[**Wald**]**t.** Wildtauber, °NB, °OP vereinz.: °*da Woiddaubra* Klingenbrunn GRA; *Jazt is hoit da Woidtaubara in Woid einö gflogn* Zwiesel REG HUBER-SIMBECK Ndb.Liederb. 31. A.S.H.

Täuber

F.(?), Täubling (Russula), OB, NB, OP vereinz.: *Deiwern* Passau. A.S.H.

Tauberich, -äu-

M., Tauber, OB vereinz.: *Teiberich* Kolbermoor AIB; *dą̄ᵒbariχ* K'schwarzenlohe SC nach SMF VII,191.

WBÖ IV,1018. A.S.H.

Tauberin, -äu-

F., Täubin, °OB, °OP, °SCH vereinz.: °*Tauberi* Hütting ND.

WBÖ IV,1018. A.S.H.

Täuberling

M. **1** Täubling (Russula), OB, °NB, OF, MF vereinz.: *Däwalön* Klinglbach BOG; *Täuberling* „Name einiger eßbaren Arten der Blätterpilze mit vertieftem Hute" SCHMELLER I,580.
2 Feldegerling (Psalliota campestris), in Phras.: *grauer Täuberling* Bayrischzell MB.

SCHMELLER I,580.– WBÖ IV,1018f.

Komp.: [**Frauen**]**t.** Frauentäubling (Russula cyanoxantha): *Fraundeiwaling* Endlhsn WOR.

WBÖ IV,1019.

[**Herren**]**t.** Grüntäubling (Russula virescens): *Herrndeiwaling* ebd.

[**Rot**]**t.** Rötling (Entoloma): *Rottäuberling* O'alting STA. A.S.H.

tauberln

Vb.: *dǟwaln* „in Menge und schnell herunterfallen und dabei leicht poltern" nach KOLLMER II,84.

Etym.: Abl. zu einer Nebenf. von →*taumeln*; WBÖ IV, 1116. A.S.H.

-taubern

Vb., nur im Komp.: [**umhin**]**t.**: °*um ein Dirndl umitaubern* „herumscharwenzeln, ihr den Hof machen" Malching GRI. A.S.H.

taubicht
Adj., körperlich gefühllos, wie abgestorben, °OB, °NB vereinz.: °*i håb heut ganz taubate Finger* Tödtenrd AIC.

Etym.: Mhd. *töubic*, Abl. von →*taub*; WBÖ IV,1019.

SCHMELLER I,579.– WBÖ IV,1019. A.S.H.

-taubicht, -täubig
Adj., nur im Komp.: [**blau**]**t.** mit blauem Gefieder (von Tauben), °OB, °NB vereinz.: °*blaudaubert, rotdaubert* Wollomoos AIC; °*Blaudeubige* Passau. A.S.H.

taubig →*tauig*.

Täubin, -au-
F. **1** Täubin, °Gesamtgeb. vielf.: °*i hob ma a Taibin kaft* Taching LF; °*Dawi* Dollnstein EIH; *àiz hat si di Täubin an andan einzogn* BRUNNER Heimatb.CHA 197.– Schnaderhüpfel: °*oba schöi brustert moußt sei, wennst a Täubin willst sei, schöi haouch af da Brust is'n Tauberer sei Lust* Ambg.
2 Pilz allg.: *die Teiwin* Amerang WS; *Deiwin* [w.] Höslwang RO DWA XI,K.7.

Etym.: Mhd. *tiubin, -û-* stf., Abl. von →*Taube*; WBÖ IV,1019.

SCHMELLER I,579.– WBÖ IV,1019. A.S.H.

Täublin
F., Täubin, °OB, °NB, °OP, °MF vereinz.: °*Täublin* Kumrt WOS.

WBÖ IV,1020. A.S.H.

Täubling
M. **1** Pilz.– **1a** Pilz, v.a. Blätterpilz allg., °OB, NB vereinz.: *Deiwlön* Gottsdf WEG; *Deibling* „Schwämme überhaupt; vorzüglich … Blätterschwämme" DELLING I,118; *Täubling* Prutting RO DWA XI,25; „Das Wort *Täubling* kömmt nach Baierns Sprachgebrauch allen Blätterpilzen … zu" SCHRANK Flora II,593.– **1b** Täubling.– **1bα** Täubling (Russula) allg., °OB, NB mehrf., °OP, MF, SCH vereinz.: *da Täuben* Schottham AÖ; *Teibleng* Alletsrd NEN; *daiwliŋ* nach SCHWEIZER Dießner Wb. 197.– **1bβ** Täublingsart.– **1bβi** Speitäubling (Russula emetica), in Phras.: *der rote Täubling* Wasserburg.– †: „erregen Erbrechen … *häntige Täublinge*" Rgbg J.S.V. POPOWITSCH, Versuch einer Vereinigung der Mda. von Teutschland, Wien 1780, 574.– **1bβii** †wohl Speisetäubling (Russula vesca), in Phras.: „eßbarer … *rother Täubling*" J.CH. SCHAEFFER, Fvngorum qvi in Bavaria et Palatinatv circa Ratisbonam …, Bd I, Regensburg 1762, Tafel 92.– **1bβiii** Grüntäubling (Russula virescens), in heutiger Mda. nur in Komp., ä.Spr. in Phras.: „*Grüner Täubling* … Um Gern [EG]" SCHRANK ebd. 611.– †: *grauer Täubling* J.CH. SCHAEFFER, ebd., Tafel 94.– **1bβiv** Frauentäubling (Russula cyanoxantha), in heutiger Mda. nur in Komp., ä.Spr. in Phras.: *blauer Täubling* ebd., Tafel 93.– **1c** Milchlingsart.– **1cα** wohl Brätling (Lactarius volemus), in heutiger Mda. nur in Komp., ä.Spr. in Phras. *brauner T.*: *brauner Täubling* „Agaricus fuscus" JIRASEK Beitr. 55; „*Brauner Täubling* … Auf steinigen Wiesen um Falkenfels [BOG]" SCHRANK ebd. 596.– **1cβ** †Pfeffermilchling (Lactarius piperatus), in Phras.: *Händiger Täubling* J.CH. SCHAEFFER, ebd., Tafel 83.– **1d** Feldegerling (Psalliota campestris): *Täuwling* „Wiesenchampignon" BRAUN Gr.Wb. 651.– **1e** Rötling (Entoloma), OB, NB vereinz.: *Täubling* Volkenschwand MAI.– **1f** Rotkappe (Boletus rufus): °*Taibling* Lenggries TÖL.– **1g** wohl Grüner Knollenblätterpilz (Amanita phalloides), in Phras.: *jetzt hab ich freiweg auch die Giftlinge mitgekocht … ein paar grüne Täublinge waren dabei* Altb.Heimatp. 6 (1954) Nr.43,7.
2 Trachtenhut: „der Miesbacher Hut oder … *Täubling*, dunkelgrün mit niederem Gupf und breitem … Rand" ebd. 14 (1962) Nr.2,9; *D' Sendrinn is sovül fein, Nàgein in Mieda drein, Und an grean Deibling grad nobi* GUMPPENBERG Loder 5.

DELLING I,118; SCHMELLER I,580, 1492 (Tälbling).– WBÖ IV,1020.

Komp.: [**Blau**]**t.** wie →*T.*1bβiv, °OB vereinz.: °*der Blautaiwen* Parsbg MB; *Blautäubling* Botanisches Centralbl. 2. Abteilung, Beih. 49 (1932) 323.

WBÖ IV,1021.

†[**Türken**]**t.** Amethysttäubling (Russula Turci): *Türkentäubling* „Agaricus Lazarus" JIRASEK Beitr. 57; *Türkentäubling* SCHRANK Flora II,590.

SCHMELLER I,580.

[**Fleisch**]**t.** wie →*T.*1bβiv, °OB, NB vereinz.: *Fleischtäubling* „grünvioletter Täubling" Metten DEG.

WBÖ IV,1021.

[Fliegen]t. Fliegenpilz (Amanita muscaria), OB, NB vereinz.: *Floingdeiwlön* Hartmannsrt WEG.
WBÖ IV,1021.

[Frau(en)]t. 1 wie →*T.* 1bβiv, °OB vereinz.: °*Frauentäubling* Garmisch-Partenkchn; „in … Bayern *Frauentäubling*" J.S.V. Popowitsch, Versuch einer Vereinigung der Mda. von Teutschland, Wien 1780, 574.– **2** wie →*T.* 1e: *Fraudaiblin* Rötling O'diendf PA.– **3** wie →*T.* 1f, °OB vereinz.: °*Frauentaibling* Rotkappe Rettenbach WS.
Schmeller I,580.– WBÖ IV,1021.

[Grün]t. wie →*T.* 1bβiii, °OB vereinz.: °*Greataibin* Schloßbg RO.

[Herren]t. 1 dass., °OB vereinz.: °*Herrntäubling* „grünlicher Täubling" Reichersbeuern TÖL.– **2** †Echter Reizker (Lactarius deliciosus): *Herrntäubling* Jirasek Beitr. 25; *Herrentäubling* Schrank Flora II,595.– **3** wie →*T.* 1d: *Herrntäubling* Champignon Rattenkchn MÜ.– **4** Steinpilz (Boletus edulis), OB vereinz.: *Händaiwön* Marschall MB.
Schmeller I,580.

†**[Loh]t.** wie →*T.* 1d: *Der Lôh-Täubling* „agaricus campestris" Schmeller I,1467.
Schmeller I,1467.

[Milch]t. wie →*T.* 1cα, °OB, NB vereinz.: °*Millidaibling* Stephanskchn RO; *mili-daiblen* „Milchbrätling" Unterer Bay. Wald nach Kollmer II,346.
WBÖ IV,1021.

†**[Rain]t.** wie →*T.* 1d: „*Raintäublinge* (Champignons)" Kchdf PAN 1858 Mitteilungsbl. des Bürgermeisters der Gde Kirchdorf a. Inn 34 (2010) Nr.9[,13].
Schmeller I,580.

[Rot]t. 1 wie →*T.* 1e, OB, NB vereinz.: *Rouddeiwen* Rötling Rieden WS.– **2** wie →*T.* 1f, °OB vereinz.: °*Roattäubling* Rotkappe Peißenbg WM.

[Sau]t. wie →*T.* 1e: *Sautäubling* Rötling Wasserburg.

[Schmalz]t. wie →*T.* 1f, in Phras.: °*gelbe Schmalzdaibling* Rotkappe Stephanskchn RO.

[Spei]t. wie →*T.* 1bβi: *Schpeitäublön* Metten DEG.
WBÖ IV,1021. A.S.H.

Tauch, -e
M., F. **1** Soße, Tunke, (dünnes) Kompott, °OB vielf., °NB (v.a. ROL) mehrf., °OP, °SCH vereinz.: *Dauch vo gsonö Äpföviachtl* Valley MB; °*zu Roahrnudln gibts an Tauch* Langquaid ROL; „die Leberknödel mit *dem Tauch*, einem Gemüse von … Rüben oder Kohlraben" Christ Werke 13 (Erinnerungen).– Phras.: *der kon jetzat ummawoschln in da Dauch, di ar eahm selm gsoon hot* „er muß die Folgen seines Tuns selber tragen" Staudach (Achental) TS.
2: *Tauch trinken* Schnaps Holzen WOR.
3 kleine Menge Flüssigkeit: „Mit der hohle[n] Hand spritzte die *Dodn* [Patin] noch einen *Dauch* Wasser in das siedende Fett … *Das reißt die Krapfen in die Höhe*" Wandtner Apfelbaum 46.
WBÖ IV,1021f.

Komp.: **[Apfel]t., [Äpfel]-** (dünnes) Apfelkompott, °OB vielf., °NB, °SCH vereinz.: °*der Apfeltauch* „Äpfel mit Schale und Kernhaus gekocht, durch ein Sieb gedrückt" Tuntenhsn AIB; *Dampfnudeln … mit an Apfedauch* Altb. Heimatp. 57 (2005) Nr.10,8.

[Batzen]t., [Bätzlein]- Soße, Tunke aus Rübengemüse, °OB vereinz.: °„am Fasttag macht man aus Kohlrüben und bairischen Rüben *den Batzntauch* zu den Schmalznudeln" Nandlstadt FS; *Batzeldauch* Göttler Dachauerisch 15.– Zu →*Batzen*[1] 'knollenförmige Bodenfrucht'.

[Äuglein-beer]t. (dünnes) Kompott aus Heidelbeeren (→[*Äuglein*]*beere*), °OB vereinz.: °*Eiglbirtauch* Mühldf; *Eiglbüadauch* Göttler ebd. 25.

[Tau-beer]t. dass., °OB vereinz.: °*Daubeadauch* Wasserburg.– Zu →[*Tau*]*beere* 'Heidelbeere'.

[Heid-beer(lein)]t. dass., °NB vereinz.: °*Hoawadauch* Pfarrkchn; *und a Hoawerltauch dazua* MM 12./13.7.1997, J5.

[Birn(en)]t. (dünnes) Kompott aus meist getrockneten Birnen, °OB vielf., °NB, °SCH vereinz.: °*Dampfnudl mit Birntauch gibts heut* Penzbg WM; „Statt einer Suppe wird im Sommer vielfach *der Birntauch* gegessen, dürre Birnen im Wasser gekocht" BAUER Oldinger Jahr 170.

Mehrfachkomp.: [**Klo-birn**]**t.** Kompott aus Kletzen ([*Klo*]*birne*, Nebenf. von →[*Kletzen*]*birne*), °OB vereinz.: °*Glouwandauch* Grafing EBE.

[**Dotschen**]**t.** Soße, Tunke aus Steckrüben (*Dotsche*, Nebenf. von →*Dorsche*), °OB vereinz.: °*de guate Dotschndauch zu Schmalznudl* Anzing EBE; *Dodschndauch* „Speiserübe (gekocht mit Einbrenne)" BAUMGARTNER Wasserburger Ld 54.

[**Ein**]**t.** auch N. (EG), wie →*T.*1, °NB (v.a. LA) mehrf., °OB vereinz.: *a guata Eitauch* Ingolstadt; *s Eidau* O'trennbach EG; *dös is dösöi grawö Eindauch, dö ma zu dö Bradwürscht aufsötzt* SCHLICHT Dorftheater 100; „Beim Abendessen stärken sie sich ... mit Dampfnudeln und einer guten *Eidaung*" SCHWARZ-MIRTES Vilstal 101.
WBÖ IV,1022.

[**Holler(er)**]**t.** (dünnes) Kompott aus Holunderbeeren, °OB, °NB vereinz.: °*Hoierertauch* Taching LF; *Holladauch* POELT-PEUKER Wb. Pöcking 26.

[**Hutzel**]**t.** wie →[*Klo-birn*]*t.*: °*Hutzeltauch* Schrobenhsn; „das Mittagessen ... bestand ... aus drei roggenen Nudeln und einem ... *Hutzeltauch*" ROD Altb.Heimatp. 15 (1963) Nr.30,4.

[**Kirsch(en)**]**t.,** [**Kersch(en)**]- (dünnes) Kirschkompott, °OB vereinz.: *Käschndauch* Valley MB.

[**Kletz(en)**]**t. 1** wie →[*Klo-birn*]*t.*, °OB mehrf., °NB, °OP vereinz.: °*der Kletzntauch* „Brühe aus getrockneten Birnen oder Zwetschgen" U'haching M; *Am „gschmalzna Samsta"* [letzter Samstag im Fasching] *gibt's besonders fette Dampfnudln und ... an Kletzndauch dazu* Peißenbg WM Bayerld 49 (1938) 31.– **2** übertr. Verleumder, °OB vereinz.: °*des is a Klätsntauch* Person, die alles ausplaudert und Unfrieden stiftet Wildenroth FFB.

[**Knödel**]**t.** Soße, Tunke zu Knödeln: „Das Mittagsmahl: Brotsuppe, Knödel mit Kraut als *Knialdauch*" Staudach (Achental) TS HuV 6 (1928) 217.

[**Nudel**]**t.** Soße, Tunke, (dünnes) Kompott zu Dampfnudeln u.ä. Mehlspeisen, °OB vereinz.: *Nultauch* Ascholding WOR.

[**Schiellein**]**t.** wie →[*Apfel*]*t.*: °*Schialätauch* „Tunke aus getrockneten Apfelstücken" Thanning WOR.– Zu →*Schielen* 'Brocken, Scholle'.

[**Zwetschgen**]**t.,** [**Zwesch(b)en**]- (dünnes) Kompott aus meist getrockneten Zwetschgen, °OB vielf., °NB vereinz.: °*Zwäschndauch* Pörnbach PAF; °*heut gibt's Rohrnudln mit Zwetschgntauch* Kchbg REG; *Zweschbmdauch* „aus gedörrten Zwetschgen" SOJER Ruhpoldinger Mda. 43. A.S.H.

Dauche, Gefäß, →*Daufe.*

Täuche, Teuchel, →*Teuche.*

Däuchel, (geschmolzener) Roheisenklumpen, →*Deuchel.*

dauchen, drücken, →*dauhen.*

tauchen[1]

Vb. **1** auch †refl., sich unter die Oberfläche einer Flüssigkeit begeben, Gesamtgeb. vereinz.: *taucha* Stadlern OVI; *daung* Schwabach; *As Käferl zappelt ... durch des tauchts allwei tiafa grod* DINGLER bair.Herz 138; *Mergus haizt ein taucherlein dar vmb, daz ez sich dicke* [oft] *tauchet in dem wazzer* KONRADvM BdN 234,2f.; *Tauchen* SCHÖNSLEDER Prompt. Hh7v.
2 unter Wasser nach etwas suchen: *mit da Hand taucha* „nach einem Gegenstand im Wasser" Mchn.
3 in eine Flüssigkeit hineinstecken, senken, OB, °NB, °OP, °MF vereinz.: °*Brot in Wasser taucha* Schnaittenbach AM; *tauñ* „tunken" FEDERHOLZNER Wb.ndb.Mda. 220; *Wer ein leinen tůch enzwai tailt gleichs vnd dauht sie in zwairlai wazzer* KONRADvM BdN 129,28f.; *das scheff ... ist dennest wol genug taucht gewesen, auffwarz gein Ingolstat ... zu füren* Rgbg 1532 Chron. dt.St. XV,88,12-16.
4 (gewaltsam) unter die Oberfläche einer Flüssigkeit bringen, OB, NB, OP vereinz.: *oan as Wåussa daucha* Mittich GRI; *daucha* „jmd. den Kopf unter Wasser drücken" KILGERT Gloss. Ratisbonense 163; *Ain creutz auf einem grunen*

iaspen hat di craft, daz sein trager nicht gedavht wirt in wazzer KONRADvM BdN 506,9f.

Etym.: Ahd. *-tûhhan* stv., mhd. *tûchen*, westgerm. Wort unklarer Herkunft; KLUGE-SEEBOLD 909.

WBÖ IV,1025-1027.

Abl.: *Tauch*, *Taucher*.

Komp.: [**abhin**]**t.** wie →*t.*4, °OB vereinz.: °*mir ham ins oiwei owidauchd* Reichenhall.

[**auf**]**t. 1** an die Oberfläche einer Flüssigkeit kommen, OB, NB, SCH vereinz.: *aufdaucha* Staudach (Achental) TS; *auftauxn* SCHWEIZER Dießner Wb. 16.– **2** auftunken, °OB vielf., °NB, °OP, °MF, °SCH vereinz.: °*de Soß is heit guat, de muaß ma auftaucha* Rgbg; *säße er ... in einer Soß'drin, die er mit hundert Knödeln nicht mehr auftauchen hätt'können* Altb.Heimatp. 44 (1992) Nr.35,9.– **3** unerwartet, plötzlich erscheinen, da sein, OB, NB, OP vereinz.: *da åit Handla daucht wira auf* Mittich GRI.

WBÖ IV,1027.

[**aus**]**t. 1** (völlig) auftunken, °OB, °NB, °OP vereinz.: *därf i dä Soß austaucha?* Schönbrunn LA; *austauchen* [4]ZEHETNER Bair.Dt. 345.– **2** durch Auftunken leeren, °OB vereinz.: *a Schüssl ausdaucha* O'schleißhm M.

WBÖ IV,1027.

[**ausher**]**t. 1**: *an Stoa außataucha* „durch Tauchen aus dem Wasser holen" Aicha PA.– **2** wie →[*aus*]*t.*1, °OB, °NB, °OP vereinz.: °*d'Brüah taucht ma außa* Marktl AÖ.

WBÖ IV,1028.

[**ein**]**t. 1** wie →*t.*3, °OB, °NB, °OP, °MF, °SCH vereinz.: *d'Födan eidaucha* Lichtenhaag VIB; °*a Glöznsos zum Eitaucha* Scharmassing R; *aidaucha* Spr.Rupertiwinkel 3; *Intyhhyn* [*intuhhun*] Tegernsee MB 11.Jh. StSG. II,750,43.– **2** wie →*t.*4, OB, NB, OP vereinz.: *an Schell a'd Milö eidaucht* Willing AIB.– Phras.: *den tauch i an Kopf schän ei* „weise ich scharf zurecht" Osterhfn VOF.– **3** jmdn in Schwierigkeiten bringen, anschuldigen, °OB, °NB, °OP vereinz.: *den ho i schö eidaucht* Mengkfn DGF; *Der Wirth ... möcht gern an Pfara recht eindaucha* Irschenbg MB 1841 QUERI Bauernerotik 114; *aidaucha* „beschuldigen, belasten" Spr.Rupertiwinkel 3.– **4**: °*eindaucha* „mit dabeisein" Anzing EBE.

WBÖ IV,1027f.

Mehrfachkomp.: [**hin-ein**]**t.** wie →[*ein*]*t.*3, °OB, °NB vereinz.: °*glabst, den hon i neitaucht* Mammendf FFB; *neidauchâ* „anschwärzen" POELT-PEUKER Wb.Pöcking 12.

[**einhin**]**t. 1** wie →*t.*3, °OB, NB, °OP vereinz.: °*i tauch mas eii* Schnaittenbach AM; *so hab i an Knödl in Cafe eini taucht* Mchn Neue freie Volks-Ztg 2 (1874) Nr.216[,4].– **2** wie →[*ein*]*t.*3, °OB, °NB vereinz.: °*den hob i einitaucht* „hereingelegt" Pittenhart TS; *Den hätt'i schö einitaucht, den Großkopfeten* THOMA Werke III,240.

WBÖ IV,1028.

[**zu-sammen**]**t.** wie →[*aus*]*t.*1, °OB mehrf., °NB vereinz.: °*zsammtaucha* Alkfn VOF.

[**unter**]**t.,** [**ünter**]**- 1** auch †refl., wie →*t.*1, °OB, °NB, OP, SCH vereinz.: *Duchantl dauchnt intta* Mittich GRI; *Da derf ... a jeder oamal untertaucha* CHRIST Unsere Bayern III,62; *Daz taucherll ... wenn man ez slahen wil auf dem wazzer, so taucht ez sich vnder* KONRADvM BdN 234,8f.; *vndertauchen* „mergere in aquam" SCHÖNSLEDER Prompt. Hh7[v].– **2** wie →*t.*4: °*untertaucha* „ins Wasser stoßen" Laaber PAR.– **3** sich heimlich entfernen, verschwinden, OB, °SCH vereinz.: °*der muaß untertaucha* Hochdf FDB; *untatauch'n* „irgendwo verschwinden; sich versteckt halten" BRAUN Gr.Wb. 724.

WBÖ IV,1028. A.S.H.

tauchen[2] →*tauen*[2].

Taucher

M. **1** von Menschen.– **1a** jmd, der taucht, OB, NB, OP, SCH vereinz.: *a Daucha* Mengkfn DGF; *tauxa*[r] SCHWEIZER Dießner Wb. 198.– **1b**: °*Daucha* „ängstlicher Mensch, der sich zurückzieht" Thiershm WUN.

2 Vogel.– **2a** Ralle, v.a. Bläßhuhn, °OP mehrf., °OB, °NB, °MF, °SCH vereinz.: °*Taucherl* Lenggries TÖL; °*Dauchala* „Küken des Bläßhuhns" Kchnthumbach ESB; „*Wasser-Hennl*, oder *Taucherl* ist ein Wasser-Vogel, welchen man vor eine Bastart-Art von Enten haltet" SCHREGER Speiß-Meister 102.– **2b** Lappentaucher, v.a. Haubentaucher od. Zwergtaucher, °OB, °NB, °OP, °MF vereinz.: °*Daucha* Rgbg; °*Daucherla* „kleiner Steißfußtaucher" Meckenhsn HIP; *De Taucherln san scho munta* DINGLER Arntwagen 80; „*Taucher* ... thun der Fischbrut ... grossen Schaden" WEBER Fische 21f.;

Mergulus ... tuhhari Tegernsee MB 11.Jh. StSG. I,348,1f.; *daz die taucherll in dem winter vaizter sien dann in dem sumer* KONRADvM BdN 234,11f.– **2c** Stoßtaucher, v.a. Eisvogel, °OB, °OP, °MF vereinz.: °*Taucher* „Wildvögel, die ihre Beute durch Sturz aus dem Wasser holen“ Steinhögl BGD; °*Taucher* „Eisvogel“ Haselbach BUL.– **2d** Stockente, °OB, °NB, °OP, °SCH vereinz.: °*Daucher* „Wildente“ Kohlgrub GAP.– **2e**: *tauxa*ʳ „Tauchente“ SCHWEIZER ebd.– **2f** Möwe, °OB, °NB, °OP, °MF, °SCH vereinz.: °*Taucher* „Lachmöwe“ Kchseeon EBE; *dös is a Daucha* „Möwe“ Mittich GRI.– **2g** Fischreiher, °OB vereinz.: °*Taucher* Geisenfd PAF.– **2h**: °*Taucher* „Wildgans“ Rettenbach WS.
3: *tauxa*ʳ „Tauchnetz“ SCHWEIZER ebd.

Etym.: Ahd. *tûhhâri*, mhd. *tûchære* stm., Abl. von →*tauchen*[1]; PFEIFER Et.Wb. 1417.

WBÖ IV,1030f.

Komp.: [**Eis**]**t.** Eisvogel: °*Eisdaucha* O'schleißhm M.

[**Hauben**]**t.** **1** Haubentaucher, °OB, °NB, °OP vereinz.: °*a Haubmdaucha* Moosach EBE.– **2** übertr. von Menschen.– **2a** unbeholfener, ängstlicher Mensch: °*wos bist du denn fia a Haumdaucha?* Grafenau; „*Haubndaucha*: Feigling, Schlappschwanz“ Röhrnbach WOS PNP 65 (2010) Nr.270,10.– **2b**: °*Haubntaucher* „Galan“ Rosenhm.

[**Wasser**]**t.** **1** wie →*T.*2a, °OP, °MF vereinz.: °*Wassertaucherl* „Bläßhuhn“ Auerbach ESB.– **2** wohl Zwergtaucher: °*kleine Wasserdaucherln* „leben in Flüssen, sind so groß wie ein 3 bis 4 Tage altes Entlein“ Haselmühl AM.– **3** wie →*T.*2f: °*Wassertaucher* „kleine Möwe“ Ensdf AM.

[**Zwerg**]**t.** wie →[*Wasser*]*t.*2, °OB, °NB, °OP vereinz.: °*Zwergtaucherl* Tutzing STA. A.S.H.

Dauderlau, -ling, Wertloses, Zeitvertreib, →*Tanderlan*.

†Däue
F., Verdauung: *so geit er der leber zu vil da sy es nit zw gutem pluet mag machen mit irer dew* Windbg BOG 1505 Cgm 4543,fol.133ᵛ-134ʳ.

Etym.: Mhd. *döuwe* stf., Abl. von →*dauen*.

SCHMELLER I,477.

Komp.: †[**Un**]**d.** Erbrechen: *Zw der undew* „ad vomitum“ Reichenhall 14./15.Jh. SCHMELLER I, 477.

SCHMELLER I,477. A.S.H.

†täueln, täubeln
Vb., sich als Tau niederschlagen: *dáiweln* Dinzling CHA BM I,241.

WBÖ IV,1032-1034. A.S.H.

dauen, däuen
Vb. **1** verdauen, OB, OF vereinz.: *daia* Thiershm WUN; *dá'n, dá˜n* SCHMELLER I,476; *Ih glouba daz der heiligi Christ ... az, tranc ... douti* 12.Jh. SKD 137,13-16 (Wessobrunner Glauben I); *Wenn der wolf schaffwollen izzt vnd die dåwet* KONRADvM BdN 181,19; *Wan ein pferdt nit dewen mag* Roßarznei (BRUNNBAUER) 108.
2 †(aus dem Körper) ausscheiden: *gidoubitwerdent* Rgbg 12.Jh. StSG. I,371,6.
3 kauen, herumkauen, °OB, °NB vereinz.: *daen* Baumgarten TS.
4 wiederkäuen, °OB, °NB, °OP vereinz.: °*d'Küah dean dain* Taching LF.

Etym.: Ahd. *douwen, -ew-*, mhd. *douwen, -öuw-*, germ. Wort idg. Herkunft; PFEIFER Et.Wb. 1499f. (verdauen).

Ltg: *-daun* OB, NB (dazu WÜM; FDB), *daug* (MÜ, SOB), *-dãu* NB (dazu MÜ), *-daua* OP, OF, MF (dazu FFB, IN, LL, LF, SOG; PAN, VIB, VIT; DON, FDB), *-dãn* (IN; KEH, REG; BUL, PAR), *-dą̃* (VIT), *-dauxa* (ED), ferner *dain* (FS, LF, RO, TS; PA; AM), *daia* (WUN).

SCHMELLER I,476f.– WBÖ IV,1034f.

Abl.: *Däue, däuig, -daulich, Dauung*.

Komp.: [**um-ein-ander**]**d.** wie →*d.*3, °OB vereinz.: °*d'Kuah deint allewei am Holz umananda* Frsg.

[**anhin**]**d.** dass.: *do daeda oewai a den Brocka Broud oehe* Baumgarten TS.

†[**der**]**d.**, [**er**]- **1** wie →*d.*1: *waz indem magen nicht dedät ist* Mchn 15.Jh. Clm 8884,fol.137ʳ.– **2** wie →*d.*2: *Egereret ... irdowit* Rgbg 12.Jh. StSG. I,466,63-68.

SCHMELLER I,477.

[**ver**]**d.** **1** verdauen, Gesamtgeb. vielf.: *ih hanan guatn Magn, der vadauts schå* Hengersbg DEG; *vodan* Dietldf BUL; *vadaun* nach SCHWEIZER Dießner Wb. 39; *Transigimus fordouuames* Rgbg 11./12.Jh. StSG. II,74,45; *Der strauzz ...*

izzt eysen vnd verdæut daz KONRADvM BdN 249,10-12; *du solt nymmerr warmm brot essenn, wann es swebt oben in dem magenn vnd mag nit verdewet werdenn* Landshut 1.H.15.Jh. ObG 5 (1961) 359.– Übertr.: *das verdaut* (verkraftet) *keine Sau mehr* Hohenhard TIR.– **2** †wie →*d.*2: *Egereret virdovuiti* Tegernsee MB 11.Jh. StSG. I,466,63.

SCHMELLER I,476.– WBÖ IV,1035f.

[**her-um**]**d.** wie →*d.*3, übertr.: °*dai net herum, sags glei* „rede nicht herum" Vornbach PA.

†[**un**]**d. 1** auch refl., erbrechen, sich übergeben: *daz vndåut vnd daz sich prichet mit der hůsten* KONRADvM BdN 168,1f.; *das ich … ain grossen Cathar sambt dem grimmen gehabt hab und mich … seer undäet* um 1565 SCHMIDT Erziehung 246; *Un-dauen* „wird besonders vom Landvolk gebraucht" HÄSSLEIN Nürnbg.Id. 56.– **2** Part.Prät., unverdaut: *vngeDäwet* SCHÖNSLEDER Prompt. K7r.

HÄSSLEIN Nürnbg.Id. 56; SCHMELLER I,477. A.S.H.

tauen[1], **-b-**

Vb. **1** sich als Tau niederschlagen: °*häint houds daud* Mehlmeisel KEM; „es mußte ja *dabt* … haben, sonst war mit der *Sengst* … auf trockenem Gras schlecht was zu machen" OVI Altb. Heimatp. 46 (1994) Nr.25,21; *Rorantes … tqyygntc* [*touuenta*] Tegernsee MB 11.Jh. StSG. II, 750,10; *es tawet* SCHÖNSLEDER Prompt. Hh8r.
2 †mit Tau benetzen: *wan sam er ûf ainem getoweten clê læge* Kaiserchr. 184,5606.

Etym.: Ahd. *touwôn*, mhd. *touwen*, Abl. von →*Tau*; PFEIFER Et.Wb. 1416.

SCHMELLER I,573f.– WBÖ IV,1037f.

Komp.: [**ab**]**t.** Part.Prät., vom Tau befreit, trocken: °*odaut* Bayerisch Gmain BGD; „dass das gemähte Gras … die vom Tau verursachte Nässe verliert … *ǭdaud*" Warngau MB nach SOB V,294f.

†[**be**]**t.** wie →*t.*2: *den rosen wol geleich, wen si petawet aus ir hülslein schlieffen* FÜETRER Poytislier 37,119.

WBÖ IV,1038. A.S.H.

tauen[2], **-äu-**, **-chen**

Vb. **1** als Tauwetter gegenwärtig sein, °OB, NB, °MF vereinz.: °*daua tuats* Landsbg; *thauen* „lau werden … weniger volksmäßig als *läunen*" SCHMELLER I,573; *hę̄iⁿd tʰauds* Biberbach DAH nach SOB VI,149.
2 schmelzen, weich werden, °OB, °NB vereinz.: °*deien* Neukchn KÖZ; *s ais daud* Eschenlohe GAP nach SOB ebd.

Etym.: Gleicher Herkunft wie →*dauen*, *t-* unter Einfluß von →*Tau*; KLUGE-SEEBOLD 909.

SCHMELLER I,573f.– WBÖ IV,1036f.

Abl.: *Deuchel*.

Komp.: [**ab**]**t.** durch Schmelzen von Eis befreien: *ootaua* „enteisen, abtauen" KOLLER östl.Jura 52.

WBÖ IV,1037.

[**auf**]**t. 1** wie →*t.*1: *s daut auf* Mittich GRI; *dauds auv* Koppenbach SOB nach SOB VI,149.– **2** wie →*t.*2, °OB, °NB, °OP, °MF, °SCH vereinz.: °*s Eis dahchd af* Wellhm EIH.– **3** zum Tauen bringen, °OB, NB, OP vereinz.: °*Wåssa aufdaun* Bischofswiesen BGD.– **4** wie →[*ab*]*t.*, °OB, °NB, °OP, °OF, °SCH vereinz.: °*as Rohr muaß auftaud wern* Lenggries TÖL; „Am 17. März … *Gertraud taut d'Erd auf!*" LETTL Brauch 38.– **5** übertr. die Befangenheit verlieren, gesprächig werden, °OB, NB, °OP vereinz.: °*so langsam tauda iaz auf und wead zuatrauli* Reit i.W. TS.

SCHMELLER I,573.– WBÖ IV,1037. A.S.H.

Dauer[1], **†Daure**

F., Andauern, Fortbestehen, OB, NB, OP vereinz.: *dö Wiatschaft håd khoa Daua* Mittich GRI; *anstatt des alten … ofens einen Neuen … welchen man dan umb lengerer taure … willen … aus guetter Erden verfertigen lassen* 1731 JAHN Handwerkskunst 454.– Phras.: *auf die* (*lange*) *D.* eine längere Zeit lang, NB vereinz.: *auf dö Dauer gehts nöt* Hengersbg DEG.– *Nicht von D.* / *von kurzer D. sein* nicht lange bestehen, NB, OP vereinz.: *dös is niat va Daua* Naabdemenrth NEW.

Etym.: Mhd. *dûr* stf., Abl. von →*dauern*[1]; WBÖ IV, 1039f.

WBÖ IV,1039f.

Komp.: [**Aus**]**d.** Ausdauer, NB vereinz.: *dea håt koa Ausdaua* Hengersbg DEG.

WBÖ IV,1040. A.S.H.

Dauer[2], **-n**

M. **1** Ausdauer, °OB vereinz.: °*der hod koan Dauer in da Arbat* Lenggries TÖL.– Auch Geduld: °*koan Dauern ham* Marquartstein TS.

2: °*keinen Dauern haben* „keine Ruhe haben, geschäftig sein" Gleißenthal NEW. A.S.H.

†Tauer
(Genus?), Salzpfanne: *daß ich … auch mein Capitel … mit Pfieslen* [Dörrkammern], *Theuern und Behaltnißen uns … versehen sollen* Altötting 1564 LORI Bergr. 292; „Zu Frauenreit die Salzpfanne samt Zugehör, die 2 *Taurien* oder Salzbehältnisse" Mchn 1795 HAZZI Aufschl. III, 1055.

Etym.: Nach SCHMELLER I,616 zum ON *Thaur*.

SCHMELLER I,616. A.S.H.

-täu(e)rer[1]
M., nur im Komp.: [**Über**]**t. 1** best. Ochsenart, °OB vereinz.: *Iwadaira* „Ochsen mit guter Gangart, Pinzgauer" Thanning WOR.– **2** best. Pferdeart: *Übertäuerer* „Pferd, das über die Tauern hereingekommen ist" Chiemgau.– Abl. vom Bergnamen *Tauern*; WBÖ IV,1153f.

SCHMELLER I,616.– WBÖ IV,1154. A.S.H.

-täu(e)rer[2]
Adj., nur im Komp.: [**Über**]**t.** einer best. Ochsenart (→[*Über*]*täu(e)rer*[1],Bed.1) zugehörig: „die sogenannten *Übertäurer* Ochsen, die am Münchener Schlachthof … wegen ihres feinen Fleisches geschätzt werden" Bayerld 41 (1930) 42.– Gleicher Herkunft wie → *-täu(e)rer*[1]. A.S.H.

dauerhaft
Adj., dauerhaft, OB, NB, MF vereinz.: *dauerhaft* massiv, fest Hölsbrunn VIB.

WBÖ IV,1047. A.S.H.

†dauerig
Adj.: *dauri'* „andauernd" SCHMELLER I,530.– Phras.: *ə˜ sauə's Broud, ə˜ dauri's Broud* [wohl gesäuertes Brot hält lange] ebd.

SCHMELLER I,530.– WBÖ IV,1047. A.S.H.

Dauern
M. **1** Mitleid, °MF vereinz.: °*mit dem hob i kan Dauern* Meckenhsn HIP.
2 Zweifel, Verdacht, °OB, °OP, °MF, SCH vereinz.: °*da hat ma an Dauern* Eresing LL; *tu prauxšt koin tauan ts'hǫǫm* „Sorge … z.B. daß einer nicht auf die Kirchweih kommt" Eichstätt nach WEBER Eichstätt 63f.– Phras.: *in Tauə'n* „nach meiner Vermuthung, wahrscheinlich" OB SCHMELLER I,617.
3 Ekel, Grausen, Abneigung, °OB, °SCH vereinz.: *Daun ghabt* Herrsching STA; °*do hob i an Daura* Mering FDB; *dǫ hǫni an daurn dafoar* nach SCHWEIZER Dießner Wb. 199.
4: °*der Nachbar hat an Dauern verkåft* „fehlerhaften Gaul" Ried FDB.

SCHMELLER I,617. A.S.H.

dauern[1]
Vb. **1** währen, °Gesamtgeb. vielf.: °*des dauat ewi und drei Dåg* Senkenschlag DAH; *schä iss gwön – isch schod, daß nöd länga daat håt* Zandt KÖZ; *s wiad niad lång dauan, nåu gejts låus* Stadlern OVI; *„es mag nicht mehr dauern* d.h. … daß es mit ihm zu Ende gehe" PEETZ Volkswiss.Stud. 239; *'S Schweizerjohr daurd bloas vier Wocha* WÖLZMÜLLER Lechrainer 69.– Phras.: °*wos z'lang dauat, is nimma schäyn* Weiden, ähnlich KONRAD nördl.Opf. 67.
2 †aushalten, ertragen: *hate glaublich das Fieber, allein sie daurete es nicht lange, 8 Täge vor Michaely starb sie* 1781 SCHELLE Bauernleben 99.
3 †harren, ausharren: *swer aber mit gedulde nâch ir tûret* HADAMARvL 66,266.
4 Part.Präs.– **4a** fortwährend, ständig: *an dauandn Wedam* Aicha PA.– **4b** häufig auftretend, immer wieder, °NB vereinz.: *bist dauerd ausgschmiert* Hengersbg DEG; *findt ìh åh blindtë einë … wenn må dauernd geht* HALLER Frauenauer Sagen 42.

Etym.: Mhd. *dûren, t-*, über das Mnd. aus lat. *durare*; PFEIFER Et.Wb. 205.

SCHMELLER I,530.– WBÖ IV,1047-1049.

Abl.: *Dauer*[1], *Dauer*[2], *dauerhaft, dauerig*.

Komp.: [**an**]**d. 1** andauern: *wie lang wirds no ådauan?* Hengersbg DEG.– **2** Part.Präs.– **2a** wie →*d.*4a, °OB, °NB vereinz.: °*andauand* „immer" Neufraunhfn VIB.– **2b** wie →*d.*4b, °OB, °OP vereinz.: °*der hout andauernd a anani Aasred'* Windischeschenbach NEW; *Weinn doch der Bluatsapparat* [Telefon] *et* [nicht] *andauernd leit'n daad!* SEDLATSCHEK Glück 59.

WBÖ IV,1049.

†[**er**]**d. 1** dauerhaft machen: *suchten die Bischöfe … den zwischen Alexandern und Friedrich geschloßenen Frieden … zu erdauern und unauflöslich zu machen* GEMEINER Chron. I,270.– **2** wie →*d.*2: *wie sol danne daz alter … ir un-*

genâde erdûren? HADAMARVL 42,167; *er und seinesgleichen füetern lautern habern ... es mechtens sonsten die roß nit ertaurn auf diser strassen* Tittmoning LF 1588 Mitteilungen aus dem germ. Nationalmuseum 1893, 21.

SCHMELLER I,530.– WBÖ IV,1049f. A.S.H.

dauern[2]

Vb. **1** leid tun.– **1a** jmds Mitleid erregen, °OB, °OP vereinz.: °*der dauert mi glei gor net* Schrobenhsn; *Wennama niat sua dauert häit* SINGER Arzbg.Wb. 50.– **1b** †verdrießen, bekümmern: *Es tauret auch Jugurtha kain gelt gar nit; wer's nur nam, dem gab er* AVENTIN IV,498,30f. (Chron.).

2 Mitgefühl, Sorge um jmdn od. etwas empfinden, bemitleiden, ä.Spr., in heutiger Mda. nur im Komp.: *Das g'main pöfel ... tauret mêr ir guet und claine kinder* ebd. V,14,34f. (Chron.).

Etym.: Mhd. *tûren*, Herkunft unklar; KLUGE-SEEBOLD 182.

SCHMELLER I,616.– WBÖ IV,1050.

Abl.: *Dauern*.

Komp.: [**an**]**d. 1** Unfug treiben, anrichten: °*adauan* „einen Spaß anzetteln" Langdf REG; *Ohne daß einer a(n)dauert hätt, hätten wir die tägliche Schinderei nicht durchgehalten!* Frauenau REG HALLER Glasmacherbrauch 102.– Auch in Phras.: *Da hast wieder a schöne a(n)dauert!* ebd.– **2**: „Aufschneiden und Angeben ... *A so hättst net a(n)dauern brauchen!*" ebd.– **3** necken, verspotten: „*Er ist mit dem Mann a(n)dauert worn* ... von ihm auf den Arm genommen worden" Frauenau REG ebd.

[**be**]**d. 1** leid tun.– **1a** wie →*d.*1a: *er bedauert mich* „tut mir leid" Neustadt KEH; *Mi' bedauert a jed's jung's Deandl* südl.OB Bayerld 5 (1894) 92.– **1b** †wie →*d.*1b: *Mein Gmüeht Und Blüet Ist gar ertraurt Dan mich betaurt, Das unser Macht So gar kein Acht Hat auff den Feind* Seeon TS 1646 Cgm 3637, 840.– **2** wie →*d.*2, °OB, NB vereinz.: *dö Leut hand zon bedauan, dö hand ganz unschuidög um eana ganz Håb und Guat kema* östl.NB; *Hie seynd wol zu betauren ... nit wenig Elteren* Wunderwerck (Benno) 13.

SCHMELLER I,616f.– WBÖ IV,1050. A.S.H.

dauf, darauf, →[*da*]*auf*.

Daufe, Daube, -dauche

F. **1** Teil eines Fasses.– **1a** Faßdaube, °OB, °NB vereinz.: °*Daum* Erling STA; *Daufa* Arrach KÖZ; *Wenn mir im Dampf die Dauben biagn* DINGLER Handwerksleut 24.– **1b** Faßspund, OB vereinz.: *Daufn* Ottendichl M.

2 Brett, Schaufel, Flügel an Vorrichtungen.– **2a**: „aus einzelnen dünnen Brettchen = *daufn*" BRÜNNER Samerbg 126.– **2b** Brett des Schubers im Wehr, °OB vereinz.: °*Daufm* „verhindern den Abfluß aus dem Wehr" Kchdf AIB.– **2c** wohl Brett, auf das Schindeln genagelt werden: *Dafa* Spechting WEG.– **2d** Schaufel am Mühlrad, Wasserrad: *dā̊van* nach KOLLMER II,79.– **2e** Flügel im Butterfaß, OB vereinz.: *die Daufn* Mintraching FS.– **2f** Flügel der Putzmühle für Getreide: *daufan ... dā̊van* nach KOLLMER ebd. 83.

Etym.: Aus mlat. *duva*; WBÖ IV,1051.

Ltg: *dauf(m)* u.ä. OB, *-fa(n)* u.ä. OB (dazu BOG, GRI, KÖZ), *dā̊va(n)* u.ä (KÖZ, VIT, WEG), ferner *dauχ* u.ä. OB, weiterhin *dau(b)m* OB, NB, MF (dazu AM, NM, RID, ROD; PEG), *dą̄m* OP (dazu VIB, VIT; WUN; FÜ, HEB, LAU).

SCHMELLER I,491.– WBÖ IV,1051-1053.

Abl.: *Daufel, Däufling*.

Komp.: [**Faß**]**d.,** [**Fäßlein**]- wie →*D.*1a, OP, MF mehrf., Restgeb. vereinz.: *Foßdaufa* Wiesenfdn BOG; *Foosdaam* Nabburg; „das spaltige Stammholz zu den *Faßtaufen*" Zs. für das Forst- u. Jagdwesen in Bajern 2 (1814) H.4,55.– Scherzh. übertr. schlechter Ski: *Wenn i ned solchene Fassdaubn ghabt hätt', dann hätt'i di in Grund und Bod'n gfahrn* Altb.Heimatp. 60 (2008) Nr.7,4.

WBÖ IV,10523.

[**Hand**]**d.**: °*Handdauff* vorstehendes Brettchen an Holzgefäßen mit einer Öffnung für die Hand zum Tragen Hagnbg MB.

WBÖ IV,1053.

†[**Mehl**]**d.**: *Mehldaufe* „Mehlgefäß der Älpler" SCHMELLER I,491.

SCHMELLER I,491.– WBÖ IV,1053.

[**Salz**]**d.** auch N. (WM), in der Küche hängendes Salzgefäß, °OB vereinz.: °*Soizdauf* „früher Holz, später Porzellan" Thanning WOR; „die *sǫitsdauχ* ... (seltener) *sǫitsdauf*, Salzgefäss, das an der Wand hängt" BRÜNNER Samerbg 126.

WBÖ IV,1053. J.D.

Taufe, Tauf, Täufe

F., M. **1** Taufzeremonie, Taufsakrament, °OB, °NB, °OP vielf., °Restgeb. vereinz.: *dö bringa-r-a alle Jåhr a Kind zua Tauff* Fürstenfeldbruck; „*Tauff*, Mehrzahl *Tauffan*" Aicha PA; °*zerscht kchimmt Daf, dann Komjunion* „Reihe der Sakramente" Mering FDB; *haind iš dof gwen* nach SCHWEIZER Dießner Wb. 202; *Baptismum ... taufi* 8./9.Jh. StSG. I,54,35; *vnd das kind zw der Tauff kummen* Tuntenhsn AIB 1561 BJV 2012,117; *Ihre Figur representirt den Tauf* BUCHER Charfreytagsprocession 24.– Phras.: *kleine T.* Nottaufe, °OB, NB, °MF vereinz.: °*kloane Tauf* Piding BGD.– *Erste T.* erste Taufe mit neu geweihtem Taufwasser, °OB vereinz.: °*der hout d'erste Dauff gräigt* Wettstetten IN.– °*Da Vata is Taufbittn ganga* „spricht wegen eines Taufpaten vor" Farrach WS.– *Dös Gsicht hot seit da Tauf koa Wassa mea gseng* „ist sehr schmutzig" Viechtach.– *Die ham sechs Mäus zu da Daff gfoahn* „von einer kleinen Frühgeburt" Hohenburg AM.

Sachl., Vkde: Die *T.* erfolgt allg. am Tag der Geburt od. kurz danach, weil „selbst die Kirche annahm, ein ungetauftes Kind ist vermehrt dem Bösen ausgesetzt" FÄHNRICH M'rteich 250. Es gilt *koan Haidn nöd iwa d'Nacht ön Haus khoötn* Aicha PA od. *drei Dog soi s Kind koa Hoad sei* Willing AIB. In protestantischen Familien findet die *T.* innerhalb von zwei Wochen statt (OP, OF, MF); vgl. FENTSCH Bavaria Mchn 150.– Die →[*Not*]*t.* vollzieht meist die Hebamme (°AIB, °AÖ; DEG, PA; °AM, °CHA; Mühlrad 17 (1975) 102, SINGER Geburt 61f.) u. spricht dabei: *Kind, i taff di auf'm Zweifi, hast a Leb'n oder net. Im Namen des Vaters ...* um 1750 KRISS Sitte 119.– Vor dem Taufgang sagt die Hebamme zur Mutter: *In Gotts Nam, tragn mir 's Kindl iatzt zum Taufa. Muatta, bist einverstandn?* Chiemgau HAGER-HEYN Liab 105 od. *An Heidn trogn ma assi; an Christn bring ma wieda* FÄHNRICH M'rteich 251, ähnlich NEW, letztes entspr. bei der Rückkehr (IN).– Gelegentlich wird beim Taufgang geschossen (PA; FÄHNRICH ebd., Mühlrad ebd., POLLINGER Landshut 241, SIEBZEHNRIEBL Grenzwaldheimat 248). „Drei Böller ... kündeten den Taufgang eines Stammhalters an, ein blinder Flintenschuß an das Stadeltor den eines Mädchens" Chiemgau HAGER-HEYN ebd.– Zur *T.* wird das Kind von der Hebamme, die es gewöhnlich trägt, dem Paten od. der Patin, die es mit der brennenden →[*Tauf*]-*kerze* über das Taufbecken halten, u. dem Vater begleitet (IN, WS; GRI; NEW, OVI; Mühlrad ebd.). „ledige Personen als Paten bringen Glück" WUTTKE Volksabergl. 389. An der Kleidung „durfte ... nichts zerrissen oder schmutzig sein, da aus dem Täufling in späterer Zeit ein schlampiger Mensch ... würde" O'neukchn MÜ Mühlrad ebd., ähnlich Chiemgau HAGER-HEYN ebd. „Die Mutter bleibt zu Hause u. darf während der *Taufe* schlafen, auch alles ohne Schaden essen" O'audf RO.– Beim Taufgang soll man nicht „*Sama* oder trödeln ... sonst würde das Kind einmal recht trödelig werden" O'neukchn MÜ Mühlrad ebd. od. es würde „rasch gehen [lernen]. Begegnet dem Taufzug ein Mann, bedeutet das Glück" CHRISTL Aichacher Wb. 39. Ansonsten soll „beim Taufgang kein Hase über den Weg laufen" O'audf RO, soll man keiner (alten) Frau begegnen (WS; CHRISTL ebd.) od. keinem Leichenzug, sonst stirbt das Kind bald (IN). „Wird ein Kind ... vom Regen naß, wird daraus ein Säufer" Althm LA POLLINGER Landshut 242. Es soll (auch heimwärts) „niemand harnen, sonst wird es ein Bettnässer" Kohlbg NEW, ähnlich HAGER-HEYN Liab 104.– „Läßt der Priester bei der *Taufe* eines der vorgeschriebenen Worte aus, wird der Täufling, wenn es ein Knabe ist, mondsüchtig und ein Mädchen eine Drud" Haggn BOG, ähnlich O'konhf NAB BÖCK Sitzweil 115, HAGER-HEYN ebd. 106, POLLINGER ebd. 240, Selb SINGER Geburt 106. „Schreit das Kind während der *Taufe*, ist es ein gutes Zeichen" O'audf RO, „wird es ein guter Sänger" CHRISTL Aichacher Wb. 39, ähnlich Mühlrad 17 (1975) 102, „berühmt oder ein großer Redner" WUTTKE Volksabergl. 222, „folgt innerhalb Jahresfrist in der Familie wieder eine *Taufe*" Ingolstadt, ähnlich CHRISTL ebd., Mühlrad ebd.; andernorts gilt dieses „Weinen ... als üble Vorbedeutung" Arzbg WUN SINGER ebd. 106 u. man glaubt, diese Kinder „kommen nicht davon" Münchnerau LA POLLINGER ebd. 242. „Sah sich der Täufling ... lebhaft in der Kirche um ... würde aus ihm ... ein geistlicher Herr werden. Schlug während der *Taufe* die Kirchenuhr ... sollte das Kind sterben" HAGER-HEYN Liab 106, letztes auch, wenn „während der *Taufe* die Taufkerze bricht" POLLINGER ebd. 243.– „Man läßt den erstgeborenen Buben gern auf den Namen des Vaters, das erstgeborene Mädel gern auf den Namen der Mutter taufen" SIEBZEHNRIEBL Grenzwaldheimat 248; „die folgenden Kinder werden auf den Vornamen der Paten und ... die ... der verschiedenen Voreltern getauft" KRISS Sitte 119 od. man nahm für sie „den Namen, der nach dem Geburtstag im Kalender stand" Mühlrad 17 (1975) 102. Ferner erhält das Erstgeborene „den Namen der Paten, das nächstgeborne den der Eltern, die weiteren ... die ... von Verwandten" POLLINGER ebd. 240. „Einem unehelichen Kinde wird gewöhnlich die Hebamme Patin" SIEBZEHNRIEBL ebd., seinen Namen bestimmt der Pfarrer (LL; PA; KRISS ebd.). Dem Täufling „sollte man nicht den Namen eines toten Geschwisters geben – das kann ein Todesorakel sein" FÄHNRICH M'teich 250, ähnlich BERGMAIER Ruhpolding 225, Mühlrad ebd., im Chiemgau ist →[*nach*]*taufen* aber üblich HAGER-HEYN Liab 106, dies mit Ausnahme der „Namen Maria und Philomena" Wambach ED Bayerld 4 (1893) 27. S.a. [*zu-rück*]-*taufen*.– Für die *T.* gilt der „Freitag ... als Unglückstag ... Der Samstag dagegen ist ein Glückstag" SINGER Geburt 106, ähnlich OB vereinz.– Das Kind selbst wird in ein →[*Tauf*]*kissen* gebunden, in das versch. Geschenke gesteckt werden, v.a. →[*Tauf*]*taler* u. →[*Tauf*]*geld*, dieses auch im →[*Paten*]-, →[*Tauf*]-*brief*: „*A Kind soll niat oarm in d'Kirchn trogn wern*, sonst bleibt es sein Leben lang arm" FÄHNRICH M'teich 251, ähnlich HAGER-HEYN Liab 104; ferner steckt man in das Kissen u.a. Amulette, Kerzen, Wachsstöcke, silbernes Eßbesteck, aber auch Eier, Zucker, Kaffee, Semmeln.– Bes. geschätzt wird die *erste T.* (→[*Neu*]*t.*) mit dem an Ostern u. Pfingsten geweihten Taufwasser u. dem an Dreikönig geweihten Weihwasser, die auch doppelte Gebühr kostet (AIC,

ED, °LF, RO; DEG, MAL; VIB POLLINGER Landshut 241). Sie darf (RO) od. soll ledigen Kindern nicht gespendet werden: °*kimmt zua Neidauf zerscht a lödös Kind, nachad schauads in dem Joahr* Wimm PAN, ähnlich °OB, °NB vereinz.; Chiemgau HAGER-HEYN Liab 105f., POLLINGER ebd. „Bei einem ehelichen Kind bedeutet sie für die Pfarrei reiche Ernte, ein fruchtbares Jahr" Dingolfing, ähnlich MAL. °„Ist das erste Kind ein Mädchen, gibt es viel Gras, ein Junge, gibt es ein trockenes, mageres Jahr" Kchnthumbach ESB.– Zur weiteren Verwendung des Tauf- u. Weihwassers s. [*Tauf*]*wasser*.– Nach der *T.* findet zu Hause od. im Wirtshaus gelegentlich ein Essen (→[*Kindlein*]-*mahl*, →[*Tauf*]*schmaus*) statt.– Eine baldige *T.* soll es geben (s. [*Kind(s)*]*t.*,Phras.), wenn bei Tisch ein Glas umgeschüttet wird od. ein Holzstoß umfällt, weiterhin wenn Wasser überläuft od. durch das schadhafte Hausdach tropft (°STA), wenn Salz verschüttet wird (°IN; °PA), „wenn ein Stück Brot in die Suppe, Kuchen in den Kaffee fällt" Ismaning M, ähnlich °OB, °NB vereinz., °„wenn der Ofen kaputtgeht" Schönbrunn LA, °„der Misthaufen zusammenfällt" Eschenlohe GAP, der Bauer beim Säen eine Stelle ausläßt (°OB, °NB, °OP vereinz.).– Zu ungetauften verstorbenen Kindern vgl. Wdmünchn.Heimatbote 24 (1991) 28-33.– Weiteres vgl. HAGER-HEYN Liab 104-107; KRISS Sitte 116-119; Mühlrad 17 (1975) 101-103; POLLINGER Landshut 240-242; SINGER Geburt.

2 Taufwasser, Weihwasser, °OB, NB, °MF, SCH vereinz.: *am Pfingstsåmsta wird d'Tauf gwaid* Wdhf PAN; *dr Dåff* Derching FDB; „Es steht neben dem Taufstein ein großes Schaff Wasser ... [nicht] mit ... Chrisam vermischt ... [der] *Tauf*" Chammünster CHA Dt.Gaue 39 (1938) 115; *als er das Kind ... aus dem tauff zoch, da verswand das grausamlich apostem* HARTLIEB Dial. 297,26-28.– Phras.: *aus der T. heben* die Taufpatenschaft übernehmen, NB vereinz.: *aus da Tauf höbm* Mittich GRI; „Der *Död* [Pate] oder die *Dod* [Patin] *hebt* das Kind *aus der Daff*" SIEBZEHNRIEBL Grenzwaldheimat 247; *hat ... wol vierzehen behaimisch landherren taufen lassen, si selbs aus der tauf gehebt* AVENTIN V,171,14f. (Chron.);– *üwa Taaf hoaltn* Naabdemenrth NEW.– °*Taf astrogn* „mit dem an Dreikönig geweihten Wasser die Felder besprengen" Batzhsn PAR.– *Die Dauf duscheln* „am Pfingstsonntag bei Tagesanbruch kräftig mit den Peitschen knallen, Brauch" Haggn BOG.– *Jaz lart ma üba Dauf* „sagen die Leute, wenn sie beim ersten Glockenläuten an Ostern Kehricht auf den Nachbargrund werfen, im Glauben, damit die eigenen Flöhe zu vertreiben" Gallenbach AIC.– *Bei jmdm ist T. und Chrisam verloren* u.ä. ist alle Mühe vergebens, °OB, °NB, °OP vereinz.: *da is Tauf und Chrisam umasunst* Griesbach; *An dem is Tauf und Crysam verloren* Altb.Heimatp. 6 (1954) Nr. 35,3.

3 Freisprechungsbrauch im Handwerk, bei dem die Gesellen ins Wasser springen od. geworfen werden: °*i ko me an de Tauf vo de Metzgagselln 54 no guat erinnern* Mchn; „die *Taufe* für die ausgelernten ... Lehrjungen" FENTSCH Bavaria Mchn 237.

4 Taufgesellschaft: °*grod is Daff in Kirch eineganga* Pertolzhfn OVI.– Phras. *T. aufheben* die zur Taufe Gehenden aufhalten: „Meist wird [von Buben] ein Seil querüber gespannt ... *Tauf-Aufheben*" KRISS Sitte 116.

Etym.: Ahd. *touf* stm., *toufî*, *toufa* stf., mhd. *touf(e)* stm./f., Abl. von →*taufen*; PFEIFER Et.Wb. 1418.

Ltg, Formen: *daf*, *dauf*, vereinz. *dof* u.ä. (GAP, LL), *dāv* (NEW; EIH, N), *daft* (NEW, VOH), mit Uml. *def* u.ä. (SOG; FDB).– Pl. *dafm*, *daufm* u.ä., vereinz. *daufan* (PA).– Auch M. (FFB; CHA; FDB, ND).

DELLING I,117; SCHMELLER I,588; WESTENRIEDER Gloss. 579.– WBÖ IV,1054-1071.

Komp.: [**Ab**]**t.** Nottaufe: °*Otauf* Halfing RO.

[**Bahr**]**t.** dass.: °*Boataf* Ensdf AM.

[**Pfingst**]**t. 1** Wasserweihe an Pfingsten, OB, NB vereinz.: *Pfingstdauf* „am Pfingstsamstag vormittags" Frauensattling VIB; „die Wasserweihe ... *Pfingsttaufe*" OP Bavaria II,310.– **2** an Pfingsten geweihtes Tauf- u. Weihwasser, °OB, °NB, °OP, °SCH vereinz.: *Bfingschddaf werd gwicha* Beilngries; „schöpfen aus dem ... Wasserschaff ... den *Pfingsttauf*" Chammünster CHA Dt.Gaue 39 (1938) 115.– Phras.: °*Pfingsttaufe austragn* „mit Pfingstwasser unter Gebeten die angebauten Felder besprengen" Altheggnenbg FFB.

WBÖ IV,1071.

[**Pressant**]**t.** wie →[*Ab*]*t.*: °*Pressanttaff* Schnaittenbach AM.

[**Chrisam**]**t. 1** erste Taufe mit dem an Ostern u. Pfingsten geweihten Taufwasser, °OB vereinz.: *a Chrisamtaf* „durfte ledigen Kindern nicht gespendet werden" O'audf RO; *Chrisamtauff* SCHMELLER I,588.– **2** Firmung, °OB vereinz.: °*Grisamtaff* Anzing EBE.

SCHMELLER I,588.– WBÖ IV,1073.

[**Ehe**]**t.** wie →[*Chrisam*]*t.*1, NB vereinz.: *d'Ehtauf* „die Eltern lassen bei ihr zugleich ein Amt lesen" Winzer DEG; „Als besonderes Glück betrachtete man es, wenn das Kind die *Ehtauf* ... empfing" HAGER-HEYN Liab 105; *êtouf bîten* [abwarten] BERTHOLDvR I,127,10; *Ehetauff*

Dingolfing 1678 Der Storchenturm 16 (1981) H.32,128.
WBÖ IV,1071.

[**Erst**]**t.** dass., °OB, °OP, °MF, °SCH vereinz.: °*die Ersttauf* Ried FDB.

[**Erstlings**]**t. 1** dass.: °*Erstlingstauf* Marquartstein TS.– **2**: °*dös is a Erstlingstauf* „Taufe des Erstgeborenen" Reit i.W. TS.

[**Fehl**]**t.**: °*des war a Fehltauf* „Fehlansage der Trumpffarbe beim Kartenspiel" Marquartstein TS.

[**Vor**]**t.** wie →[*Ab*]*t.*: °*Vortauf* Erlstätt TS.

[**Frau(en)**]**t. 1** dass., °NB mehrf., °OB, °OP vereinz.: °*Frauentauf* „früher auch im Mutterleib" Inzell TS; °*des håt Frauatauf kriagt* Pocking GRI.– **2**: °*Frauentaufe* „Vorsegnung der Wöchnerin in der Kirche" Thanning WOR.
WBÖ IV,1072.

Abl.: [*frauen*]*taufen*.

[**Glocken**]**t.** Weihe u. Namengebung einer Kirchenglocke: *Glockatauf* Hohenpeißenbg SOG; „das Kreuz ... verbürgt die vorgegangene *Glockentaufe*" F.A. v.Loewenthal, Gesch. von dem Ursprung der Stadt Amberg, München 1801, 27.
Schmeller I,972.– WBÖ IV,1072.

[**Haus**]**t.** Taufe im Haus des Neugeborenen, °OB, °OP vereinz.: °*Haustaf* „früher bei vornehmen Leuten" Neunburg; „*Haustaufen* kommen ganz selten vor" Arzbg WUN 1913 Singer Geburt 60.
WBÖ IV,1072.

Abl.: [*haus*]*taufen*.

[**Jäh**]**t.,** [**Gach**]- wie →[*Ab*]*t.*, °OB, °NB, °OP vereinz.: °*Gaachtaff* Hagnbg MB; *a Gachtauf* Oberpfalz 62 (1974) 52; *Swer einem kinde der gâchtoufe helfen wil* BertholdvR II,228,24f.; *da ... das khindt ... so schwach were, das es die Jach- oder ander tauff nit erraichen khünde* Rgbg 1555 VHO 21 (1862) 215.
WBÖ IV,1072.

[**Kind(s)**]**t. 1** Taufe eines (neugeborenen) Kindes, °Gesamtgeb. vielf.: °*beim Lugi gibt's boid a Kindstaaf* Wildenroth FFB; *Khindstauff å-schoössn* „durch Schießen anzeigen" Aicha PA; °*van Schneidabauan homs heint Kindsdaf* Kchnthumbach ESB; „Ist das [getaufte] Kind ein erstgeborner Knabe einer angesehenen Familie ... *Kindstauf-Blasen*" Kriss Sitte 116; *Es soll auch ain priester ... seinen pfarlewten vor sein mit Kind tauff, mit peicht zu hören* Poikam KEH 1407 Wagner Kapfelbg u. Poikam 344; *Von Kind-täufen, und deren Einschreibung hat die Pfarr ... belanget* Arzbg WUN um 1700 Singer Geburt 69.– Phras.: *da gibt es eine K.* u.ä. ein Mißgeschick ist passiert, v.a. durch Verschütten von Flüssigkeiten, °Gesamtgeb. vielf.: °„wenn bei Tisch jemand ein Glas umschüttet und die Flüssigkeit läuft zu einer Person, heißt es, *da gibt's a Kindstauf*" Pöttmes AIC; °*wenn da Holzstoß umfallt, is a Kindstaf falli* Schnaittenbach AM.– *Eine K. bauen* / *machen* beim Säen ein Ackerbeet auslassen, °OB, °NB, °OP vereinz.: °*do hod a wieda a Kindstauf gmocht* Vilzing CHA.– **2** familiäre Feier anläßlich einer Taufe: „Bei der *Kindstauf* gings recht eng zu" Amery Dortmals 147.
WBÖ IV,1072f.

[**Klein**]**t.** wie →[*Ab*]*t.*: °*Kloatauf* Hunding DEG.

[**Drei-könig(s)**]**t.** am Vortag von Dreikönig geweihtes Wasser, °Gesamtgeb. vereinz.: °*holts an Krouch voll Dreikönitaaf* Dietfurt RID; „Besonders wirksam galt ... ein Gemische aus *Dreikönigs-, Oster-* und *Pfingsttauf*" Bronner Sitt' 40.

[**Neu**]**t. 1** an Dreikönig, Ostern u. Pfingsten geweihtes Tauf- u. Weihwasser, °OB, NB, °OP vereinz.: °*Neutauf* Ensdf AM.– Phras.: *in die N. kommen* / *fallen* u.ä. als erstes Kind mit diesem Wasser getauft werden, °OB vereinz.: °*in d'Neutauf falln* O'högl BGD; *wenn a Ledigs in die Neutauf ... kommt ... da schlägt im Sommer der Schauer* Bergmaier Ruhpolding 225.– **2** erste Taufe mit diesem Wasser, °OB mehrf., °NB, °OP, °MF vereinz.: °„zur ersten Taufe mit dem neugeweihten Taufwasser sagt man *Neitaf, Frischtaf* oder *Glückstaf*" Rettenbach WS; „*d' Neutauf* ... ist von besonderem Werte" NB HuV 10 (1932) 91; *wegen des Neutaufs* Rgbg 1715 Der Storchenturm 16 (1981) H.32,128.
Schmeller I,588.– WBÖ IV,1073.

[**Not**]**t.** Nottaufe, °Gesamtgeb. vielf.: *Nottauf* „durch die Hebamme mit Wasser" Hengersbg

DEG; °*i hob dem Kind no d'Nottaff gem könna* Schwandf; *Gib eahna d' Nottauf dene sechs Haschaln* ObG 15 (1926) 97; *man het den Kind den not dauf geben* Friedbg 1759 BJV 2012,121.

WBÖ IV,1073f.

Abl.: [*not*]*taufen*.

[**Oster**]**t.** **1** Wasserweihe an Ostern: *die Oastadauf* Gallenbach AIC.– **2** an Ostern geweihtes Tauf- u. Weihwasser, °OB, °NB, °OP, MF, °SCH vereinz.: *die Ouschdadaff* Pollenfd EIH; „die Flur … mit geweihtem Wasser, der *Ostertauf*, gesegnet" FUNK Irgertshm 17.– Spruch: *da Regn und d'Doana* (Donau) *san a starks Wassa, oba d'Oustataf is stirka; deselln treib'n d' Mühlradln, oba deh treibt in Teifi z'weiterscht furt* Cham.– **3** erste Taufe eines Kindes mit diesem Wasser, °OB vereinz.: *d'Oustataf* „kostet doppeltes Geld bei Pfarrer, Lehrer und Hebamme" Erding.

WBÖ IV,1074.

[**Schiffs**]**t.** Schiffstaufe: *Schiffstauf* Hengersbg DEG; „der alte Brauch der *Schiffstaufe*" NEWEKLOWSKY Schiffahrt II,193.

WBÖ IV,1074.

[**Schnell**]**t.** wie →[*Not*]*t.*, °OB, °OP vereinz.: °*Schnelltauf* Deusmauer PAR.

[**Wasser**]**t.** **1** †wie →*T.*1: *daz wir … getőfet werdein in der wazzirtőfe* Spec.Eccl. 44,8f.– **2** wie →*T.*3: °*da Gautschbriaf is a Beweis für d'Wassatauf* Mchn.

WBÖ IV,1074. J.D.

-taufe

N., nur in: [**Ge**]**t.**: °*zum Getaaf geh* „zur Taufe in die Kirche gehen" (Ef.) Schaufling DEG. J.D.

Daufel

F. **1** auch M. (PA), Daube, Seitenbrett eines Holzgefäßes, °OB vielf., °NB mehrf., °Restgeb. vereinz.: °*da Zuba is zamgmacht aus Daufin* Hirnsbg RO; *da Daufl* „Faßdaube" Passau; *Dauflach* „die Dauben eines Fasses" Hörmannsbg FDB; „in *Pitschen* [Krügen] … oft kunstvoll aus verschiedenen *Daufin* Holz zusammengesetzt" Laufen Zwiebelturm 6 (1951) 175; *eine Taufel in ein volles Faß zu stößen* Frsg 1481 ZILS Handwerk 118; „die erforderliche Breite der *Tauflen*" 1771 F. HOFMANN, Reichenhaller Salzbibliothek, Bd 5, Reichenhall 1999, 154.

2 Brett, Schaufel, Flügel an Vorrichtungen.– **2a** Brettchen, v.a. (best.) Leitersprosse, °OB vereinz.: °*Daufel* „aus Hartholz, hält am unteren und oberen Ende die Leiter zusammen" Steinhögl BGD; „Sprossen der Wagenleiter … *dauven*" Langenhettenbach MAL nach SNiB VI,140.– **2b** Brett des Schubers im Wehr: °*Daufin* Gmund MB.– **2c** Schaufel am Mühlrad, Wasserrad, °OB, °NB mehrf., °OP, SCH vereinz.: °*de Daufin san de Schaufin vom Möihrad* Hirnsbg RO; *d dauven* „Holzplatten … bei einem … Wasserrad zwischen den beiden Radkränzen" nach HÖCHSTETTER Müllerhandwerk 52; „Die Wasser-Räder … sollen allezeit mit nothwendigen *Taufeln* oder Schaufeln versehen seyn" WAGNER Beamte II,103.– **2d** Flügel im Butterfaß, °OB, °NB, °OP vereinz.: °*Dafl* „die Arme der Welle, die den Rahm rührt" Kchnthumbach ESB.– **2e** Flügel der Putzmühle für Getreide, °NB vereinz.: °*Daufel* Aidenbach VOF; *Daufl* „Flügel am Windrad" WÖLZMÜLLER Lechrainer 100.– **2f**: *Daufe* „Turbinenflügel" Achbg TS.

3 Gefäß.– **3a** Holzgefäß für Mehl, Salz in der Küche, °OB vereinz.: °*Daufl* „hölzerner Behälter mit Klappdeckel, nahe am Herd an der Wand aufgehängt" Schongau.– **3b**: °*die Daufl* „kleine flache Holzwanne zum Ansetzen des Sauerteigs" Passau.

4 übertr. Übergroßes am menschlichen Körper.– **4a** übergroßer Körperteil, v.a. Fuß, Hand, °OB, °NB vereinz.: °*für solche Daufeln gibt's koan Schuah z'kaffa* Aschhm M; °*Daufel* „scherzhaft übergroße Füße, Hände, Ohren" Aidenbach VOF.– **4b** großer Vorderzahn, °OB, °NB vereinz.: °*dei ganz Mei is bschandlt mit deine Daufön* Attenhsn LA.

SCHMELLER I,491.– WBÖ IV,1074f.

Komp.: [**Lauben-baum**]**d.**: *d' Lahmbahmdaufin* „Sprossen der Altane" Staudach (Achental) TS.

[**Butter**]**d.** wie →*D.*2d, NB vereinz.: *Butterdaufön* durchlöcherte Scheibe im Butterrührkübel Ast LA.

WBÖ IV,1076.

[**Trag**]**d.** längere Daube eines Holzgefäßes mit einem Loch zum Tragen, °OB, °NB vereinz.: °*Tragdaufel* „früher an Holzkübeln" Rettenbach WS.

[**Ge-treide**]**d. 1** Getreideschaufel, Schöpfgerät, °OB, °NB vereinz.: °*Getreidetaufel* „meist ausgehöhlter Baumstumpf von 20 cm mit Stiel" Rettenbach WS.– Phras.: °*der hat Brazn wia a Dreuddaufe* „sehr große Hände" Altenbuch LAN.– **2**: °*Troadtaufe* „Getreidebehälter" Thanning WOR.

[**Trieb**]**d.**: °*Triebdaufeln* „Brettchen mit Stiel zum Spannen der Seile für den Wiesbaum" (Ef.) Chieming TS.

[**Faß**]**d.**, [**Fäßlein**]- Faßdaube, °OB, °NB mehrf., Restgeb. vereinz.: °„zum Skifahren nahm man früher *Fosdaufen* und ein Stück Fahrradmantel als Bindung" Grafing EBE; *Foßdafl* Holnstein BEI; „in der Schreinerei ... 26 *Fasstaufeln*" 1802 A. Huber, Gesch. des Franziskanerklosters Straubing, Straubing 2006, 125.

WBÖ IV,1076.

[**Fuß**]**d.**: °*Fuaßdaufln* „Fußknochen" Wildenranna WEG.

[**Hand**]**d. 1** auch M. (PA), wie →[*Trag*]*d.*, °OB mehrf., °NB, °OP vereinz.: °*d'Handdaufe ghert zum Trogn* Wildenroth FFB; °*a Zuba hat zwoa Handdaufln, a Schaffl oane* Heilbrunn BOG.– **2** Schaufel, Schöpfgerät, °OB, °NB vereinz.: °*fåss mit da Handtaufe 's Mehl außa* Taching LF.– **3** übertr.: °*dea wenn di mid seine Handdaufen* (großen Händen) *oglangd!* Dachau.

WBÖ IV,1076.

[**Leiter**]**d. 1** (best.) Leitersprosse, °OB, °NB vereinz.: *d Loadadaufe* „Leitersprosse" Achbg TS; °*die Leiterdaufel* „die unterste aus einem Brettchen geschnitzte Sprosse" Malching GRI.– S. Abb. 10.– **2** Leiterbaum, °OB, °OP vereinz.: *Loitadafl* Scharmassing R.

[**Mehl**]**d. 1** Mehlschaufel, Schöpfgerät, °OB, °NB, °OP vereinz.: °*Mehltaufel* „kleine hölzerne Schaufel für Mehl" Ensdf AM.– Auch: Schöpfgefäß für Mehl: °*Meahldaufel* „befindet sich im Backtrog oder in der Mehltruhe" Eschenlohe GAP.– °*Mehltaufel* „rinnenartige Vorrichtung zum Einfüllen von Mehl in einen Sack" Innernzell GRA.– **2** Mehlgefäß.– **2a** in der Küche hängendes Mehlgefäß, °westl.OB mehrf.: °*Möihtaufi* Reichersbeuern TÖL.– **2b** Mehltruhe, °OB, °NB vereinz.: °*d Moidaufe* „steht in der *Mehlkammer*, bei Kleinbauern auch in der Schlafkammer" Wildenroth FFB.

WBÖ IV,1076.

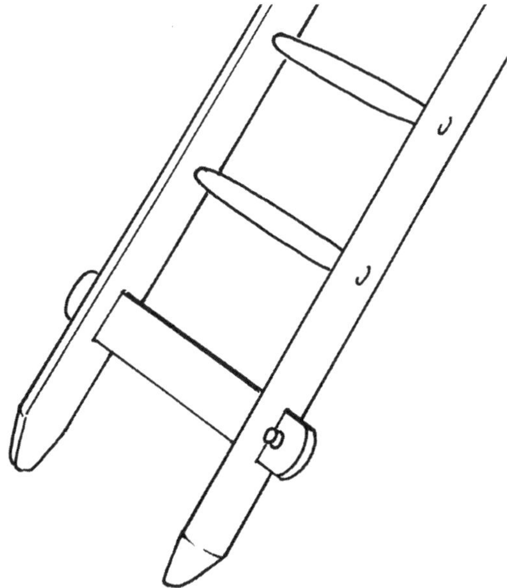

Abb. 10: *Daufel* 'oberste u. unterste Leitersprosse' (Steinhögl BGD).

[**Mühl-rad**]**d.**, [**-rädlein**]- wie →*D.*2c, °OB vereinz.: *Muirodtaufe* Traunstein.

[**Salz**]**d. 1** †Daube einer Salzkufe: „das *Salztaufelmachen* zu den Fäßern" TS Hazzi Aufschl. III,929.– **2** in der Küche hängendes Salzgefäß, °OB (v.a. SW) mehrf.: *Soizdaufi* U'menzing M.

WBÖ IV,1076.

[**Schaff**]**d.**, [**Schäfflein**]- Daube eines Schaffs, OB, °NB vereinz.: *Schåfdaufä* Achbg TS; *Schaffeldaufln* Angerer Göll 107.– Übertr.: °*der hot åba Schaffätaufen* „große Füße" Reichersbeuern TÖL.

WBÖ IV,1076. J.D.

taufen, -äu-

Vb. **1** die Taufe spenden, °Gesamtgeb. vielf.: °*heint homs beim Kirmer* [PN] *doft* Eschenlohe GAP; °*ins Taufa geh* Fürstenstein PA; *f'n Daffa keema* Derching FDB; *haind išd deft woan* nach Schweizer Dießner Wb. 199; *In regimine ... intoufanne* Tegernsee MB 11.Jh. StSG. II, 286,41f.; *der lieb Johannes, der den taufft* Tegerns.Hym. 68,53f.; *von der Hebammen getaufft zu werden* Aufkchn STA 1682 BJV 2012,121.– Phras.: *Felda taufa* „die Felder mit dem am Pfingstsamstag geweihten Taufwasser besprengen" Burghsn AÖ.– *er ist nach jeder Religion getauft* „ist raffiniert und listig" Konrad nördl. Opf. 90.– Kinderv.: °*ich taufe dich mit Wasser*

und du sollst heißen Kasper, ich taufe dich mit Odl und du sollst heißen Kodl [Kater] Windischeschenbach NEW.
2 einen Namen geben.– **2a** einen Taufnamen geben: °*die Grouß va mein Brouda homs Barbara daafft* Weiden; *so tauf ich ihn dir nöt! Der Nam is nix* SCHLICHT Bayer.Ld 277.– **2b** einen Namen geben, benennen allg.: *wia habts iaz eian Varein tauft?* Ingolstadt; „jeder ... Kuh den Namen beigegeben, mit dem sie *getafft* und gerufen worden sein dürfte“ Altb.Heimatp. 9 (1957) Nr.17,4.– **2c** die Trumpffarbe bestimmen, °OB, °NB, °OP vielf., °Restgeb. vereinz.: °*wia taufst denn des Spui? – Schelln sticht!* Manching IN; °*dean taffe gröi* Schönwd REH; „Der Greineder meldet das erste Solo an. *Taufa muaßt as aa!*“ Altb.Heimatp. 9 (1957) Nr.7,6.– Phras. im Wortspiel mit Bed.2a: °*wöi tauf ma des Kind?* „wie benenne ich das Solo“ Vilzing CHA, ähnlich °AM.
3 †den Freisprechungsbrauch →*Taufe*,Bed.3 ausführen: *es mueß ein ieder ... nach handtwerks brauch getauft werden* Mchn 1668 BJV 1958,118.
4 begießen, überschütten, in eine Flüssigkeit tauchen, OB, NB vereinz.: *richtö tauft wean* Aicha PA; *taufen* „den getrockneten Hopfen vor dem Verkauf ... besprengen, damit er schwerer wird“ HORN Hersbr.Hopfenbauern 13; *ist die störchin ... zu ainem brun geflogen, hat sich alda tauft* AVENTIN V,89,25f. (Chron.).
5 verwässern, verdünnen, OB, NB vereinz.: *Mili taufa* Außernzell DEG; *a daffda Wein* „gepanschter Wein“ ILMBERGER Fibel 40; *daß ich ... den Wein ... schon getaufft habe* MOSER-RATH Predigtmärlein 327.

Etym.: Ahd. *toufen*, mhd. *toufen, -öu-* ‘untertauchen, taufen’, germ. Abl. zur selben Wz. wie →*tief*; PFEIFER Et.Wb. 1417f.

Ltg: *dafm, daufm, -fa* u.ä., vereinz. *dofm, -fa* u.ä. westl.OB, *dāvm* MF, mit Uml. auch *dęfm, -fa* sw.OB (dazu KÖZ; FDB).

SCHMELLER I,588.– WBÖ IV,1077-1081.

Abl.: *Taufe, -taufe, Taufet(s), Täufling.*

Komp.: [**ab**]**t.** **1** nottaufen, °OB, °NB, °OP, °MF, SCH vereinz.: °*des Kind is scho odaft* Rechtmehring WS; *abtâuffen* SCHMELLER I,588.– **2** wie →*t*.4: *otauffa* Aicha PA.

SCHMELLER I,588.– WBÖ IV,1081.

[**ein**]**t.** wie →*t*.2c, °NB, °OP vereinz.: °*taufs fei richtig ei, sonst kriagst a Spritzn* „ein Kontra“ Zwiesel REG.

[**vor**]**t.** auf den Namen eines Kalenderheiligen taufen, dessen Fest im Jahresverlauf erst gefeiert wird: „*vortauft* wird im Bezug auf den Namenstag“ Haag WS.

WBÖ IV,1081.

[**frau(en)**]**t.** wie →[*ab*]*t*.1, °NB, °OP vereinz.: *awa nua frauataufft* Mittich GRI; *frâutâufen* GAP SCHMELLER I,803.

SCHMELLER I,588, 803.– WBÖ IV,1081f.

[**gott**]**t.** dass.: °*gottaft* (Ef.) O'högl BGD.

[**haus**]**t.** dass.: °*haustaufen* Teisendf LF.

[**jäh**]**t.**, [**gach**]- dass.: °*gachtafa* Pöcking STA; *gáhhtauffə˜* SCHMELLER I,888; *das chint gæchtauffent di frawen* Frsg.Rechtsb. 202; *von der Amben gejachtauffet* Hohenbg REH 1649 SINGER Schacht 130.

SCHMELLER I,588, 888.– WBÖ IV,1082.

[**nach**]**t.** **1** auf den Namen eines verstorbenen Geschwisters taufen: „in kinderreichen Familien [war] das *Nachtaufen* üblich“ HAGER-HEYN Liab 106.– **2** die Taufformel ein zweites Mal sprechen: „[beim möglichen Auslassen eines Wortes hat der Pfarrer] *lieber noamoi no'tauft*“ VIT BJV 1953,33.

WBÖ IV,1082.

[**not**]**t.** wie →[*ab*]*t*.1, °OB mehrf., °Restgeb. vereinz.: °*d'Hebam hat s Kind nottauft* Marktl AÖ; *I woaß no, wias notdaaft worn is* Kchbg R BÖCK Sitzweil 94.

WBÖ IV,1082.

[**zu-rück**]**t.** auf den Namen eines Kalenderheiligen taufen, dessen Fest im Jahresverlauf schon gefeiert wurde, OB, NB, OP vereinz.: *zruckdafm deaf ma niat, sunst stirbt as Kind* Rosenbg SUL; „Man soll nicht *zurücktaufen* ... sonst würde sich der *Täufling recht hart lernen*“ BERGMAIER Ruhpolding 225.

WBÖ IV,1082f.

[**schnell**]**t.** wie →[*ab*]*t*.1: °*schnelltaufen* Brunnen SOB.

[**um**]**t.** **1** in eine andere Glaubensgemeinschaft aufnehmen: *umtauffa* „hört man manchmal bei einer Mischehe“ Höhenstadt PA.– **2**: °*eitz kannst as nimma umdafa* „die Trumpffarbe nicht mehr ändern“ Bodenmais REG.

WBÖ IV,1083. J.D.

Taufet(s)
N. **1** kirchliche Tauffeier, °OB mehrf., °NB, °OP, °SCH vereinz.: °*heit muaß i ois Get* [Pate] *ins Dafat* Halfing RO; °*beim Huber drent* [drüben] *gibt's heit a Taufats* Kchbg REG.
2 Gang zu dieser Feier, OB, °NB vereinz.: °*Dafat* Kelhm.
3 Taufgeschenk des Paten, °OB vereinz.: °*s Dafat* Teisendf LF.– Auch Geschenk an die Wöchnerin: °*da Bsuach bringt as Tafat mit* Schrobenhsn. J.D.

†**Däufling**
M., wohl Gefäß aus Dauben: *III hůltzein schal ... XXV teufling* Piendl Hab und Gut 204.
WBÖ IV,1085. J.D.

Täufling
M. **1** Täufling, OB, NB, OP vereinz.: *Taifflön* Aicha PA; *Spitzl für Täufling* Altenstadt NEW Fähnrich Brauchtum Opf. 270.
2 †der im Handwerksbrauch →*Taufe*,Bed.3 Freizusprechende: „Die Meistersöhnchen spielen die Rolle der ... Gevattern ... [von den] *Täuflingen*" Fentsch Bavaria Mchn 237.
WBÖ IV,1085. J.D.

dauft, darauf, →*[da]auf*.

Taug
M., gute Beschaffenheit, Nutzen, in Fügungen *einen / keinen T. haben / geben* von guter / schlechter Beschaffenheit sein, (keinen) Nutzen haben, °OB vielf., °NB mehrf., °Restgeb. vereinz.: °*lo'n steh! Dös hot koan Daug!* „heirate ihn nicht, das geht nicht gut!" Weildf LF; °*die Arbat hat koan Tauch* Hfndf ROL; °*dea Keal gid a kan Dauch ned* „taugt nichts" Regelsbach SC; „Irgendein Vorschlag ... *hod koan Daug ned*" Ilmberger Fibel 43; *Was füa's G'lus' is und G'schaug, Gibt füa's Herz aa an Taug* Pangkofer Ged.altb.Mda. 63.
Etym.: Mhd. *touc* stm.(?), *touge* stf.(?) 'Tugend', Abl. von →*taugen*; Lexer HWb. II,1479. J.D.

taugen, †-**ü**-
Vb. **1** für etwas geeignet, brauchbar, passend sein, °OB, NB, °OP, °MF vereinz.: °*der taugt nix als Handwerker* O'schleißhm M; *i wissat da oanö, dö für di dågat* Iggensbach DEG; *so wia a Jaaga ned zum Pfluagführn daugt* Loew Gratt-leroper 24; *sô seiner hunt ze iagen wenig toget* HadamarvL 39,157; *das all seins leibes krefft zw wer da nicht mer tochten* Füetrer Poytislier 94,305.
2 von guter Beschaffenheit, Veranlagung sein, Wert, Nutzen haben, °OB, °NB, MF mehrf., °Restgeb. vereinz.: °*moasch, döis daugg ebbas?* Garmisch; *dea Agga dågt ned vüll* Kötzting; *s daugt scho* es reicht, genügt Rieden AM; *dei̦ daugt hint und voarn nex* Konrad nördl.Opf. 61; *Probis ... toganten* Rgbg 11.Jh. StSG. II, 425,10.
3 gefallen, wohltun, angenehm sein, °OB, °NB mehrf., °Restgeb. vereinz.: *des Essn hot eam net daugt* „ist ihm nicht bekommen" Elbach MB; *was taugt da denn heint wieder nöt?* Passau; *dös taug eam* angenehm Derching FDB; *helf ma hi auf d' Ofabänk – mir taugt's net in de Federn* Breitenfellner Spinnstubengesch. 108; *mein armueth und stammen taugt nicht solchen gast* Stubenbg PAN um 1800 Ph. Lenglachner, Geistliches Zeitten B., München 2012, 52.
Etym.: Ahd. *tugan*, mhd. *tugen*, *-o-*, *tügen*, *tougen*, germ. Wort idg. Herkunft; Pfeifer Et.Wb. 1418.
Ltg, Formen: *dauŋ*, vereinz. *dã̄ŋ* (DEG, KÖZ, VIT), *dauga* (GAP), *-ō-* (LL).– 3.Sg. *daukt* u.ä., ferner *dauxd* MF, *dauk* u.ä. (DAH, GAP, TÖL; FDB), *dakt* (LAU), *dauŋd* (PA).
Schmeller I,596.– WBÖ IV,1086f.

Abl.: *Taug*, *taug(en)sam*, *Tauget*, *tauglich*.

Komp.: [**einhin**]**t.** in eine best. Umgebung passen: *de daugat auf Münga* [München] *is Klosta eine* Neustadt KEH.
WBÖ IV,1088.

[**hin**]**t.** dass.: °*mid deara åltn Huasn daugst dou niat hi* Windischeschenbach NEW; *Desswegen bin i do a Mo, Muß überall hintaugn* Sturm Lieder 120.
WBÖ IV,1087.

[**nichts**]**taugend** von schlechtem Charakter, OB, NB vereinz.: *nixtaugat* niederträchtig Neubeuern RO.

[**zu-sammen**]**t.** zusammenstimmen, zueinander passen, °OB, °NB, °OP, °SCH vielf., °Restgeb. mehrf.: °*dö taugn scho zamm allzwoa* „vor allem im üblen Sinn" Edelshsn SOB; °*dö zwoa Ochsn taugn guat zsam* M'rfels BOG; °*es mouß halt öis zammataugn, sunst wird's nix* Parsbg.
WBÖ IV,1088. J.D.

taug(en)sam
Adj. **1** geeignet, brauchbar, passend, °OB mehrf., °NB, °OP vereinz.: °*der Fleck is taugsam für den Riß* Teisendf LF; °*is des taugsam gnua?* „paßt dies entsprechend?“ Mallersdf; *Zur Kopfsach ist er taugendsam* Stieler Ged. 113; [dem Pferd] *mag er das Fuetter nemmen … wo es ihm fueg- unnd taugsam ist* Althm LA um 1400? Hartinger Ordnungen I,87; *und andern taugsamen Instrumenten* Straubing 1673 Jber HVS 69 (1966) 48.
2 von gutem Charakter.– **2a**: *taugsam* tugendhaft Wenzenbach R.– **2b** tüchtig, ordentlich, °OB, °NB vereinz.: °*si is a taugadsams Wei* Starnbg; *Taugsam* Federholzner Wb.ndb. Mda. 220.– **2c** verträglich, gutmütig, °OB, °NB vereinz.: *taugsam* „freundlich im Umgang“ Straubing.
3 angenehm, bequem, wohltuend, °OB, °NB vereinz.: °*so a frische Maß is bei dera Bluathitz wirkli daugsam* Chieming TS; °*der Huat is daugsam* Blaibach KÖZ; *Daungsam … iss ja ned, boid ma aso d Huasd … hod* Höfler Bair. gredt I,109.
Schmeller I,596.– WBÖ IV,1089.

Komp.: [**un**]**t.** **1** ungeeignet, unbrauchbar, nicht passend, °OB, °NB vereinz.: °*untaugsam* „wenn etwas nicht für etwas paßt“ Teisendf LF; °*untaugsam* „Person, die nicht zu gebrauchen ist“ Gangkfn EG; *ain verleimbdte zur zeugschafft unthaugsambe persohn* Landshut 1620 Helm Obrigkeit 95.– **2** von schlechtem Charakter.– **2a**: °*untaugsam* „faul“ Dollnstein EIH.– **2b** unverträglich, streitsüchtig, °OB, °NB, °MF vereinz.: °*mid den udaugsama Deifö brauchscht de gor ned ogem* Dachau; *untaugsam* [4]Zehetner Bair.Dt. 358.– **3** unangenehm, Mißfallen erregend, °OB vereinz.: °*mir is wos Utaugsams passiert* Fischbachau MB.
WBÖ IV,1089. J.D.

Tauget
(Genus?), Geeignetes, Passendes: °*dös is koin Tauchet* „taugt, paßt nicht“ Weiden. J.D.

tauglich, †taugenlich, -äu-
Adj. **1** tauglich, geeignet, brauchbar: *taugli* Passau; *Wer heit zu nix taugli is, der wird'* [*s*] *morgen no weniga sei* Häring Gäuboden 195; *der kaiser lech si den, di da waren deugenlich, die zu behalten* Arnpeck Chron. 504,28f.; *das Klayd … welches … wegen tauglicher Materi gleich hell … auffzubrinnen anfienge* Moser-Rath Predigtmärlein 181.
2: *daugli* „diensttauglich für das Militär“ Kochel TÖL.
WBÖ IV,1088f. J.D.

Dauh, -e
M., F. **1** Hebebaum, °OB, °OP, °SCH vereinz.: °*beim Stöckgrom braucht ma an Dauch* Wettstetten IN; °*nim die Dauch und heb auf damit* Hexenagger RID; *Die Dauhen* „jedes Holz, dessen man sich als eines Hebels zum *Dauhen* bedient“ Schmeller I,494.
2 Unterlage unter dem Drehpunkt des Hebebaums: °*die Dauch* Malching GRI.
3: °*a Dauch machen* „Anheben mithilfe eines Hebebaums“ Ohlstadt GAP.
Schmeller I,494. A.S.H.

†dauhbar
Adj., geeignet zum Pressen, Keltern: *von … tauchbaren Obst einigen Brantwein zu Brennen* 1784 StA Ambg Fürstentum Obere Pfalz, Rentkammer, Ungeldstube (Branntweinakten Nabburg) 29. A.S.H.

dauhen, †-eu-
Vb. **1** drücken, anheben.– **1a** drücken, schieben, stoßen, °OB, °NB vereinz.: °*dauh do nöt a so!* Reut PAN; „mit beiden Händen von sich schieben … *des dau e*“ Sandbach PA nach SNiB II,308; *Premunt duhent* Tegernsee MB 11.Jh. StSG. II,640,20; *daz er daz honig wol dauhe in den emer* Rgbg vor 1361 Forschungen z.Kultur-u.Litgesch. 14 (1906) 129; *dauch den arm gegen der stangen vnd richt in aber gar eben* Windbg BOG 1505 Cgm 4543,fol.170v.– Auch sich durch Schieben in Bewegung setzen: „Bis zum First *tauchten* die Buben in die Höh“ Herrgottswinkel 25.10.1952[, 2].– **1b** (mit einem Hebebaum) anheben, °OB, °NB, °OP vereinz.: *ö d'Heh daun mitn Daubaam* Mirskfn LA; *dauchâ* „etwas mit Hebelwirkung anheben“ Poelt-Peuker Wb. Pöcking 12.
2 †(Flüssigkeit) herauspressen: *Dauch das wasser wol daraws mit eynem streycheysen* Ebersbg 15.Jh. Schmeller I,495.
3 Wehen haben, einen Vorfall erleiden, v.a. von der Kuh.– **3a** die Bauchmuskeln anspannen, pressen, °OB vielf., °NB mehrf., °OP vereinz.: °*dö Kuah daucht scho richti, do muaß s Kaibi boid kemma* Steinhart WS; °*müaß ma no*

wartn, bis Kuah wida daud Eging VOF; *Hats scho daucht?* Christ Werke 563 (Rumplhanni).– **3b** einen Gebärmutter- od. Scheidenvorfall erleiden, °OB vereinz.: °*daucha* Wolfratshsn.– Auch in Phras. *Fürfall d.* °OB vereinz.: *Fürfoi tauchn* O'audf RO.

4 schlucken.– **4a** †hinunterwürgen: *sô müezet ir den angel* [Stachel] *tiuhen* (var. *tuhen*), *als ir daz hünic dâ sûget* BertholdvR I,216,35f.– **4b** auch refl., übermäßig trinken od. essen, °OB, °NB vereinz.: °*der hot se richtig taucht, daß a boid nima steh hot kinna* Westerndf DAH; *taucha* „drinken" STA 1861 OA 121 (1997) 146.– Phras.: °*de Männer ham oan daucht* „gesoffen" Thalham MB.

5 Geschlechtsverkehr ausüben: *tauchen* „beschlafen" [4]Zehetner Bair.Dt. 345; *ä thuats oiwei a kloas weni daucha* Tegernsee MB 1892 Queri Bauernerotik 229.

6 (ein Schiff u.ä.) beladen, OB, NB, °OP vereinz.: *Blötn taucha* O'audf RO; „Erst den anderen Tag konnten sie *dauchen*, die Fracht einladen" Laufen Zwiebelturm 6 (1951) 174; *damit man alle Schif zu tauchen hab* Salzburg 1581 Lori Bergr. 309 (Schiffordnung zu Laufen); „Ein jeder Schöfzug fahrt auf einmal mit 4. *gedauchten Böden* (geladenen Salz-Schiffen) ab" ebd. 641.

7 sich anstrengen, beeilen.– **7a** sich anstrengen: °*daua* „sich mit etwas plagen, abmühen" Hunding DEG.– **7b** sich beeilen, schnell vorankommen: *daucha* „rasch laufen" Chiemgau.

8 auch refl., schleichen, gebückt gehen, °OB, °OP, °OF, °SCH vereinz.: °*tua di net so daucha* Tölz; *dauchen* Bauernfeind Nordopf. 142.– Part.Präs., mit krummem Rücken, °OP vielf.: °*da Nachbas Michl is ganz tauchat ums Hauseck umiglofa* Wiefelsdf BUL; *Ganz dauchat gäiht's Und zammabogn* Schwägerl Dalust 77.

9 auch refl., sich (heimlich) entfernen, verschwinden, OB, °OP vereinz.: *göi, du dauchst di* Staudach (Achental) TS.

10 einschüchtern, herabwürdigen, °OB, °NB vereinz.: °*den dauchi schå no* Polling WM; *Einen dauhen* „bezwingen, meistern" Schmeller I,494.– Part.Präs.: *dauchat* „unterwürfig, devot … zurückhaltend" Kilgert Gloss.Ratisbonense 163.

11 †wohl aushalten, ertragen: *sô müezet irz sô mit einander dûhen* BertholdvR I,321,16f.

Etym.: Ahd. *dûhen*, mhd. *dûhen*, *-iu-*, germ. Bildung idg. Herkunft; [2]DWB VI,799. Teilw. nicht von →*tauchen*[1] zu unterscheiden; WBÖ IV,1090.

Schmeller I,494f.– WBÖ IV,1090-1095.

Abl.: *Dauh*, *dauhbar*, *Dauher*, *Dauhet*, *Dauhung*.

Komp.: [**ab**]**d.** **1** wegdrücken, wegschieben: *odaucha* „Eisstock" Spr.Rupertiwinkel 67.– **2** wie →*d.*9: *o-tauchn* „kleinlaut davongehen" Singer Arzbg.Wb. 169.

WBÖ IV,1095.

[**abhin**]**d.** **1** herunterdrücken, °OB, NB vereinz.: °*dea daucht sein Kopf scho weit obi* Halfing RO.– **2** wie →*d.*10, °OB, °OP vereinz.: °*den hob i obitaucht* „scharf zurechtgewiesen" Steinhart WS.

WBÖ IV,1101.

[**an**]**d.** **1** drücken, anschieben, anheben, werfen.– **1a** einen kräftigen Druck ausüben, °OB, °NB vereinz.: °*da muaßt fest odaun, sonst bringst de Nuß net auf* Wettstetten IN.– **1b** durch Schieben, Stoßen in Bewegung setzen, °OB, °NB vereinz.: °*soie di oodaucha mid da Hutsch?* G'holzhsn RO; *beim Schlihnfoan mit de Fiaß o'tauchn* Rasp Bgdn.Mda. 117.– Phras.: *der tau(ch)t mitm Hirn no an* „arbeitet hart" Fürstenstein PA.– **1c** wie →*d.*1b, °OB, °NB vereinz.: °*da derfst fest odaucha, daß se der Baam rührt* Endf RO; *andauhen* „drücken durch Ansetzen eines Hebels" Schmeller I,494.– **1d**: *ådau* „einen Wurf mit Kraft ausführen" Aicha PA.– **2** wie →*d.*3a, °OB, °NB, °OP vereinz.: °*Scheckin, dau nur o, na geht's schneller!* Kchbg REG.– **3** übermäßig trinken od. essen, sich antrinken.– **3a** meist refl., wie →*d.*4b, °OB vielf., °NB, °OP vereinz.: °*do host di freili odaucha könna* Hohenpeißenbg SOG.– Auch: °*dauch o!* „prost!" Anzing EBE.– **3b** refl., sich antrinken, °OB, °NB vereinz.: °*morgn werd i mir an richtign Rausch antaucha* Aibling.– Phras. *sich einen a.* sich betrinken, °OB, °NB vereinz.: °*heid dauch i mia oan o* Ergolding LA.– **4** kräftige Ruderbewegungen ausführen, °OB vereinz.: *andauchen* „beim Rudern fest anziehen" Berchtesgaden; *ō̃dauá* „das Ruder in das Wasser stechen und … mit der Breite gegen die Kahnwand drücken" nach Angrüner Abbach 24; *Thau'o, thau'o, mei liaba Schiffmo!* [3]Pangkofer Ged.altb.Mda. 64; *Ho ho ho dauch an dauch an … mein Steyer-Mann* Regler Azwinischer Bogen 130.– Auch staken: °*antauchen* „ein Boot im seichten Wasser" Mchn; *andauhen* „durch Ansetzen … der Schifferstange" Schmeller I,494.– **5** sich anstrengen, beeilen.– **5a** wie →*d.*7a, °OB, °NB, °OP vereinz.: °*der hot odaucht* „sich erfolgreich herausgemacht" Weildf LF; *å̃dåu … å̃dauxa* „sich anstrengen"

Unterer Bay.Wald nach KOLLMER II,312.– **5b** wie →*d.*7b, °OB vereinz.: *dauch mer e weng on mit der Arbet, daß mer firti wearn* Ruhpolding TS; *otauchn* „flott arbeiten“ HELM Mda. Bgdn.Ld 174.– **6** anrücken, herankommen: *Sie war'n no net recht firti mit 'n dekorier'n, da san scho' de erst'n Verein o'daucht* Mchn SHmt 36 (1940) 56.– **7** kräftig singen, blasen, prahlen.– **7a** laut singen, schreien: °*dau o a weng bessa* „sing lauter“ Lindbg REG; *Mir Kinda ... hamma adaut* ObG 14 (1925) 415 (M. Peinkofer).– **7b**: *ådau* „mit aller Kraft blasen“ Aicha PA.– **7c** prahlen, großtun, NB vereinz.: *der machts Mei af und daut o* Galgweis VOF; *ɔdaucha* „angeben beim Reden“ Spr.Rupertiwinkel 67.– **8**: °*antauchen* „jemanden anlügen“ Reit i.W. TS.

DELLING I,26; SCHMELLER I,494.– WBÖ IV,1095-1097.

[**auf**]**d.** **1** wie →*d.*1b, °OB, °SCH mehrf., °NB, °OP, °MF vereinz.: °*den Stamm miaßtz audaucha, et* [nicht] *aufhebn* O'df AIC; *auf-dauhen* „mit einem Hebel aufwärts drücken“ SCHMELLER I,494.– Auch: °*aufdaucha!* „Kommando der Zimmerleute, wenn man einen aufliegenden Balken an einem Ende niederdrückt, sodaß das andere Ende von einem höherstehenden Mann entgegengenommen werden kann“ Thalham MB.– **2**: °*buck di, tauch des auf* „heb das vom Boden auf“ Taching LF.

SCHMELLER I,494.– WBÖ IV,1098.

[**aus**]**d.** **1** herausdrücken, sich wölben.– **1a** †nach außen drücken: *ausdauhen Einem die Augen* „sie ihm beym Raufen ausdrücken“ SCHMELLER I,494.– **1b**: °*ausdauchen* „sich unter Druck nach außen wölben, von einer Vorschal-, Stützwand, einem Faß“ Hzkchn MB.– **2** ausdrücken, auspressen.– **2a** †wie →*d.*2: *so Laß daz aither suech(en), vnd Laß ihms auß Dauch(en)* Roßarznei (GFRÖRER) 64.– **2b** durch Drücken, Pressen von Flüssigkeit befreien, °OB, °NB, °MF vereinz.: °*da Dokta hat ma den Oaß ausdaut* Simbach EG; *Z· A'lbm óbm is·s lusti', taəns· Kás austauhhə̃* SCHMELLER ebd.– **3** wie →*d.*3b, °östl.OB vielf., °NB vereinz.: °*de daucht bei jedn Kaiwi aus* Degerndf RO; °*schnell ruaf an Tierarzt o, d'Blessn hod ausdaut* Mittich GRI; *austaun* „Wenn ... beim Ausstoßen der Nachgeburt die Scheide des Muttertiers austritt“ RASP Bgdn.Mda. 20.– Auch in Phras. *Fürfall a.* u.ä. °OB vereinz.: °*dö Kuh hot an Fürfoi ausdaucht* Steinhart WS.– **4**: °*ausdauchen* „ausrenken“ Schwandf.– **5** das Schiff vom Ufer abstoßen: „geb der Führer den Befehl: *Austauchen*, worauf ... die Schiffknechte mit langen Stangen die Schiffe vom Ufer abstießen“ Inn Bayerld 13 (1902) 608; *Austauchen* „Vom Ufer das Schiff mit Stangen losdrücken“ Laufen LENTNER Bavaria Voralpenld 39.– **6** die Grenze des Üblichen od. Erlaubten überschreiten, °OB vereinz.: °*im Urlaub hams wieder richtig ausdauchd* Mettenham TS; *ausdauchn* „versumpfen; über die Stränge schlagen“ HEIGENHAUSER Reiterwinkerisch 2.– **7**: °*i laß mi von enk* [euch] *net ausdau* „aus einer Gemeinschaft hinausdrängen“ Fürstenstein PA.– **8**: °*der hat schö ausdauht* „verächtlich über jemanden geredet“ Pfarrkchn.

SCHMELLER I,494.– WBÖ IV,1098f.

[**der**]**d.** **1**: °*dö Kuah ko's net dadaucha* (ausreichend pressen), *jatz werd's zon Ziagn* Weildf LF.– **2** bewältigen, meistern: °*dös ko e net dadaucha* „das schaffe ich nicht“ ebd.; *dadaucha* Spr.Rupertiwinkel 17.– **3** †: „[jmdn] mit angestrengtem Laufe ereilen ... *Dər A. hàt 'n B. nimmə' də'dauhht*“ SCHMELLER I,494.

SCHMELLER I,494.– WBÖ IV,1099.

[**ein**]**d.** **1** in etwas hineindrücken, NB vereinz.: *middö zwoa Hend a weng aidau* Teig in die Form drücken Haidmühle WOS; *Immersa ingidûhtiu* Rgbg 11.Jh. StSG. II,429,5.– **2** auch refl., wie →*d.*4b, °OB, °NB, °OP vereinz.: °*der håt vielleicht eintaucht* „viel gegessen“ N'bergkchn MÜ; °*der hat eitaucht* „einen großen Schluck genommen“ Weiden.

WBÖ IV,1100.

[**ver**]**d.** verrenken, verstauchen, °OP, °SCH vereinz.: °*der hot sa Hend vodaucht* Neumarkt.

WBÖ IV,1100.

[**vor**]**d.**, [**für**]- **1** wie →*d.*3a: °*de duad viadau* „vor dem Kalben“ Hunding DEG.– **2** wie →*d.*3b, °OB vereinz.: °*de Kuah taucht vüi* „schiebt den Tragsack heraus“ Taching LF.

WBÖ IV,1100.

[**hin**]**d.** **1** hindrücken, hinpressen, NB vereinz.: *hidau* Mittich GRI; *vntter derd die lewt hindauchen* 2.H.15.Jh. Rom. Forschungen 5 (1890) 451 (Hans Heselloher).– **2**: *oan hidau* „übertreffen“ Aicha PA.

SCHMELLER I,494.

[**mit**]**d.** **1**: °*d'Kua daut fest mit* „hilft durch ihr Pressen bei der Kälbergeburt mit“ Deggendf.–

2: °*des is z'hoach für mi, do konn i net mittaucha* „mittun, mich beteiligen" Pasing M.

[**nach**]**d. 1** durch Drücken, Schlagen, Anheben nachhelfen.– **1a** †: *nâchdauhen* „durch Drükken, Schieben nachhelfen, z.B. einem Wagen" SCHMELLER I,494.– **1b** †: *„auf kamərad·n, und dauhhts bráv nàhh!* … durch schlagen [beim Dreschen] … nachhelfen" Marktl AÖ PANZER Sagen II,225.– **1c** (mit einem Hebebaum) nochmals od. korrigierend anheben, °OB vereinz.: °*jetz tua no a bißl nachtaucha* „mit einer zweiten Hebstange" Altomünster AIC.– **2**: *nachtauchn* „Nachwehen haben, von der Kuh" O'audf RO.– **3** †nachrücken, nachfolgen: *do di lanczknecht nit wolten nachdauchen* ARNPECK Chron. 640,20f.

SCHMELLER I,494.– WBÖ IV,1102.

[**nieder**]**d.** nach unten drücken, umlegen: *nidadau* Aicha PA; *Niedertauchen … einen Baum, einen Zaun* DELLING II,89; „daß er den *Bretten* [Balken] *niederdaute*" LETTL Brauch 22; *Posternunt nidar duhtun* Rgbg 11.Jh. StSG. II, 437,69; *so Joseph … Schmidtknecht, im hiesigen Würthshaus beim Haar ergriffen, vnd auf den Tisch nidertaucht* 1723 StA Mchn Hofmark Amerang Pr.16,fol.129ᵛ.

DELLING II,89; SCHMELLER I,494.– WBÖ IV,1102.

[**zu-sammen**]**d. 1**: *zsāmmdauá* „einen niederdrücken (durch Leid)" nach ANGRÜNER Abbach 24.– **2**: *zsāmmdauá* „wenn eines körperlich verfällt (wegen Krankheit)" nach ebd.

WBÖ IV,1102.

[**über**]**dáuhen 1**: °*überdau mi fei net!* „drücke mir nicht zu sehr entgegen" Fürstenstein PA.– **2** †(ein Schiff) überladen: *daß die Schifleut … auch Personen … führen, dardurch … das Schef übertaucht wird* Salzburg 1581 LORI Bergr. 310 (Schiffordnung zu Laufen).– **3** wie →[*ver*]*d.*, °OB, °NB vereinz.: °*an Dama hab i mir übataucht* Taching LF.– **4**: °*überdaucha* „sich übernehmen, überanstrengen" Weildf LF.– **5** überstehen, hinter sich bringen, °OB, NB vereinz.: *übertauchen* die Krisis überstehen Spechting WEG; *ibadaucha* „Krankheit, Verdruss" Spr. Rupertiwinkel 48.

SCHMELLER I,494.– WBÖ IV,1102-1104.

[**um**]**d. 1** †wie →[*nieder*]*d.*: *umdauhen* „z. B. einen Pflock, Zaun ec. umdrücken, niederdrükken" SCHMELLER I,494.– **2** (ein Schiff) wenden: *umtauchen* „ein flußabwärts fahrendes Schiff umkehren" Laufen Salzfass 29 (1995) 59; *damit vor den Salzschiffen dergleichen große Züllen nicht umtauchen, oder ausfahren* Salzburg 1581 LORI Bergr. 315 (Schiffordnung zu Laufen); *daß … Christus … als er in deß Simon Petri Schiff gestigen/ ihn hat umbtauchen lassen* SELHAMER Tuba Rustica I,256.– **3** (von einem Schiff in ein anderes) umladen: „Dann ist in Passau und Linz *umdaucht* worden: die Ladung der *83-* und *85-schuechigen* wurde *in 95-schuechige* verladen" Laufen Zwiebelturm 6 (1951) 176.

SCHMELLER I,494.– WBÖ IV,1104.

[**unter**]**d.**, [**ünter**]**-** wie →*d.*10, °OB, °NB, °OP, °SCH vereinz.: °*den wer i demnaxt untadaucha müassn, der werd ma z'frech* Anzing EBE; *oan intadaucha* einschüchtern Sossau SR.

[**weg**]**d. 1** wie →[*ab*]*d.*1: *oan vom Platz wökdau* Aicha PA; „mit beiden Händen von sich schieben … *wekadaua*" U'griesbach WEG nach SNiB II,308.– **2** †wie →[*aus*]*d.*5: *weg-dauchə* „hinweg schieben, das Schiff vom Gestade" Passau SbMchn 1887,2.Tl 411.

WBÖ IV,1105.

[**zer**]**d.** zerdrücken, zerquetschen, NB vereinz.: *s Glåus zdau* Mittich GRI; *z·dauhe˜, z·daun* „durch Drücken zerbrechen" SCHMELLER I,494.

SCHMELLER I,494.– WBÖ IV,1105. A.S.H.

Dauher, -dauherer

M. **1** Hebebaum, °OB, °NB (v.a. W) mehrf., °OP vereinz.: °*beim Stockreitn setzt ma an Daucher o* Kchseeon EBE; °*leg an Taucher unter und lupf an Bam in d Heh* Altfraunhfn VIB.
2: *Daucha* „bewegliche Stämme am Ende der Floßgasse" Lenggries TÖL.
3 Schubs, Rempler, Stoß, °OB, °NB vereinz.: *geh, gib eahm an Daucha, um damit daß er Platz macht* Passau.
4: °*dös is a alta Taucha* „einer, der gebückt geht" Thiershm WUN.

WBÖ IV,1105.

Komp.: [**An**]**d.**: °*nu a boar Odauchara mid dee Haaxn und scho is dahiganga* „Stöße zum Anschieben beim Schlittenfahren" Reichenhall.

A.S.H.

Dauhet

(Genus?), Hebebaum: °*Dauchert* Kay LF. A.S.H.

Dauhung
F.: *Tauchung* „Ladevermögen, Tiefgang eines Schiffes" Laufen Salzfass 29 (1995) 58. A.S.H.

tauig, taubig, †taubichtig
Adj. **1** taunaß: °*daueg* Weildf LF; *lustig als ein touwig niuwe rôse* HADAMARvL 162,689; *Tawechtig* SCHÖNSLEDER Prompt. Hh8[r].
2 feucht, muffig.– **2a** feucht (vom Torf), °OB, °OP vereinz.: *heut is da Torf aber dabig* Traunstein.– **2b**: °*a dabige Kamma* muffig Blaibach KÖZ.
3 zu locker, bröselig, °OB vereinz.: °*taubig* „ist junger Torf, der sich schlecht stechen läßt" Bayersoien SOG.

Etym.: Ahd. *touwig*, mhd. *touwec*, *-ëht*, Abl. von →*Tau*; WBÖ IV,1107.

SCHMELLER I,573.– WBÖ IV,1032, 1107f.

Komp.: [**an**]**t.** wie →*t.*1: °*auf d'Nåcht beim Eifahrn werds otauig* „feucht vom Tau" Halfing RO.

[**mehl**]**t.** vom Mehltau befallen: °*beim Haban, wenn de Kerndl schwarz san, na is a mejdaubi* ebd. A.S.H.

†däuig, -au-
Adj. **1** (leicht) verdaulich: *Weiche hennen eyerr gesotten in wasserr sein dewig* Landshut 1.H.15.Jh. ObG 5 (1961) 358 (Kochb.).
2 fähig zu verdauen: *so gewingstu ein dewigen magen* Wessobrunn WM 1422 ZDA 15 (1872) 511.

SCHMELLER I,477.

Komp.: †[**un-ge**]**d.** unverdaulich: *macht wol dawig daz vngedeuig essen* Mchn 15.Jh. Clm 8884,fol.137[r].

SCHMELLER I,477.

†[**hart**]**d.** schwer verdaulich: *alles was ... hartdäuig ... ist/ als ... vil Kraut/ Pfifferling* [F.I. THIERMAIR,] Kurtzer Vnderricht In jetzt Besorglich- vnnd gefährlichen Seuchen, München 1679, 19.

†[**un**]**d. 1** wie →[*un-ge*]*d.*: *wie harte und undäuige Stein macht er nit im Todbeth daraus?* Ensdf AM P. VELHORN, Helles U. Unverfälschtes Liecht Göttlicher H. Schrifft, München/ Stadtamhof 1766, Bd 2, 390.– **2** unfähig zu verdauen: *Bösen vnthewigen Magen/ vnnd verlornen appetit zu Essen* G. BOPP, Trifons Adlholzianus antipodagricus, München 1650, 59.

SCHMELLER I,477. A.S.H.

-daulich
Adj., nur in Komp.: [**ver**]**d.** verdaulich, OB, NB vereinz.: *laicht vodaulö* Aicha PA; *Ja wenns do' schwaar verdauli' is, Af d'Letzt kunnts uns do' schadn?* BECK Bauernbluat 86.

WBÖ IV,1108.

Mehrfachkomp.: [**un-ver**]**d.** unverdaulich, OB, NB vereinz.: *a unvadaulöcha Brogga* Mittich GRI.

WBÖ IV,1108. A.S.H.

Daum[1], Dem, -en
M. **1** Dampf, Dunst, °OB, °NB, °OP vereinz.: °*Dahm, Dehma* „beim Kochen, im Heustock, bei Mistgärung" Fischbachau MB; °*machts do a Fenster auf, do is so a Dahm herin* Fronau ROD; *dąm* „Dampf, Rauch" Unterer Bay.Wald nach KOLLMER II,321; *Fuma ... daum* 8./9.Jh. StSG. I,146,8.
2: °*Dehm* „Niederschlag auf Mauern, Wänden, Glas" Inzell TS.
3: °*dös Roß hod an Dahm* „ist aufgebläht" Teisendf LF.

Etym.: Ahd. *doum*, mhd. *toum* stm., germ. Wort unklarer Herkunft; Et.Wb.Ahd. II,744-746.

Ltg: *dą̄m* u.ä. (DAH, LF, MB, WOR; GRI, WEG; NM, ROD), *-ma* (GRI), auch *dę̄m* u.ä. (TS; DEG, GRI), *-ma* (MB), vgl. WBÖ IV,1135 (täumig).

SCHMELLER I,508.– WBÖ IV,1108-1110.

Abl.: *daumeln[1]*, *daumen[1]*, *daumerig*, *daumerln[1]*, *daumern*, *daumig*, *daumlig*. J.D.

†Daum[2]
M., Stöpsel, Propfen: *Wan du dein Stukh also Ladest, so thue alweegen ain Daumb Heye auf das Pulfer* Mchn 1591 SCHMELLER I,508.

Etym.: Mhd. *doum* stm., nach [2]DWB VI,408 zur selben Wz. wie →*Daumen*.

SCHMELLER I,508.

Abl.: *daumen[3]*. A.S.H.

Taumel, -äu-
M. **1**: *daiml* „der Taumel" nach DENZ Windisch-Eschenbach 268.

2 dummer, ungeschickter Mensch, °OP, °OF, °MF vereinz.: *is dös a Daml!* Arnschwang CHA; *Rennt der doch, der Deiml, mitn Hirn* [Stirn] *oa die Kulissn oi* SCHEMM Dees u. Sell 10.

WBÖ IV,1110-1113. J.D.

Däumel, Daumerl

M., Daumen: °*da Döml* Peiting SOG; *Dàmmerl … der* [4]ZEHETNER Bair.Dt. 90.– Phras.: °*da langt der Damal nimma* „dazu fehlt das Geld" Herrnwahlthann KEH, ähnlich °TIR. J.D.

taum(e)lig, -äu-, -icht

Adj. **1** benommen, schwindlig, OB, NB vereinz.: *taumalö* Hengersbg DEG; *Recht täumelig bin ich schon gewesen, sell stimmt* Altb.Heimatp. 14 (1962) Nr.10,6.
2 †: *támli* „toll, unverständig" SCHMELLER I, 603.

SCHMELLER I,603.– WBÖ IV,1148. J.D.

daumeln[1], **dem-**

Vb. **1** dampfen, dunsten: °*koit isch, wia da Mischthaufa dahmed* Dachau.
2 dumpf, feucht sein, riechen, °OB mehrf., °NB, °OP, °SCH vereinz.: °*wenns recht demmet, muaß ma Demmebirn* (Zierkürbisse) *aufstelln* Brandstätt TS; °*in dera Keicha* (altes Haus) *demmöds aber schö* Ergolding LA; *temmala* „nach Moder, Feuchtigkeit riechen" nach MOSER Staudengeb. 22.– Auch: *temln* „schimmelig schmecken oder riechen" SCHWEIZER Dießner Wb. 200.
3 anlaufen, sich beschlagen, in heutiger Mda. nur im Komp.: *dámen* „anlaufen (wie Glas, Spiegel etc.)" SCHMELLER I,508.

Ltg: *dąmen* (DAH, WOR), meist *dęmen* u.ä. OB, NB, *-ln* (LL; BUL), ferner *-ala(n)* u.ä. (GAP, LL, RO, SOG; A).

SCHMELLER I,508.– WBÖ IV,1118f.

Komp.: [**an**]**d.** wie →*d.*3: °*as Glås is odahmit* Thanning WOR.

WBÖ IV,1119. J.D.

daumeln[2], **-äu-**

Vb. **1** den Daumen bewegen, mit dem Daumen spielen, °OB, °NB, °OP, °MF vereinz.: °*damön* „wenn man nervös ist" Reit i.W. TS.– Auch: °*däumeln* „mit dem Daumen die Bibel aufschlagen und die Stelle, auf der der Daumen liegt, als Zukunftsorakel ausdeuten" Brunnenrth IN.
2 Däumchen drehen, nichts tun, °OB, °NB vereinz.: °*der hat ja sonst koa Arwat als daimön* Breitenbg WEG.
3: °*daimln* „für gutes Gelingen den Daumen drücken" Cham.
4: °*mei Frau tuat an ganzn Tag däumln* „strikken oder häkeln" Rettenbach WS.
5 drücken.– **5a** die Kehle zudrücken, würgen, NB, °OP vereinz.: *daimö mö nöd a so!* Mittich GRI.– **5b** pressen, drängen: °*däumeln* „etwa Fuß in den Schuh, Person durch die Türe" Pleinting VOF.– Auch übertr. °„jemanden im Arbeiten, Wettstreit, Spiel übertreffen" ebd.– **5c** hastig essen: °*damön* „das Essen schnell hinunterwürgen" Reit i.W. TS.
6 betrügen, beschwindeln, OB, °NB vereinz.: °*dön habi schö daimöt* „zum Narren gehalten" Lohbg KÖZ; *Einen täumeln* „ihn übervortheilen, betrügen" Bay.Wald SCHMELLER I,604.
7 †am Daumen foltern: *Dameln, einen* DELLING I,113; *Dämeln* PRASCH 17.

DELLING I,113; PRASCH 17; SCHMELLER I,508, 604.– WBÖ IV,1114f.

Komp.: [**ab**]**d.**: °*i damed di o* „bringe dich um" Garching AÖ.

[**an**]**d.** wie →*d.*6, °OB, °NB vereinz.: °*a so brauchst mi aa net odaumen* Halfing RO.

[**der**]**d. 1** erwürgen, °NB vereinz.: °*i werd di dadaimen* Erlach PAN.– **2** unpers.: °*den hats dadaimet* „schlimm mitgenommen" ebd.

[**hinterhin**]**d.** wie →*d.*5c: °*er hat zehn Würschtl hintridaimid* „hinuntergewürgt" Malching GRI.

[**über**]**dáumeln, -ắu- 1**: °*übadaimln* „rasch und schlecht arbeiten" N'bergkchn MÜ.– **2** wie →*d.*6, °OB, °NB mehrf., °Restgeb. vereinz.: °*den ham ma sauba überdamöt* Manching IN; °*dou hota me iwadeimlt* „übers Ohr gehauen" Thiershm WUN; *Er hats eh a weng überdäumet* WANITSCHEK-MACHHAUS Bergauf 58.– **3** überreden, überlisten, °OB, °NB, °OP vereinz.: °*d'Schmuser* (Viehhändler) *håm mi so überdäumet, daß i auf den Handl eigånga bin* Essenbach LA.

WBÖ IV,1115. J.D.

taumeln, -äu-, -mp-

Vb. **1** †sich heftig bewegen, aufbrausen (vom Wasser): *Estuat tumilot* Tegernsee MB 11.Jh. StSG. II,644,14.

2 schwanken, wanken u. zu stürzen drohen, °OB, °NB, °OP, °MF vereinz.: °*der deimlt no* „ein Kranker, wenn er aufsteht" Langquaid ROL; *ein … Erdbiden* [Erdbeben] *… das … stillstehende Wanderer … daumlent gemacht worden* 1762 Bayerld 4 (1893) 336.– Auch schwindlig sein: °*damin* Manching IN; *dēmen* nach KOLLMER II,86;– unpers.: *furta bei'lt's und Damlt's den Altn* SCHWÄGERL Dalust 78.

3 schwankend gehen, torkeln, °OP mehrf., °OB, °NB, MF, °SCH vereinz.: *dämln* St.Englmar BOG; °*wenn ma Gens am Kupf affihaut, naou deimins* Kchnthumbach ESB; *daß da Max mid sein Affm hammzou taamlt is* HEINRICH Gschichtla u. Gedichtla 40.

4 stolpern, NB, OP vereinz.: *schdolban, deimln* Königstein SUL.

5: °*damön* „fest schlafen" Pöcking STA.

6 †: *täumeln* „*täumisch* [schwindlig] machen" Bay.Wald SCHMELLER I,604.

Etym.: Ahd. *tûmilôn*, mhd. *tûmeln*, Abl. von →*taumen*; PFEIFER Et.Wb. 1418.

SCHMELLER I,604.– WBÖ IV,1115f.

Komp.: [**da-her**]**t.** wie →*t.*3, °OB, °NB, °OP vereinz.: °*der dampet ganz schö daher* Lenggries TÖL.

WBÖ IV,1117.

[**hin**]**t.** unpers., hinfallen, OB, NB, °OP vereinz.: °*den haouts hidaimlt* Falkenbg TIR.

WBÖ IV,1117. J.D.

Daumen, Daume

M. **1** Daumen, °Gesamtgeb. vielf.: °*warum host denn dein Damm eibunddn?* Ebersbg; *kim mar nöt an mein wehgn Dam an!* Passau; *i hom ma in Dama eizwängt* Cham; *Und mocht min Dam an Drucka draf* SCHUEGRAF Wäldler 16; *Pollex, digitus dumo* Tegernsee MB 10.Jh. StSG. II,370,73; *man sol in den daumen abslahen an der gerechten hant* Frsg.Rechtsb. 88; *hat … an der rechten Hand ein doppleten Daumb* Landstreicherord. 2.– Phras.: *alle D.*(*s*) *lang* u.ä. alle Augenblicke, immer wieder, °OB, °NB vielf., °OP mehrf., °Restgeb. vereinz.: °*oidamlang håst du wås andas* Wimm PAN; °*alle damaslang* Ettmannsdf BUL; *alle damalang mächt der wos* KONRAD nörd.Opf. 56.– *Alle Dahmlang steht a Polizist* „alle paar Meter" Passau.– *Der … b'sinnt si an Damlang* [ganz kurze Zeit] STEMPLINGER Obb.Märchen I,66.– *D. lutschen* / *lutscheln* am Daumen lutschen, NB, °OP vereinz.: *Daumen lutschln* Passau; *daamalutschn* RINGSEIS 63.– °*Däumerl drahn* „faul sein, nichts tun" Grafenau, ähnlich NB, °MF vereinz.;– *keinen D. rühren* °OB, °NB vereinz.: °*der hat koan Dama grührt* „überhaupt nichts getan" O'ammergau GAP;– *dem get sa Damm nöd* Iggensbach DEG;– °*der bricht si koan Dama dafür ab* „wird sich nicht überarbeiten" Hfndf ROL, ähnlich °VOF.– *Er derf nur grad an Daam rührn* „es ist ihm alles leicht gemacht" Wasserburg, ähnlich GRI.– *Lauter* / *gerade D. haben* u.ä. ungeschickt sein, °OB, °NB, °OP, °OF vereinz.: *hasd d'denn gråd Dama an deine Brazn?* Mchn; *wia wenn a lauda Dam hed* Mengkfn DGF; *lauta Da'm* „wenn jemand ungeschickt im Umgang mit Werkzeug ist" JUDENMANN Opf.Wb. 36;– erweitert: *Host wieder lauter Dam … und vorn Knöpf dro* HÄRING Gäuboden 200;– *Deà hod lauddà Dã̀àm und an jędn àn woiàn Schlegl drã* KAPS Welt d.Bauern 83;– „wogegen ein unbeholfener Mensch *d'Händ voller Daama hat*" Inn-Salzach-Ld 2 (1950) Nr.13[,2];– °*der hat an denggn* [linken] *Daumen* Mühldf, ähnlich °FS;– *zwei* / *fünf* / *zehn D. haben* u.ä. °OB, °NB vereinz.: °*er hat zwä Daam an oana Hand* Malching GRI; *Oana, der koane 5 Dama … hot … macht … an Assistentn* Seebruck Heimatb.TS III,4.– *Jmdm den D. halten* / *heben* / *drücken* u.ä. Erfolg, Gelingen wünschen, OB, °NB, °OP mehrf.: *heb ma an Dam!* O'audf RO; *hoits ma fei ön Dam, daß ö Glück ha!* Hengersbg DEG; *Drucktsma d'Daam!* LAUERER I glaub, i spinn 14;– „verstärkt: *alle zwoa Dama håltn*" Sulzbach, ähnlich PA.– °*Oan an Dam af d'Nosn setzn* „zum Raufen herausfordern" Lohbg KÖZ.– *Den D. daraufdrücken* / *-halten* / *darüberhalten* u.ä. scharf im Auge behalten, °OB, NB, °OP, °OF vereinz.: °*da halt i scha mein Dama driwa* Thiershm WUN;– °*då muß i den Dama draufdrucka* „dahinter sein" Burggriesbach BEI.– *Jmdm den* / *die D. aufs Auge drücken* / *setzen* / *legen* u.ä. zusetzen, zu etwas zwingen, Druck ausüben, °OB mehrf., °NB, °OP, °MF vereinz.: °*wennst ma net parierst, setz i dir d'Dama aufs Aug* Hohenpeißenbg SOG; °*den ho i in Damma gscheid afs Auch druckt* Sulzbach-Rosenbg;– die Augen öffnen, sehend machen, °OB vereinz.: °*den hob i an Daumen aufs Aug gsetzt* Endlhsn WOR;– °*an Dama aufs Aug setzn* „betrügen, ausschmieren" Rettenbach WS;– *einem den Daume ofs Og drucke* „bestechen" Hfhegnenbg FFB.– *Über den D.* in etwa, ungefähr, NB, °OP vereinz.: °*übern Dama rechna* Weiden; *üwan*

Daama gschätzt Braun Gr.Wb. 83.– *Über den D. blasen* u.ä. sich mit den Fingern schneuzen, °OB, °NB vereinz.: °*de Holzhacker blasn alle überm Dauma* Anzing EBE.– *Jmdn über den D. drehen / hauen / ziehen* u.ä. betrügen, beschwindeln, zum Besten haben, °NB mehrf., °OB, °OF vereinz.: °*übern Dam ziagn* „übertölpeln" Hagnbg MB; *weil dich derselb' Zimmermannbua a so über'n Daum' draht hat* Meier Werke I,244 (Scheib'nhofbauer).– *Jmdn um den D. (herum)wickeln / drehen* u.ä. gefügig machen, °OB vereinz.: *um d'Dam rumwickln* Mchn.– †: *Auf den Daumen kaufen* „auf Credit" Schmeller I,507.– †: „Einen mit *ə~n féstn Dámə~* bitten, ihn mit Geld bestechen" ebd.;– „Bestechung ... *Wenn's gehen soll, muss man den Daumen rühren*" Baier.Sprw. I,66.– *Den D. (nicht / zu wenig) rühren können* u.ä. (kein / zu wenig) Geld haben, °OP vielf., °OB, °NB, °MF vereinz.: *der ka sein Damm scho rührn* Inngau; °*dao kon er n Dama zweng röihan, wenn er den Agga kaffa will* Hohenburg AM; *Den Daumen rüeren können* „bei Kasse seyn" Schmeller ebd.; *kanstn Dama nimma rührn, So mußt vor Noth krepirn* Sturm Lieder 2;– *den / mit dem D. (nicht recht) wackeln können* °NB vereinz.: °*grad jetz kann i mein Daum net recht wackln* „habe wenig Geld" Straubing.– *Da wackelts an sein Dam* „er hat Geldschwierigkeiten" Tann PAN;– *jmdm / da fehlt es am D.* °OB, °NB, °OP, °MF vereinz.: °*da feits am Dam* Innernzell GRA;– *jmdm geht der D. nicht* u.ä. °NB vereinz.: °*geht da eppa da Dam net?* Fürstenstein PA;– *jmdm tut der D. weh* u.ä. °OB, °NB, °OP vereinz.: °*dou tout ma da Dama wäi* Marchaney TIR;– *einen steifen / kranken D. haben* u.ä. °OP vereinz.: °*den is da Dama bocksteif* Neunburg; „Hat einer wenig Geld ... *I hob halt an krank'n Dauma* Oberpfalz 68 (1980) 174;– *der D. ist zu kurz* u.ä. °OB, °NB vielf., °OP mehrf., °Restgeb. vereinz.: °*dös is vui z'teuer, då is da Daum z'kurz* Inzell TS; °*bei dem moanö is der Dam z'kurz, sonst hätt er scho längst a Auto* Attenhsn LA; *bei wem der Daumen zu kurz is' für so a Leb'n* Mchn.Stadtanz. 17 (1961) Nr.31,3;– °*vo dean langt da Dama aa niat* Tirschenrth;– °*der ko it* [nicht] *zwischer Dama und Zeigefinger reiwa* Kohlgrub GAP, ähnlich BUL.– *Der D. ist zu kurz* etwas ist ungenügend, nicht erreichbar, °OB, °NB vereinz.: °*da is halt da Dama z'kurz* „wenn es mit etwas nicht vorangeht" Schrobenhsn; °*da Daumen is zu kurz* „die Trümpfe reichen nicht aus" Kchdf KEH.– „*Der bricht sich den Daumen nicht ab* ... von einem, der ... die Geldbörse ... nicht gerne aufmacht" Schlappinger Niederbayer II,57.– *Wönns sei muas, nachad bricht sö oana an Dam ön Årsch* „Ausdruck des Fatalismus" Reisbach DGF.– *Dem deafat ma an Dam an A*[u]*sch stöcka* „einem, der alles ausplaudert" Mittich GRI.– *Des paßt wia da Dama aufs Aug* „überhaupt nicht" Uffing WM.– *Des hat mir da Dama gsagt* „weiß ich instinktiv" Finsing ED.– †: „*Dà get mə' də' Dámə~ für*, oder *Dà kà~st mər au'm Dámə~ reidn*, daraus wird nichts, ich will nicht" Schmeller I,507.– Spruch: °*an Dama ogsetzt, vier Finger bogn und in d'Taschn gschobm* „klauen" Grafing EBE.– Kinderv.: „Man faßt die einzelnen Finger des Kindes und spricht dazu: *Dees is der Daama, der schü(tt)lt die Pflaama, der klaabt sie zsamm, der tregt sie ham und der kloine Quaakara daou ... der frißt sie zsamm*" Schemm Dees u. Sell 157, ähnlich °Gesamtgeb. vereinz.– *Der Dama is ins Wasser g'falln. Der hat ihn außerzogn. Der hat ihn hamtrogn. Der hat ihn ins Bett g'legt. Der kloine Schliffl hats seiner Mutter gsagt* OP.– *Daumerl steh auf, weck den andern auf, und aa da Dritt muaß raus, da Viert soll's aussitreib'n, da Kloa därf liegen bleib'n* Friedl Kinder-Sprüchl 73.– *da(u)mataanzn* „Kinderspiel" Singer Arzbg. Wb. 50;– Sachl. vgl. ebd.– Übertr.: °*de Frau hat an Dahm* „ist stolz, eingebildet" (Ef.) Garching AÖ.– °*Dös hat an Dahm* „einen Sinn" Kchbg REG.

2: °*Daama* „Daumen des Handschuhs" Wasserburg.

3 Teil einer Vorrichtung.– **3a** Stütze für die Wagenleiter, °OB, °NB vereinz.: °*Deim* „Seitenstützen am Leiterwagen" Neufraunhfn VIB.– **3b** Vorsprung einer Daumenwelle: *Dam* Mchn; *Hammer ... de san mit Dam ... an aner Welln ghobn worn* BJV 1951,168.– **3c** wohl Griff des Kimmhobels: *da Daum* O'audf RO.

Etym.: Ahd. *dûmo*, mhd. *dûme* swm., westgerm. Wort idg. Herkunft; Kluge-Seebold 182f.

Ltg, Formen: *dauma* OB, MF, SCH (dazu NAB, OVI, PAR; REH, WUN), *-ǫu-* westl.OB, SCH, *daum* OB, NB (dazu AM), *-ǫu-* (MB, RO, TÖL), daneben *dą̄ma*, *-ą-* OB, OP, OF, MF, SCH (dazu KEH, KÖZ, ROL), *dą̄m*, *-ą-* OB, NB (dazu CHA, R, ROD), *dōm(ə)* u.ä. westl.OB, *dumə* (FDB), wohl mit analogem Uml. aus Pl. *dę̄m* (PAN), *dę̄ma* (SC).– Pl. wie Sg., ferner *dą̄man* OP (dazu EIH), *-ǫu-* (STA), *daim* (VIB), *dęma* (PEG).

Delling I,117; Schmeller I,507.– WBÖ IV,1119-1128.

Abl.: *Däumel*, *daumeln*[2], *daumen*[2], *Daum(er)ling*, *daumerln*[2], *-daumig*, *Dauming*.

Komp.: [**Koch-löffel**]**d.** sehr breiter Daumen: *Woher hast denn dein Kochlöffeldam?* Stemplinger Obb.Märchen I,31.

†[**Zwerch**]**d.** Daumenbreite: *daz nur ein zwerchdaum zwischen daz pley und der angel sei* 15./16.Jh. ZDA 14 (1871) 169 (Tegernseer Angel- u. Fischb.).

[**Zwie**]**d. 1** doppelter Daumen, in Phras.: °*Zwiedaumen haben* „der Arbeit aus dem Weg gehen" Taching LF.– **2** Mensch mit einem doppelten Daumen: *a Zwiedäm* Tann PAN; *Zwydämb … weil sein rechter Namen nit bekandt* Landstreicherord. 2. J.D.

daumen[1]**, dem-**

Vb. **1** dampfen, dunsten, °OB, °NB vereinz.: °*s Hei, da Misthaufa tuat dahma* Kreuth MB; °*machts s Fensta auf, es dämt* Malching GRI; *dámə˜* „qualmen, dünsten" Schmeller I,508; *Uaporat doumta* Rgbg 11.Jh. StSG. II,428,47; *Dämen* „dämpfig seyn" Prasch 17.– Auch: °*wias heit wieda dahmt* „Nebel aufsteigt" Nottau WEG.

2 dumpf, feucht sein, riechen, °OB, °NB mehrf., °SCH vereinz.: °*an Stüwe deemt's a so, i glaab, daß ma mi'n Bon wos doa müaßnt* Weildf LF; °*s Hei demmt* „riecht modrig und feucht" Dingolfing; *dêmə* „feucht sein, bei angehender Fäulniss … nach diesem Zustand, also modrig, riechen" Passau SbMchn 1887,2.Tl 410; *Es dähmt* „vom Geruche, den feuchte Mauern … von sich geben" Zaupser 20.

3 anlaufen, sich beschlagen, °OB vereinz.: °*däma* „durch die Feuchtigkeit der Luft" Steinhögl BGD.

Etym.: Ahd. *doumen*, mhd. *toumen*, Abl. von →*Daum*[1]; WBÖ IV,1131.

Prasch 17; Schmeller I,508; Westenrieder Gloss. 96; Zaupser 20.– WBÖ IV,1131-1133.

Komp.: [**an**]**d. 1**: °*der Mist is ådämmt* „beginnt zu gären" Malching GRI.– **2** wie →*d.*3: °*s Fensta, da Spiagl is adahmt* Ruhstorf GRI.

WBÖ IV,1133.

[**aus**]**d.** zu Ende gären, °OB vereinz.: °*da Mist hod ausdemmd* Rechtmehring WS.

WBÖ IV,1133.

[**der**]**d.** vermodern, schimmeln, verfaulen, °OB, °NB vereinz.: °*da dademmt ois* Dietmannsbg DEG.

WBÖ IV,1133f.

[**ver**]**d.** dass., °OB, °NB vereinz.: °*vadöhmt* „angeschimmelt" Aschau MÜ.– **2**: °*vodam* „ansetzen vom Haarflaum der Disteln an den Ähren" O'viechtach.

WBÖ IV,1134. J.D.

daumen[2]**, -däu-**

Vb. **1**: °*daama* „aus Langeweile Däumchen drehen" Rosenhm.

2 belügen, hereinlegen: °*da Sepp und i hamd an Hias schö dahmt* O'högl BGD; *hat a grimmig große Freud', Daß a 'n Första dampt hat heut* Mayer Bertlsgad'n 113.

Etym.: Mhd. *dûmen* 'mit Daumenschrauben foltern', Abl. von →*Daumen*; WBÖ IV,1131.

WBÖ IV,1131.

Komp.: [**an**]**d.** wie →*d.*2, °OB, °NB, °OP vereinz.: °*geh weg, mägst mi grod andama* Fronau ROD; *ǫdama* Helm Mda.Bgd.Ld 170.

[**auf**]**d. 1**: *aufdama* „den Daumen aufdrücken" Chiemgau.– **2** auch refl., sich widersetzen, Widerstand leisten: °*die håt se heint wieder aufdaimt* Wiesau TIR; „wo *Voda, Muada* … dem Unchristenthum löblich *aufdaumen*" Schlicht Althmld 46.

Schmeller I,507.– WBÖ IV,1128-1130.

[**über**]**d.** wie →*d.*2, °OB, °NB vereinz.: °*do host de owa gscheid iwadeima lossn* Garching AÖ.

[**zwie**]**d.**: °*zwiedaumen* „sich ungeschickt anstellen" Grafenau. J.D.

†**daumen**[3]

Vb. **1** stopfend verschließen, bedecken: *Daumb die khugel fein mit einem Sayl* Mchn 1591 Schmeller I,508.

2 (Feuer) löschen: *Als aber die prunst mit all getaumbt ward* Füetrer Chron. 183,5.

Schmeller I,508. A.S.H.

taumen

Vb. **1** refl., sich beeilen: °*er muaß si dauma* Rottach-Egern MB; *dạma* „sich abhetzen" Unterer Bay.Wald nach Kollmer II,321.

2: *dạma* „schimpfen" Unterer Bay.Wald nach ebd.

3 †sich drehen: *Rotari … tûmun* Rgbg 11.Jh. StSG. II,455,9.

Etym.: Ahd. *tûmôn*, mhd. *tûmen*, idg. Herkunft; Pfeifer Et.Wb. 1418.

WBÖ IV,1130.

Abl.: *Taumel, taumeln, taum(e)lig, Täumlerer.*

J.D.

daumerig, dem-

Adj., dumpf, feucht (riechend), °OB vereinz.: °*demmrig* „modrig riechend" Chieming TS. J.D.

Daum(er)ling, -äu-

M. **1** Daumen, °OB mehrf., NB, SCH vereinz.: *Deimalin* Moosham WOR; *Damling* Neustadt KEH; *Drei Damerling dicke Sohln* Altb.Heimatp. 58 (2006) Nr.26,25.– Phras.: *oi Daimling* alle Augenblicke Neubeuern RO.– *Lautta Damaleng håm* „ungeschickt sein" Mittich GRI.– °*Da Damerling is z'kurz* „er hat kein Geld" Erlstätt TS;– °*der ko an Damerling net rührn, do is koa Schmoiz drin* Rettenbach WS.– Kinderv.: „Die Finger in der Kindersprache: *Damerlöng, Fingerlöng, Mittabwitz, Jungfrau und Stoöz, dös kloa Knechtl geht mit as Holz*" Altötting.– *Da Damaling is ins Wossa gfalln, da Zeigefinger hot n außazogn, da Mittelfinga hot n hoamtrogn, da Goldfinga hot n ins Bett glegt, da kloa Finga hot n zuadeckt* Cham.

2 Schutzkappe für Daumen od. anderen Finger, °OB mehrf., NB, OP, SCH vereinz.: *Damaling* „lederne Hülle, meist aus einem alten Handschuh" Mchn; *ich moch ma heut an Däumlöng und bind ma damit mein wegn Finga ei* Hengersbg DEG; „Nehme das Ohr von einer Schwarzen Katze ... mache einen *Däumling* davon" Wernbg NAB um 1850 Ch.N. Obermeier, Abdeckersleut als Volksmediziner, Ponholz 2012, 114.

3 Handschuhteil, Handschuh.– **3a** Daumenteil am (Faust-)Handschuh, OB, NB, OP vereinz.: „*Damling*, auch *Damalön*, Daumenhülle am Handschuh" Stadlern OVI.– **3b** (Faust-)Handschuh, OB, NB, OP vereinz.: *Dammalön* „Fäustling" Iggensbach DEG.

4 †Penis: *der hat an Pfara sein Däumerling gsehn* Irschenbg MB 1841 Queri Bauernerotik 116.

5 von Menschen.– **5a** sehr kleiner Mensch, Winzling, Zwerg, OB, NB vereinz.: *a du bist a rechta Däumlöng* Hengersbg DEG; *da schlupft der Damerling unter an Fingerhuat* Stemplinger Obb.Märchen I,65.– **5b** dummer, ungeschickter Mensch, °OB, NB vereinz.: *dea Damleng* Mittich GRI.

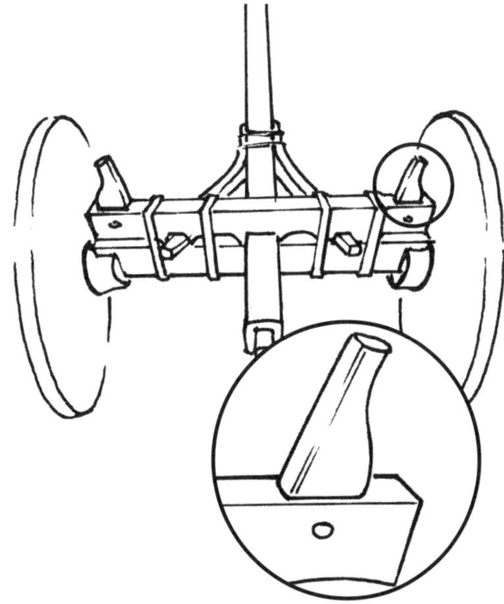

Abb. 11: *Däumling* 'kurze hintere Stütze für die Wagenleitern' (Etzenricht NEW).

6 †: *Der Däumling* „die Daumfessel, Daumschraube, das Daumeisen" Schmeller I,508.

7 kurze Stütze für die Wagenleiter, °OB, NB, OP, MF, SCH vereinz.: *Deemling* Derching FDB; „Zu beiden Seiten des Kipfstockes befindet sich eine daumenartige Stütze, die als *dąmliŋ* bezeichnet wird" Lechner Übergangsgeb. 63.– S. Abb. 11.

8 Hahnensporn, °OB, °OP vereinz.: °*n Gockl sei Daumaling* Brunnen SOB.

9: *Däumling* „21. Dezember, kürzester Tag des Jahres" O'nzell WEG.

Schmeller I,508.– WBÖ IV,1149f. J.D.

daumerln[1], dem-

Vb.: °*in dem seiner Bude demmerlts* „riecht es schlecht" Stamsrd ROD. J.D.

†daumerln[2]

Vb.: *dáməln* „mit Daumschrauben foltern und quälen; mit Daumeisen fesseln, binden" Schmeller I,508.

Schmeller I,508. J.D.

daumern, dem-

Vb.: °*s demmert* „riecht modrig" Burglengenfd.

J.D.

daumig, -äu-, dem-, -icht

Adj. **1** dunstig, dampfig, °OB, °NB, °OP vereinz.: °*mach s Fensta auf, da is so demmig* Gott-

frieding DGF; °*des Hä is scho demi* Cham; „Der … Kachlofen … der *dämmige* Stall … das waren die einzigen Aufwärmplätze“ LETTL Brauch 14.– Auch: °*heut is dahmig* „leicht neblig“ Pittenhart TS.
2 dumpf, feucht (riechend), °OB, °NB mehrf., °OP vereinz.: *do herin is awa dämö!* dumpfe eingesperrte Luft Marschall MB; °*dös is a dämige Hirwa* „Haus, in dem man die Feuchtigkeit bereits riecht“ Schönbrunn LA; *die registratur … sehr stark dämicht, so, dz die Schriften feucht, und faul werden* 1810 StA Mchn Landger. Teisendf 403; „[Jasmin] muß … an einen lüfftigen und nicht *dämigen* Ort … gebracht seyn“ HOHBERG Georgica I,765.
3 durch Feuchtigkeit verdorben.– **3a** morsch, vermodert, OB, °NB vereinz.: °*a demmiga Fuaßbodn* Reisbach DGF.– **3b** modrig, faulig, °OB, °NB, OP vereinz.: °*demmig* „vom Mehl“ Westerndf DAH; *schmeckt so deime* Waidhs VOH.– **3c** schimmelig, stockfleckig, °OB, °NB vereinz.: °*dämmi* „mit weißen Stockflecken an gefällten Rotbuchen“ Malching GRI; *dẹ̄me* „schimmelig“ Unterer Bay.Wald nach KOLLMER II,322.

SCHMELLER I,508.– WBÖ IV,1135-1137. J.D.

-daumig
Adj., nur im Komp.: [**zwie**]**d.** mit doppeltem Daumen, übertr.: °*zwiedami* „sein Wort nicht haltend“ Rettenbach WS. J.D.

Dauming, -äu-
M., Daumen, OB, NB vereinz.: *Dameng* Hienhm KEH.

Etym.: Wohl Spielform von →*Daum(er)ling*. J.D.

taumisch →*damisch*.

Täumlerer
M.: *Täumlera* „Schwindelanfall“ Naabdemenrth NEW.

WBÖ IV,1148. J.D.

daumlig, dem-
Adj. **1**: °*demmlig* „feucht, dumpf riechend, z.B. ein wenig gelüfteter Raum“ Tuntenhsn AIB.
2 schimmelig, °OB vereinz.: °*demmlig* Hagnbg MB.

WBÖ IV,1114. J.D.

Daumling →*Daum(er)ling*.

Daun, Hohlzahn, Taubnessel, →*Ton*[3].

Daunderlaun, -ling, Wertloses, Zeitvertreib, Knirps, →*Tanderlan*.

†Taunel
M., wohl ungeschickter Mensch, in Phras. *linker T.* Linkshänder: „Der Linkhandige heißt *a linka Daunl*“ Neuenhammer NEW SCHÖNWERTH Opf. III,249.

Etym.: Herkunft unklar; WBÖ IV,1152.

WBÖ IV,1152. A.R.R.

Daunsche, Pflaume, →*Damáske*.

taunzeln
Vb.: °*daunzln* „schlafen“ Neualbenrth TIR. A.R.R.

taunzen
Vb.: °*daunsn* „schlafen“ Bayrischzell MB.

Etym.: Wohl gleicher unklarer Herkunft wie schweiz. *taunen* ‘halbwachend schlafen’ (Schw.Id. XIII,119), österr. *tauneln* ‘langsam sein’ (WBÖ IV,1153); vgl. ebd.

Abl.: *taunzeln*. A.R.R.

Daupel, Dauper, Heidelbeere, →[*Tau*]*beere*.

Dauram, -ant, Pfln., →*Dorant*.

[**Über**]**täurer**, best. Ochsenart, →*-täu(e)rer*[1].

†Daus
N., die Zwei im Würfel- u. Kartenspiel: *Binio důs* Aldersbach VOF 12.Jh. StSG. III,162,29; *heur bring ich kaum ein Daus hinein* 1544 ERK-BÖHME III,556.

Etym.: Ahd., mhd. *dûs* stn., aus afrz. *do(u)s* ‘zwei’; PFEIFER Et.Wb. 206.

SCHMELLER I,546, 626.– WBÖ IV,1155.

Komp.: [**Eichel**]**d.** wohl einfacher Spielkartensatz (mit Eichelaß): *Winzi … oder Aicheldaus … 4 kr.* Mchn 1753 Bayerld 23 (1911/1912) 1003. A.R.R.

Tausch
M., Tausch, °OB, °NB, °OP vereinz.: °*mochma an Tausch?* Trostbg TS.

WBÖ IV,1156f.

Komp.: [**Roß**]**t.**: *Roßtausch* Roßhandel Haag WS.

WBÖ IV,1158.

[**Zu-sammen**]**t.** Erwerb einer größeren zusammenhängenden Grundfläche durch Tausch: *da Zåmdausch* Mittich GRI. A.R.R.

täuscheln

Vb. **1** kleine Tauschgeschäfte machen, °OB, °NB mehrf., °OP, °SCH vereinz.: °*heut hob i in da Schöl mit meine Schusser täuschlt* Haselmühl AM; *Woaßt was … täuscheln m'r!* Stemplinger Obb.Märchen II,12.
2 heimlich handeln, mauscheln: °*was habts denn zum Täuschln?* Klingen AIC; *Täuscheln* Westenrieder Gloss. 579.– Auch in Phras. *t. und mäuscheln* u.ä. °OB vereinz.: °*teischlan und meischlan* Tandern AIC; *Deischlt … Gmeischlt* MM 13./14.2.1999, J2; „unaufhörlich *zu täuscheln, und zu mäuscheln*“ Westenrieder Beytr. I,316.
3: °*de deischein* „ratschen, tauschen Tratsch aus“ Grafenrd VIT.

Schmeller I,628; Westenrieder Gloss. 579.– WBÖ IV, 1158.

Komp.: [**ein**]**t.** eintauschen: °*si epps eidaschln* Kelhm; *Seiba oans macha, des hob i net kenna und eitäuschln is net ganga* Gehrke I und der Ludwig 22.

WBÖ IV,1158.

[**ver**]**t. 1** dass.: °*d Brodzeid duada oiwei vadeischln, d Schussa san eam liawa* Ebersbg; *weils … was an Kleidungen … heimgebracht und einander verteuschelt und verhandelt haben* 1703 Breit Verbrechen u.Strafe 204.– **2** wie →*t.*1: *vadaišln* „Tauschgeschäfte machen“ nach Schweizer Dießner Wb. 39.

WBÖ IV,1158.

[**zu-sammen**]**t.** wie →*t.*2: °*de ham wås zamdeischlt!* Hirnsbg RO. A.R.R.

†dauschen

Vb., klatschen, dumpf aufprallen: *das dauschet wie das blei* Pähl WM Liliencron Dt.Leben 310.

Etym.: Onomat.; vgl. WBÖ IV,1164.

WBÖ IV,1164. A.R.R.

tauschen

Vb. **1** im Tausch geben u. nehmen, °OB, °NB, °OP, °MF vereinz.: *Heazl tauschn* „sich verlieben“ Aicha PA; *Du host mit da Muatta d' Brill'n tauscht* Thoma Werke II,478 (Brautschau).
2 an jmds Stelle treten: *Siehgst, Hansgirgl, i tat glei mit dir tausch'n* ebd. VI,404 (Wittiber).

Etym.: Mhd. *tûschen* 'Schelmerei, Betrug treiben', *vertûschen* 'vertauschen', unklarer Herkunft; Pfeifer Et.Wb. 1418.

Schmeller I,628.– WBÖ IV,1159-1161.

Abl.: *Tausch, täuscheln, -täuscher, Täuschler, Täuschlerei.*

Komp.: [**aus**]**t. 1** wie →*t.*1: *d Ring austauschen* „Verlobung“ Mittich GRI.– **2** austauschen, durch Tausch ersetzen, OB, NB vereinz.: *an Sam asdaschn* „eine andere Samenart nehmen“ Iggensbach DEG; *ausdaušn* Schweizer Dießner Wb. 22.

WBÖ IV,1161f.

[**ein**]**t. 1** eintauschen, NB, OP vereinz.: *a eidauschda Ågga* Beilngries.– **2** wie →[*aus*]*t.*2: *an andan Såm eitauschn* Herrnthann R.

WBÖ IV,1162.

[**ver**]**t. 1** wie →*t.*1, NB, OP vereinz.: *a vatauschta Åcka* Hiesenau PA; *Hon a Rößl votauscht Für a braunaug[at]s Mensch* OB 1814 OA 56 (1912) 365; *wegen des pluembesuechs* [Weide] … *gehändlet, und die waidtsgerechtigkeit bei dem alten galgen dafür vertauscht* Fried-Haushofer Dießen 50.– **2** wie →[*aus*]*t.*2, OB, NB vereinz.: *iatz hot dö goa s Kopftüachl mit an modöschn Huat vodauscht* Hengersbg DEG.– **3** (versehentlich) vertauschen, OB, °NB vereinz.: °*iaz hams ma mein Manddl vodauscht!* Neufraunhfn VIB.

WBÖ IV,1162.

†[**Roß**]**t.** N., wohl Betrügerei, unnützer Zeitvertreib: *daß er … die heyl. gotsdienst wenig besuechet, sondern vilmehr dem roßdauschen, essen und drünckhen abwartten thuet* Dingolfing 1650 Helm Obrigkeit 209.

WBÖ IV,1163.

[**zu-sammen**]**t.**, [**-sämmen**]- durch Tausch zusammenhängenden Grundbesitz erwerben, OB, NB, SCH vereinz.: *dea håt sö sche zamdascht* Iggensbach DEG.

WBÖ IV,1163.

[**zuhin**]**t.** durch Tausch zu einem zusammenhängenden Grundbesitz dazu erwerben, OB vereinz.: *eppas zuawitauschn* Deisenhfn M.

A.R.R.

täuschen

Vb., refl., sich täuschen, °OB, °NB, °OP vereinz.: °*ofa* [aber] *da west di täuschn!* Mainburg; *i hǭb me en eam daišd* nach Wittmann Mchn 46.

Etym.: Mhd. *tiuschen* 'Schelmerei, Betrug treiben', Var. von *tûschen* (→*tauschen*); Pfeifer Et.Wb. 1418f.

WBÖ IV,1164f.

Komp.: †[**ab**]**t.** durch List, Betrug abgewinnen: *die päbst ... habens ... den teutschen fürsten abgeteuscht* Aventin IV,300,26f. (Chron.). A.R.R.

-täuscher, -au-

M., nur im Komp.: [**Roß**]**t. 1** (v.a. betrügerischer) Pferdehändler, °OB, °NB, °OP mehrf., °Restgeb. vereinz.: *am Boimsunta göhn d Roßtauscha zum Beichtn* Burghsn AÖ; *Rooßdäuscha* „unehrlicher Pferdehändler" Judenmann Opf. Wb. 131; *der trew die die rosstauscher haben auf dem jarmarkt* Wessobrunn WM 1422 ZDA 15 (1872) 511.– **2** Betrüger, °OB, °NB, °OP, °SCH vereinz.: °*låß de mit den ned ei, des isch a richtiga Roßdeischa* Dachau; *Dia Roßdeischa glaab i nix* Binder Saggradi 177.– Mhd. *-tûscher*, Abl. von →*tauschen*; WBÖ IV,1165f.

WBÖ IV,1165f. A.R.R.

Täuschler

M., jmd, der gewohnheitsmäßig Tausch treibt, °OB, °NB vereinz.: °*des is a alter Däuschler* Rettenbach WS.

Komp.: [**Roß**]**t.** (betrügerischer) Pferdehändler: °*Roßtäuschler* Ziegelbg RO; *Ein Roßtäuschler ... wolt sein Roß verkauffen* Selhamer Tuba rustica I,374. A.R.R.

Täuschlerei

F. **1** kleiner Tauschhandel, °OB vielf., °NB mehrf., °OP vereinz.: °*dös war amoi a schöni Deischlerei* Geisenfd PAF; *was er für a Glück hat mit seine Täuschlerei'n* Stemplinger Obb. Märchen II,14.

2 betrügerisches Handeln, °OB, °NB vereinz.: °*Täuschlerei* „Machenschaft" Mallersdf.

WBÖ IV,1166. A.R.R.

tausend

I Zahlw. **1** tausend, °Gesamtgeb. vielf.: °*a Stuckara* [etwa] *tausad* Erling STA; *dausnd* Preith EIH; *d'Hirwa* [Wohnung] ... *herrichten kost aa tausad March* Thoma Werke III,71; *qui mille uiros habet deri tusunt cōmanno hab&* [*habet*] 8./9.Jh. StSG. I,88,17; *do von christes geburt waren · Tausent iar vnd zwahundert · vnd in dem vîer vnd Niwenzgisten iar* Raitenhaslach AÖ 1294 Corp.Urk. III,199,14f.– In Zahlkomp. [*ein*]*t.*, [*zwei*]*t.* usw., z.B.: *zwoatausad Mark* Burghsn AÖ; *Dreißgtausad Boarische san eizogn worn* Dingler bair.Herz 162; *sü hat auch dem Gottshaus zuebracht, drithalb dauset fl* 1625 Haidenbucher Geschichtb. 52.

2 sehr viele, Gesamtgeb. mehrf.: *tausnd Ausrödn hams* Mittich GRI; *Dausad Farb'm hot da Woid* Sedlatschek Glück 38; *mit im manich tûsent man* Kaiserchron. 243,8761; *mueß mi Tausent Paustet mietten* Landshut um 1650 Jb. Schmellerges. 2012,34,61.– Auch in Zahlkomp. [*hundert*]*t.*, [*neun-und-neunzig*]*t.* usw., z.B.: *hundat tausnd Ausrödn hams* Mittich GRI.

II N. **1** Menge von tausend Stück: *wurden erkhaufft ... per das Tausend 6 fl 20 kr* Rott WS 1760 Heimat am Inn 10 (1990) 233.

2 best. Holzmaß: *Tausend Holz* „ungefähr 10 Kubikhalfter [-klafter?]" Rasp Bgdn.Mda. 148; „Der Anschlag dieser Waldungen war *30400 Tausend-Holz* ... ungefähr ... 304,000 Klafter" Berchtesgaden 1602 Koch-Sternfeld Salzb.u. Bgdn II,195.

3 †best. Messersorte: *I modium tawsnt mit hohen hawben* [Griffabschluß] Lererb. 20.

III Interj., Ausruf der Verwunderung, des Staunens, OB, NB, OP, MF vereinz.: *ei der Tausend!* Passau; „Prinzregent Luitpold ... liebte bei Überraschungen den Ausruf: *Dausad, Dausad!*" Ilmberger Fibel 44; *Ui tausend Saprament* Sturm Lieder 67.

Etym.: Ahd. *dûsunt*, mhd. *tûsent*, germ. Wort idg. Herkunft; Kluge-Seebold 909.– Als Interj. verhüllend für →*Teufel*; vgl. WBÖ IV,1167f.

Schmeller I,626f.– WBÖ IV,1167-1172.

Abl.: *Tausender, tausendst.* A.R.R.

Tausender

M. **1** Zahl über Tausend, OB, NB vereinz.: *d Daussnda intaschatzt ma* Mittich GRI.

2 Geldschein od. Münze im Wert von tausend Währungseinheiten, °OB, NB, °OP, SCH vereinz.: °*dera ihr Houchzatbüldla kost scho fast an*

Tausanda! Weiden; *An Tausenda, an neia* F.X. KROETZ, Neue Stücke 1, Hamburg 1996, 65.
3 Spiel.– **3a** best. Kartenspiel: °*Tausender* „Spiel wie Mariage" Grafing EBE.– **3b** Messerwurfspiel: „Beim *Tausender* wurde das Messer, mit der Spitze aufgeklappt auf dem Kopf des Buben stehend, aufs Brett geschleudert" SCHILLING Paargauer Wb. 77.
4 best. Nagelgröße, bei der tausend Stück in einer Verpackung enthalten sind, °OB, °NB, °OP mehrf., °SCH vereinz.: °*a Tausnder* Traitsching CHA.

WBÖ IV,1172f.

Komp.: [**Drei**]**t.** best. Nagelgröße, bei der dreitausend Stück in einer Verpackung enthalten sind, °OB, °OP vereinz.: *Dreitausnder* Kammer TS.

WBÖ IV,1173. A.R.R.

tausendst
Ordinalzahl, tausendster, OB, SCH vereinz.: *dr Dausedschd* Derching FDB; *daz tûsentiste teil* BERTHOLDvR I,223,10.

Etym.: Mhd. *tûsentste*, Abl. von →*tausend*; WBÖ IV, 1174.

WBÖ IV,1174. A.R.R.

dausig →*dasig*².

dauß(t), außen, →[*da*]*außen*.

täustig
Adj., naß, feucht: *taischti* „halbnaß, von Heu, Wäsche" Hzhsn LL; „*taišti* ... bes. von Heu" MOSER Staudengeb. 85.

Etym.: Herkunft unklar; vgl. WBÖ IV,1175.

WBÖ IV,1174f. A.R.R.

Daut, Zeitspanne, →*Aucht*.

Dauung, †-däuung
F., Verdauung, ä.Spr., in heutiger Mda. nur im Komp.: „Erdbeeren ... weilen sie wegen ihren allzu kühlender Krafft ... die *Dauung* verhindern können" SCHREGER Speiß-Meister 138.

Etym.: Mhd. *döuwunge* stf., Abl. von →*dauen*; KLUGE-SEEBOLD 950 (Verdauung).

WBÖ IV,1176.

Komp.: [**Ver**]**d.** dass., OB, NB, OP vereinz.: *Vodauung* Hohenpeißenbg SOG; *gute verdäwung* SCHÖNSLEDER Prompt. K7ʳ.

WBÖ IV,1176. A.S.H.

Taverne, -b-, -f-
F., (urspr. grundherrschaftlich berechtigte) Taverne, Gast- u. Schankhaus, OB, NB, OP vereinz., veralt.: *a Dåférn* Floß NEW; *Tafern* POELT-PEUKER Wb.Pöcking 46; „Obersöchering [WM] Dorf mit *Tabern* und Schmiede" HAZZI Aufschl. II,1,52b; *Tabernas tavernvn* Frsg 10.Jh. StSG. II,112,71; *dehein* [kein] *privhovs noch dehein taver* Rgbg 1287 Corp.Urk. II, 292,43f., *ein jegklicher Wirth/ der auff einer offnen Tafern sitzt* Landr.1616 332.– †Phras.: *Dé hàt ən offəné Tafern* „von einer ... die ... zu viel von ihrem Busen sehen zu lassen scheint" SCHMELLER I,588.

Etym.: Ahd. *taverna* swf., mhd. *tavërn(e)*, *taf-* st/swf., aus lat. *taberna*; Fremdwb. V,67.

DELLING I,111f.; HÄSSLEIN Nürnbg.Id. 131; SCHMELLER I, 587f.; ZAUPSER 76.– WBÖ IV,89f.

Abl.: *Taverner*.

Komp.: †[**Ehe**]**t.** dass.: *Ez sol nieman dhein* [kein] *trinckhen veil haben/ dann datz den rehten etabern* Rgbg 1281 Corp.Urk. I,410,41-43; *so sullen dieselben pfand getragen werden in die eetafern* Prien RO 1498 BREIT Verbrechen u. Strafe 52.

SCHMELLER I,5, 588; WESTENRIEDER Gloss. 121.– WBÖ IV, 90.

†[**Winkeln**]**t.** nicht ordnungsgemäß konzessiertes Schankhaus: *das pierschennckhen jn den wynncklntafern auf dem lannd* 1533 WÜST Policey 401.

WBÖ IV,90.

†[**Wirts**]**t.** wie →*T.*: „*Wirthstafern*, mehrere *Weinzierls*" Berg LA HAZZI Aufschl. IV,3,599; „Wer also einen Porziunkulaablaß bei seiner *Wirthstaberne* ... hat" BUCHER Jagdlust 48.

WBÖ IV,90. A.R.R.

†Taverner, -b-, -f-
M., Wirt einer →*Taverne*: „Der *Taferner* ... geht von Tisch zu Tisch" SCHLICHT Bayer.Ld 105; *tauernari* Rgbg 12.Jh. StSG. I,576,25; *Jr taberner, ir nemet ouch den nutz der sünden* BERTHOLDvR I,216,38f.; *Das sind die Recht, die*

ain Taferner zu Schirlinng hat Schierling MAL 1444 Hartinger Ordnungen III,471.

Etym.: Ahd. *tavernâri*, mhd. *tavërnære* stm., Abl. von → *Taverne*; WBÖ IV,90.

Schmeller I,587.– WBÖ IV,90. A.R.R.

David

1 alttestamentarischer König von Juda, in Phras.: °*der nimmt se aus wias Davidl nem dem Goliath* „ist sehr klein" Rgbg;– °*der is dagstandn wia da David* „klein und verlassen" Neukchn MB.– *Da Wuaf håd dnetta* [gerade] *an Dafid gråtn* „hat das Ziel getroffen" Mittich GRI.– °*Er laßt den Davidl pfeifa* „lebt in Saus und Braus" Aich VIB.
2 Vorn. *Dofit*, *Då-* u.ä. °OB, °NB (dazu °CHA, °NEW, °R), *Davi* (°EBE), *Dåvidl*, *Da-* u.ä. OB (dazu DEG, °GRI; R), *Di-* (°GRI), *Vid* (°HIP), *Vitl* (°IN), *Vi(d)l* (°MAL, °VOF; °FDB).– Als Haus- u. Hofn. °OB, °NB, °OP, °SCH, auch *Dåfeichd* (°AIB), *(beim) Dåvidn* (°LA; °AM, °NAB, °NEN, °OVI).
3 übertr. von Menschen– **3a** kleiner tapferer, energischer Mensch, °OB, °NB, °OP vereinz.: °*des kloane Davidl* Aidenbach VOF.– **3b** kleiner (schwächlicher) Mensch, °OB, °NB, °OP, °MF vereinz.: °*er is gega eahm grod a Davidl gwen* Schwandf.– **3c** dummer, ungeschickter Mensch, °OB, °NB vereinz.: °*bist halt a Davidl* Kchdf AIB.

WBÖ IV,92. A.R.R.

dawe, beiseite, fort, s. *der Wege* (→ *Weg*).

Dax[1], Nadelbaumzweig, → *Dächse*.

Dax[2], Dechsel, → *Dechse*.

[**vo**]**dax**, plötzlich, → [*vor*]*tags*.

Taxe, Tax

F., M. (VOH). **1** Taxe, festgesetzter Preis, °OB, °OP vereinz.: °*Táx* „bei Versteigerungen" Sulzkchn BEI; *kemma S' guat hoam mit de drei – de Tax werd scho zahlt* Altb.Heimatp. 65 (2013) Nr.18,25; *Tax ... der* Delling I,118; *es soll auch keiner unter der Tax feilhalten* Frsg 1481 Zils Handwerk 119.
2 Gebühr, Abgabe: *Tax* „Gebühr" Koller östl.Jura 70; „Da ... auf die Ehen ungeheure *Taxen* angesetzt sind" Entraching LL Hazzi Aufschl. II,1,182; *die in der PoliceyOrdnung gesetzte Tax/ deß Schreib: vnd Siglgelts* Landr.1616 44.

Etym.: Aus mlat. *taxa* 'Schätzung'; Pfeifer Et.Wb. 1419.

Delling I,118.– WBÖ IV,1177-1179. A.R.R.

taxieren

Vb. **1** taxieren, veranschlagen, schätzen, °Gesamtgeb. vielf.: °*af wia vüll Meter taxierscht den Ganter?* O'ammergau GAP; °*i taxier de Sau auf an Zentner zwanzg* Simbach EG; °*der Schon is mit 800 Mark taxiert* Kchnthumbach ESB; *taxian* „schätzen" Spr.Rupertiwinkel 89; *die sollten die Schlos, herrschaft und Stett und Ambt ... Taxiern* Füetrer Chron. 255,32f.
2 prüfend, kritisch betrachten, °OB, °NB, °SCH vereinz.: °*Weiber taxian* Parsbg MB; *tãxiãn* „mustern" Poelt-Peuker Wb.Pöcking 46.
3 einschätzen, °OB, °NB, °OP, °MF vereinz.: °*den ko i net taxieren* Landshut.
4: °*taxiern* „einen in die Enge treiben, zappeln lassen" Wiesenfdn BOG.
5: °*taxieren* „Taxi fahren" Reichenhall.

Etym.: Aus frz. *taxer*; Kluge-Seebold 910.– Bed.5 Abl. von *Taxi*.

WBÖ IV,1181f.

Komp.: [**ab**]**t. 1** wie → *t.*2, °NB, °OP, °MF vereinz.: °*wia eahm die abtaxiern!* Mallersdf.– **2** herabsetzen, schlechtmachen: °*abtaxieren* Wettstetten IN.

WBÖ IV,1182.

[**aus**]**t. 1** wie → *t.*1, °NB, °OP vereinz.: °*dös mou i äjast amal astaxiern* Speinshart ESB.– **2** wie → [*ab*]*t.*2: °*oin astaxian* Schönwd REH.

WBÖ IV,1182.

[**ein**]**t. 1** wie → *t.*1, °OB, °NB, °OP vereinz.: °*den taxier i guat ein* „er hat viel Geld" Passau.– **2** wie → *t.*3, °OB, °NB vereinz.: °*an Lois ko e schlecht eitaxiern* Weildf LF. A.R.R.

Taxler

M., Taxifahrer: *Zerscht hab i scho gmoant, se wui mir ... wia an Taxler zahlen* Altb.Heimatp. 63 (2011) Nr.18,4.

Etym.: Abl. von *Taxi*; vgl. WBÖ IV,1182.

WBÖ IV,1182. A.R.R.

†daz
Präp. **1** lokal, in, mit ON: *'ətz Pfa'hofə~* SCHMELLER I,476; *gescriben · dazze kifrisfelt* Kiefersfdn RO 1267 Corp.Urk. I,154,42; *dy vest datz Perchtoltzgaden* Mühldf 1376 Chron.dt.St. XV, 386,6.
2 bei, im Hause von: *Martein dem Haidolfinger geben, das mein Herre ... datz im verzert hat* Ingolstadt 1392 FREYBERG Slg II,95.
Etym.: Aus der Fügung →*da*[1] u. →*zu*; WBÖ IV,10.
SCHMELLER I,476.– WBÖ IV,10f. A.R.R.

de →*ade*.

dean →*dienen*.

Deandl →*Dirne*.

Dea(n)k, Linkshänder, ungeschickter Mensch, Rübe, →*Tenk*.

Deas →*Andreas*.

†Dech, -et
N.(?), Menge von zehn Stück: *I tech scharsslach* [best. Messersorte] Lererb. 5; „nach der Zahl aber unter halben Dutzend/ *Dechet* ... verkauffen" Verordnung, Regenspurgische Kauff- u. Handelschafft betr., Regensburg 1730, A3[v].
Etym.: Mhd. *dëcher, t-* stm./n., aus lat. *decuria* 'zehn Stück'; vgl. WBÖ IV,1216.
SCHMELLER I,582 (Techer).– WBÖ IV,1216. A.R.R.

dech[1], **-t**
Interj., Lockruf für Ziegen, auch in Wiederholung u. erweitert, OB vereinz.: *dechei dech dech dech* Bergen TS.
Etym.: Herkunft unklar; WBÖ IV,1209.
WBÖ IV,1209.

Abl.: *Dechelein*. A.R.R.

dech[2] →[*denn*]*noch*.

†Dechanei
F., Dekanei, Amtsbereich eines Dechants: *in unsern Töchneyen zue Landsperg* Landsbg 1366 LORI Lechrain 67; *Dechaney* SCHÖNSLEDER Prompt. K7[v].
Etym.: Mhd. *tëchanîe*, aus mlat. *decania*; WBÖ IV, 1209.
SCHMELLER I,481.– WBÖ IV,1209f. A.R.R.

Déchant
M. **1** Dechant, °OB, NB, OP mehrf., MF, SCH vereinz.: *Koprata, Pfarra und Dächat* Hengersbg DEG; *koa Pfarra ah nöt; öbbar a Döchad?* SCHLICHT Dorftheater 45; *Decanus ... dechant* Aldersbach VOF 12.Jh. StSG. III,133,24; *her Wolfhart techant ze Wolfratshausen* 1319 Urk.Schäftlarn 105; *herr dëchant ... hat die orgl geschlagen* 1609 HAIDENBUCHER Geschichtb. 11.
2 in Phras. *grauer D.* Birnensorte, °OB, °OP vereinz.: °*der graue Dechant* „grau bräunlich, süßes Tafelobst" Fronau ROD; *a guate Birn ... da is der graue Dechant* SCHLICHT Bayer.Ld 470.
Etym.: Ahd. *tëhhant*, mhd. *tëchan(t)* stm., aus lat. *decanus*; KLUGE-SEEBOLD 187.
SCHMELLER I,481.– WBÖ IV,1210-1213.

Abl.: *Dechantin*. A.R.R.

Dechant, Abgabe für die Schweinemast, →*Dehel*.

Dechantin
F., Dechantin: *Margret div Techentinne ... von Nidenbvrch* Passau 1281 Corp.Urk. I,398,32-34; *Jn Bey sein meiner dächetin* 1613 HAIDENBUCHER Geschichtb. 30.
Etym.: Mhd. *tëchantinne*, Abl. von →*Déchant*; [2]DWB VI,471. A.R.R.

Dechel[1]
M.(?), Schusser, °OB vereinz.: °*Dähäi* Gaißach TÖL; *Tèhhl* „Schusser aus Thon" SCHMELLER I,597; „Schusser ... *dẹ̄xẹ*" Tölz nach STÖR Sprachraum Mchn 896.
Etym.: Herkunft unklar. Nach SCHMELLER I,481 Abl. von →*Dahen* 'Ton'. Od. zu österr. *têchteln* (WBÖ IV,1231) 'mit Spielkugeln spielen' mit Grundbed. 'lärmend aneinanderstoßen'?
SCHMELLER I,597.

Abl.: *decheln*[1]. A.R.R.

Dechel[2], Schweinemast, →*Dehel*.

Dechelein
N., Ziege: *Dechei* „junge Ziege" SOJER Ruhpoldinger Mda. 10.

WBÖ IV,1216. A.R.R.

†decheln[1]
Vb.: *dècheln* „mit Schussern ... spielen" Tölz SCHMELLER I,481.

SCHMELLER I,481, 597. A.R.R.

decheln[2], (Fässer) dicht machen, →*dechteln*[1].

Dechet, zehn Stück, →*Dech*.

-techniker
M., nur im Komp.: [**Zahn**]**t.** scherzh. Zahnarzt, OB, OP, OF vereinz.: *da Zohdechnicha* Beilngries.– Abl. von *Technik*, mlat. Herkunft; KLUGE-SEEBOLD 910. A.R.R.

Techs → *Täcks*.

Dechse, -ä-, Dechs
F., M., Dechsel, OB, NB vereinz.: *da Dex zum Weedan* [Verbindungsteil am Wagen] *aushaun* Weng FS; *die Dax* Passau; *Ascia ... dehsa* Windbg BOG 12.Jh. StSG. I,519,16-20.

Etym.: Ahd. *dëhsa*, mhd. *dëhse* swf., Abl. von →*dechsen*[1]; KLUGE-SEEBOLD 184.

WBÖ IV,1218f. A.R.R.

Dechsel[1], **Dechtel, Deßel**
M., F. (M, WS). **1** Werkzeug.– **1a** Dechsel, °OB, °NB mehrf., °OP, MF, SCH vereinz.: *Dexl* „zum Aushöhlen der hölzernen Dachrinnen" O'ammergau GAP; *Döisl* Kohlbg NEW; „Axt, Hohlaxt ... *der däxl*" Dinzling CHA BM I,77; *in der acches unde dere dehslen* Windbg.Ps. II, 136; *In der Stuben Cammer. 1 Eisen Dexl. 1 Alt Pämbsag* M'rfels BOG 1629 BJV 1962, 206.– **1b** Haue zum Schärfen des Mühlsteins, °OB, °NB, °OP vereinz.: °*Dechsl* Deusmauer PAR.– **1c**: *Degsl* „Axt zum Ausasten" Manching IN.– **1d**: *Dechsl* „Meißel" Bernau RO.– **1e**: *Dechsl* „Hobel" ebd.
2 Eisenteil im od. am Mühlstein.– **2a** dreieckige Eisenplatte im oberen Mühlstein, mit der dieser in Gang gesetzt wird: °„*Dexl* oder *Dreiflügel*" Walleshsn LL; *teksl* SCHWEIZER Dießner Wb. 200; *das er den Dexsel in sein vorige Gerechtigkheit widerumb bringe, das er ... nit fürzogen werde* Erding um 1600 ZILS Handwerk 108.– **2b** Auflage des oberen Mühlsteins, °OB vereinz.: °„der *Dexl*, worauf der *Läufer* ruht" Pöttmes AIC; „Das Mühleisen ... trägt den *Läufer* auf einer waagrechten Haue, in München *Dexl* genannt" W. KOHL, Recht u. Gesch. Münchner Mühlen, München 1969, 3.– **2c** am oberen Mühlstein angebrachter Metallschaber, °OB, °NB vereinz.: °*Dechsel* „Abstreifer innen am Mühlstein" Dingolfing.

Etym.: Ahd. *dëhsala*, mhd. *dëhsel* swf., Abl. von →*dechsen*[1]; KLUGE-SEEBOLD 184.

Ltg: *dękfl*, vereinz. *-ą-* (BGD), *dęχtl* (TS, WM), *dęi∫(t)l* (ESB, NAB, NEW).

SCHMELLER I,483f.– WBÖ IV,1219-1222.

Komp.: [**Breit**]**d.** Dechsel mit breiter gerader Schneide, OB, °NB, °OP vereinz.: *a Broatdeksl* „zum Aushauen von kantigen Rinnen" Neuötting AÖ.

WBÖ IV,1222.

[**Eben**]**d.** dass., °OB, °NB, °OP vereinz.: °*Emdecksl* „Zimmermannsaxt mit gerader Schneide" Leitenbach MAI.

WBÖ IV,1222.

[**Hohl**]**d.** Dechsel mit halbrunder Schneide, OB, °NB, °OP, °MF vereinz.: °*Huhldäißl* Kchnthumbach ESB; „Die Salzrinnenmacher trugen den *Flachdechsel* oder den *Hohldechsel* mit" IRLINGER-ROTH Bgdn.Bergknappen 122.

WBÖ IV,1222f.

[**Mühl**]**d.** wie →*D.*1b: °*der Mühldechsl* „zum Schärfen der Mühlsteine" Fronau ROD; *3 Mühldexel* Rechnung deß ... Weissen Preuwesens zu Kelhaimb Einnemmen vnd Außgebens 1665, hg. von M. GABLER, o.O. o.J., 206.

[**Rinnen**]**d.** Dechsel zum Aushöhlen von Holzrinnen: °*Rinnadechsl* Bayrischzell MB; „zur Holzbearbeitung ... *Rinnendexl*" Beitr. zur Heimatkunde von Niederbayern, Bd 1, Landshut 1967, 536.

WBÖ IV,1223. A.R.R.

Dechsel[2] →*Deichsel*[1].

dechseln[1], **-teln, deßeln**
Vb., mit der Dechsel bearbeiten, OB, NB, OP vereinz.: *dechsln, dechtln* „eine Dachrinne aushöhlen" Bergen TS.
Schmeller I,483.– WBÖ IV,1223.

Komp.: [**aus**]**d.** dass., OB, NB vereinz.: *Dåchrinn is ausdegsld woan* Königsdf WOR.
WBÖ IV,1223f. A.R.R.

dechseln[2], (Fässer) dicht machen, →*dechteln*[1].

dechsen[1], **-cht-**
Vb., mit der Dechsel bearbeiten, NB vereinz.: *dechsn* „Holz zu einer Rinne aushauen" O'schneiding SR.
Etym.: Mhd. *dëhsen* 'Flachs schwingen' stv., germ. Wort idg. Herkunft; vgl. WBÖ IV,1224.
WBÖ IV,1224.

Abl.: *Dechse, Dechsel*[1], *dechseln*[1]. A.R.R.

dechsen[2], (Fässer) dicht machen, →*dechten.*

decht, Lockruf, →*dech*[1].

decht(**en**) →[*denn*]*noch.*

Dechtel[1]
M., altes Messer, °OB, °NB, °OP, °SCH vereinz.: *a older Dechtl* Bertoldshm ND.
Etym.: Herkunft unklar. Spielform von →*Dechsel*[1]?
A.R.R.

Dechtel[2] →*Dechsel*[1].

Techtelmechtel
N. **1** (geheime) Liebschaft, Verhältnis, °Gesamtgeb. vereinz.: °*mit wem hat der nacher a Tächtl-Mächtl?* Leiblfing SR; *Dächtlmächtl* „beginnende Liebschaft … Verhältnis" Angrüner Abbach 21.
2 Geheimnistuerei, °OB, °NB, °OP vereinz.: *Dechtl-Mechtl* Wasserburg; *Techtelmechtel* „Getusche wegen einer unguten Sache" Konrad nördl.Opf. 72; „nun giebt es unter den Schwestern … allerley *Tächtlmächtl, Tritschtratschl*, Zank und Hader" Bucher Werke III, 2. Abtheilung, 45 (Mönchsbr.).
3 Streit, °NB vereinz.: *Techtlmechtl* „kleiner Streit" Passau; *a Dächtlmächtl* Singer Arzbg. Wb. 48.
4 Wirrwarr, Durcheinander, °OP, MF vereinz.: °*Dächtl-Mächtl* Wdmünchen; *a Dächtlmächtl* Singer ebd.
Etym.: Wohl aus it. *a teco meco* 'unter vier Augen' mit volksetym. Anschluß an →*techteln*; vgl. WBÖ IV,1225.
Schmeller I,486.– WBÖ IV,1225f.

Abl.: *techtelmechteln.* A.R.R.

techtelmechteln
Vb., ein Liebesverhältnis eingehen: *dechtlmechtln* Pfeffenhsn ROL; *so halb und halb zum Techtlmechtln der Müllerrosl* Fliegende Bl. (Mchn) 144 (1916) 11.
WBÖ IV,1226. A.R.R.

dechteln[1], **dedeln, -chs-, des**(**t**)**-**
Vb. **1** (zum Dichtmachen) einweichen, in Wasser legen, °NB mehrf., °OB, OP vereinz.: *s Mostfassl muas ma zearst desln* Mittich GRI; „Der Bauer muß es [Holzschaff] … erst *dädln*" Tacherting LF Heimatb.TS 35; *imbuo 'detelen'* Aventin I,425,6f. (Gramm.).
2 refl., aufschwellen u. dicht werden: *eilegn, daß ös sö dedld* Lichtenhaag VIB.
3 durchnässen: *er is dechtlt wordn* Gottsdf WEG.
4 refl., ein Sandbad nehmen (von Hühnern): *dHena desln sö im Sånd* Mittich GRI.
5 viel trinken, saufen, °OP mehrf., °OB vereinz.: *ein oan furt techtln* Valley MB; *deiχtln* „(scherzhaft) trinken" nach Denz Windisch-Eschenbach 120.
6 (Schuhe) einfetten, OB, NB vereinz.: *dedln, schmian* Lochhsn M.
7 mit Lauge waschen, °NB, OP vereinz.: *döichtla* absechtnen Naabdemenrth NEW.
8: *desln* „durch Schlagen Mauerklüfte verdichten" Mittich GRI.
9 (über eine Problemlösung) sinnieren, °OB, °NB vereinz.: °*da häift koa Dechtln* Attenhsn LA.
10 basteln, °OB, °NB vereinz.: °*dechtln* Endlhsn WOR.
Ltg: *dęχtln*, auch *dęiχtln* u.ä. OP (dazu IN), *-la*(*n*) (KEM, NEW, TIR, VOH), *dē*(*d*)*ln*, *-ę̄-* OB, NB (dazu CHA, NEN, R), *dēla* (PAF), *deal*(*a*)*n* (DAH, FFB, FS), *dęi*(*d*)*ln*, *-ai-* (BOG, KÖZ, REG, VIT; AM, BUL, RID, WÜM), ferner *dękfln* (MÜ, TS, WS), *dēsln* OB (dazu GRI), *dęftln* (RO, TS, WS), *-ęi-* (NEW), *dēgln* (TÖL).
Delling I,118; Schmeller I,486, 490.– WBÖ IV,1227-1230.

Komp.: [**an**]**d.** **1** wie →*d.*1, OB, °NB, OP vereinz.: *dös daläxetö* [undichte] *Faß odedln* Sauerskchn ROL.– **2** wie →*d.*7, °OB vereinz.: *andechtln* Bruckmühl AIB.– **3** refl., sich betrinken: °*er haod sö andejchtlt* Falkenbg TIR.

WBÖ IV,1230.

[**um-ein-ander**]**d.** wie →*d.*9, °OB, °NB vereinz.: °*der dächtld allaweil umanand* „grübelt" Parsbg.

[**auf**]**d.** wie →*d.*1: °*da Zuba wiad afdejchtlt* Luhe NEW.

[**aus**]**d.** **1**: °*a Faßl ausdechtln* „zum Dichtmachen mit heißem Wasser befüllen" Hacklbg PA.– **2** refl., austüfteln, ausdenken, °OB, °OP vereinz.: °*des hot er sö so ausdechtlt* Hohenpeißenbg SOG.

[**ein**]**d.** **1** wie →*d.*1, °OB, °NB, °OP mehrf.: *a Schaffl eindejstln, wenns zerlichst* [leck] *is* Neustadt; *ădäichtla* Konrad nördl.Opf. 1; *Eindechteln* Prasch 17.– **2** wie →*d.*6, OB, OP vereinz.: *eidestln* O'audf RO.– Auch wasserdicht werden: „Schuhe schmieren, *daß sö eindöichtln* Erbendf KEM.– **3** (Wäsche) in Wasser einweichen, °OB, OP vereinz.: *eidächtlt, eigwoagt* Berching BEI; *eindechtln* „Wäsche einbrühen" Rasp Bgdn. Mda. 49; „*Eindächteln* die Wäsche. Einweichen" Zaupser Nachl. 45.– **4** zechen, saufen.– **4a** mit einem Zechgelage feiern, NB vereinz.: „am Fronleichnamnachmittag tun die Jungfrauen im Wirtshaus *den Kranz eindelln*" Mettenbach LA; „Leichentrunk ... Dieses Trinken heißt ... *eindaychdeln*" Schönwerth Opf. I,257.– **4b** refl., wie →[*an*]*d.*3: °*der hot si aber eidedlt!* Reichersbeuern TÖL.

Delling I,149; Prasch 17; Schmeller I,486; Zaupser Nachl. 45.– WBÖ IV,1230f.

[**ver**]**d.** **1** wie →*d.*1, OB, OP vereinz.: *vadealan* Walkertshfn DAH; „etliche Zuber ... unter die ... Dachtraufe gestellt zum *Verdechtln*" Elbach MB HuV 14 (1936) 90.– **2**: *vadechtln* „löten" Gerolfing IN.

[**nach**]**d.** wie →*d.*9, °OB vereinz.: °*reiß di zamm und dächtlt noch!* Thanning WOR.

[**zu-sammen**]**d.** wie →[*aus*]*d.*2, °OB, °OP, °MF vereinz.: °*der hat dö Gschicht guat zamdächtlt* Fronau ROD. A.R.R.

dechteln[2], mit der Dechsel bearbeiten, →*dechseln*[1].

techteln

Vb. **1** klopfen, schlagen, °OB, NB, °OP vereinz.: *dechtln* „hinaufschlagen" Schrobenhsn.– Phras.: °*kriagst glei oane dechtlt!* „eine Ohrfeige" Neumarkt.

2: *dechtln* „spielen, bei Liebenden" Etzelwang SUL.

3 heimlich handeln, mauscheln, °OB, °OP, SCH vereinz.: *dechtln* Egenburg FDB.

Etym.: Onomat.; WBÖ IV,1226. Bed.2, 3 Kurzf. von →*techtelmechteln*.

WBÖ IV,1226f.

Abl.: *Techtlerei*. A.R.R.

dechten, -chs-

Vb., (zum Dichtmachen) einweichen, in Wasser legen: *dechtn* Weidach AIB.

Etym.: Wohl Abl. zur selben idg. Wz. wie →*deihen*; WBÖ IV,1233f.

WBÖ IV,1231-1234.

Abl.: *dechteln*[1], *dechtig*, *Dechtler*, *Dechtlerei*, *dechtlingen*.

Komp.: [**auf**]**d.**: *a Wassaleitung afdäichtn* auftauen Hessenrth KEM.

[**ein**]**d.** wie →*d.*, OB, OP vereinz.: *eidechsn wenns rinnt* Alletsrd NEN. A.R.R.

dechtig

Adj.: °*dös Brot is dechde* „nicht ganz ausgebakken" Rechtmehring WS. A.R.R.

Dechtler

M. **1**: °*er is a richtiga Dächtla* „sinniert immer" Parsbg.

2: °*a Dechtler* „fertigt alles handwerklich an" Endlhsn WOR. A.R.R.

Dechtlerei

F., Zecherei, Trinkgelage, °OB, °OP vereinz.: °*gestan hama a grouße Dechtlerei ghat* Frauenbg PAR. A.R.R.

Techtlerei
F. **1** Streitigkeit, Auseinandersetzung, °OB, °NB, °OP vereinz.: °*Dechtlerei* „Geplänkel" EndfAM.
2: °*Dechtlerei* „Geheimnistuerei" Anzing EBE.
A.R.R.

dechtlingen
Vb., (zum Dichtmachen) einweichen, in Wasser legen: *as Fåß is dädlingt* nördl.PA.
WBÖ IV,1237. A.R.R.

-deck
M., nur im Komp.: [**Boden-ver**]**d.**: *bon-va-dek* „nur soviel Inhalt in einem Gefäß, daß der Boden ... gerade noch bedeckt ist" Kollmer II,69.
A.R.R.

Decke
F. **1** Stoffdecke zum Zu- od. Bedecken, Verhüllen, °OB mehrf., °Restgeb. vereinz.: *wei's so koit is gwön, howi ma d Decka bis üwa d Oun aufizong* Valley MB; *Deckn* Tischtuch Lauterhfn NM; *bald Habn sie si in ihr Deck' eigrollt* Ehbauer Weltgschicht III 56; *dechi* Rgbg 12.Jh. StSG. I,330,39; *alsbald die Wirtleit die Döck begreiffet* Mchn 1392 Lori Lechrain 89; *mit einer ... roth seidenen Quasten belegten Döckhen* Erding 1758 Mitterwieser Weihnachtskrippen 25.– Phras.: (*mit jmdm*) *unter einer D. stecken* u.ä. OB, NB vereinz.: *die spielen unter einer Decke* Mchn; *ob er unter oaner Döckn steggd mit dene?* Passau; *De schdeggàn ... unddà-r-oànà Deggn* „hecken gemeinsam Untaten aus" Kaps Welt d.Bauern 85; *andern Privatpersonen, welcher* [sic] *mit ihnen etwann heimlich unter der Deck ligen* Rgbg 1652 Lori Münzr. II,447.– °*Wos unter oiner Deck schlouft, do soll ma se niad eimischn* „man mische sich nicht in Ehestreit ein" Rottendf NAB.– *Sich nach der D. strecken* u.ä. OB, NB, °OP vereinz.: °*a jeda mou se naou seina Deckn strecken* „sich mit den Verhältnissen abfinden" Weiden; *Man muß sich nach der Decke strecken* Bair.Sprw. I,210; *sich streken nach der Deken* Schönsleder Prompt. K7[v].
2 Oberbett, OB, NB vereinz.: *Döck* Federbett Ascholding WOR.
3 Teppich, OB, °NB, °OP, °MF vereinz.: °„*a gwirchte Deck* oder Fleckerlteppich" Bayerbach GRI.
4 Tierfell, °OB, °NB, OP vereinz.: *da Gaal hod a schäine Deggn* Nabburg; *Degg* „In der Jägersprache: Haut, Fell" Christl Aichacher Wb. 100.
5 harte Ackerkrume, °OB, °NB, °OP mehrf., °Restgeb. vereinz.: *a ganz a harte Deck am Feld* Cham.
6 Zimmerdecke, Raumdecke, °OB, °NB, OF, MF, SCH mehrf., °OP vereinz.: *vo der Döckn hängt a Spinnawöm åwer* Passau; *In die Deck howi an Haoung eigschlong* Schemm Dees u. Sell 203.– Phras.: °*i kunnt gei a d Deck nauspringa vor lauter Freid* Mammendf FFB, ähnlich °GAP.– *Iech kannt af Deck in tHäich springa!* „vor Zorn" O'wappenöst KEM, ähnlich °OB, °OP vereinz.;– *i kannt d'Deck weißn!* Pfeffenhsn ROL, ähnlich °OB, °OP vereinz.;– °*den hama aufitriem bis an dö Döck* „zornig gemacht" Ziegelbg RO.– °*Dem hab i d'Deck gweißt!* „verhauen" Seebarn NEN.– †Übertr. Behausung: *Domicilio ... decha* Benediktbeuern TÖL 12.Jh. StSG. I,521,26f.
7 †Deckel eines Gefäßes: *Reindel/ Sib/ Luck und Decken* Selhamer Tuba Rustica II,18.
8 Bedeckung allg.: „die an der *Decke* (Schaum über der Flüssigkeit) große Gasblasen entstehen ließ" Altb.Heimatp. 59 (2007) Nr.10,29; *Wenn der sam zeitig wirt, so tůt sich di deck selber auf* KonradvM BdN 450,1f.
Etym.: Ahd. *decka, deckî*, mhd. *decke* stf., Abl. von →*decken*; Pfeifer Et.Wb. 207.
WBÖ IV,1240-1243.

Komp.: [**Auf**]**d.**: *d'Aufdeck* Gedeck O'audf RO.

[**Bändlein**]**d. 1** Decke aus Stoffstreifen: °*Bandldegg* „aus zusammengewebten Stoffbändern" Neufraunhfn VIB.– **2** Fleckerlteppich, °OB vereinz.: *a Bandldöckn* Erding.

[**Bett**]**d. 1** Überdecke fürs Bett, Gesamtgeb. mehrf.: „*Bötdök* zum Zudecken tagsüber, *Duchad*, wenn man drin schläft" Aicha PA; *na seech i af da Beddeg, wei da Viahang so wachld* Altenthann R Oberpfalz 77 (1989) 357.– **2** wie →*D.*2, OB, NB, OP vereinz.: *Bettdecka* „Federbett" Valley MB; *Was hast gsagt, wiast mir die selbig Bettdeckn aufghängt hast? „Da legst di eine mit deiner Bäuerin"* Christ Werke 618 (Rumplhanni).
WBÖ IV,1243f.

[**Pferde**]**d. 1** Pferdedecke, OB, OP, OF vereinz.: *Pfadeckng* Naabdemenrth NEW.– **2** Satteldekke, OP vereinz.: *Pfadeckn* Schönkch TIR.
WBÖ IV,1244.

[**Boden**]**d.** wie →*D*.3, °OB, °OP vereinz.: °*a Bomdeck* Inzell TS; *dia gwurckta Boodadecka* Thaining LL Lech-Isar-Ld 12 (1936) 57.

[**Bögel**]**d.,** [**Bügel**]- Tuch über dem Bügelbrett, OB, NB, °MF vereinz.: *Bögldeckn hearichtn* Hengersbg DEG.
WBÖ IV,1244.

[**Hopfen-brocker**]**d.**: *hopfabrokadek* „Baumwolldecke, die der Bauer seinen Hopfenzupfern während der Ernte für die Nacht zur Verfügung stellte“ Meister Hallertauer Hopfenbauern 82.

[**Bruck(en)**]**d.** Bretterbedeckung einer Brücke, °Gesamtgeb. vereinz.: „auf *de Ensbam* (Längsbäumen) lag die *Bruckdeckn*“ Marktl AÖ.

[**Dachs**]**d.**: *Dachsdeck* Dachsfell Holnstein BEI.

[**Dackel(lein)**]**d.** Dim. **1** Decke für einen Dackel, °OB, °NB, °OP vereinz.: °*Dackerldeckerl* Kemnath.– **2** Gamasche: °*Dackldeckerl* „sehen ein bißchen wie eine Hundedecke aus“ Thanning WOR.

[**Tisch**]**d.** Tischdecke, °OB, °NB, OP, MF vereinz.: °*de Dischdeck is ja denkisch* [falsch herum] G'holzhsn RO; *vo dem Göld … deiner Muada a Tischdeck kafft* Lauerer I glaab, i spinn 54.
WBÖ IV,1244.

[**Tram**]**d.** Balkendecke, °OB, °OP vereinz.: *Tramdeck* Mchn.– Zu →*Tram* ‘Balken’.
WBÖ IV,1244.

[**Dübel**]**d.** Raumdecke aus nebeneinanderliegenden, mit Dübeln verbundenen Balken, °OB, °NB, °OP, OF vereinz.: *Diwldeck* Selb.
WBÖ IV,1244.

[**Fleck(e)lein**]**d. 1** wie →[*Bändlein*]*d*.1, OB, NB, OP vereinz.: *a Flecködeckn aufn Kamodkåstn* östl.NB.– **2** wie →[*Bändlein*]*d*.2, °OB, °NB, °OP vereinz.: °*a gwirgde Fleggeidegg* Rechtmehring WS.
WBÖ IV,1244f.

[**Floh**]**d.** Dim. **1** scherzh. wie →*D*.1, °OB, °NB vereinz.: °*Flohdeckerl* „Schlafdecke aufs Kanapee“ Frsg.– **2** wie →[*Dackel(lein)*]*d*.2, °OB, °NB, °OP vereinz.: °*Flohdeckerl* „für Halbschuhe“ Winklarn OVI.

[**Haar**]**d. 1** Haarschopf, (dichtes) Kopfhaar, °OB, °NB, °OP vereinz.: °*Hårdeck* Inzell TS.– **2** wie →*D*.4, °OB, °NB, °OP vereinz.: °*dös Roß hot a schöne Haardeck* Reichersbeuern TÖL.
WBÖ IV,1245.

†[**Hafen**]**d.** Topfdeckel: *V eysnein hafendechk* Piendl Hab und Gut 202; *2 hofer deckh* Utzenzell BOG 1633 BJV 1962,207.
WBÖ IV,1245.

[**Hirsch**]**d.** Hirschfell, OB, NB vereinz.: *Hirschdeckn* Deisenhfn M.
WBÖ IV,1246.

[**Höh**]**d. 1** wie →*D*.2: *Höideck* Piegendf ROL; „Federbett … *hę̄xdekh*“ Reichertshsn FS nach SOB VI,56f.– **2** wie →*D*.6: *Hejdeg* Zimmerdecke Santorn DEG.

[**Holz**]**d.** Raumdecke aus Holz, °Gesamtgeb. vereinz.: °*a Hulzdeckn* Poppenrth TIR.
WBÖ IV,1246.

[**Hunds**]**d. 1** Decke für einen Hund, °Gesamtgeb. vereinz.: „der Hund hat *a Hundsdeckng* zum Draufliegen und *a Hundsdeckal* als Kälteschutz“ Fürstenfeldbruck.– **2** Dim., wie →[*Dackel(lein)*]*d*.2, °OB, °NB, °OP, °MF vereinz.: °*Hundsdeckal* Ergolding LA.

[**Kopf**]**d.** Schädeldecke: *Khopfdeck* Sallingbg KEH.

[**Kummet**]**d.** lederner Überzug des Kummets, °OB vereinz.: °*Kammatdeckn* Teisendf LF; „Der obere Lederteil des Kummets wurde als *Kammatdecke* … bezeichnet“ Häring Gäuboden 86.

[**Kuvert(s)**]**d. 1** wie →[*Bett*]*d*.1, °Gesamtgeb. vereinz.: *Kuwertsdecka* Friedbg; *Kuvertdeckn* Mchn Volk u. Heimat 13 (1937) 289; *a guts Bett mit einer Couvertdecken und a par Maßl Bier* F. Pocci, Lustiges Komödienbüchlein, Bd 3, München 1869, 19.– **2** Zierbezug mit Ausschnitt über einer Steppdecke, °OB, °NB, OP mehrf., °Restgeb. vereinz.: °*Kuwerdeck* Parsbg MB.
WBÖ IV,1246.

[**Lauf**]**d.** Teppichläufer: *Laafdeckn* Staudach (Achental) TS.

[**Nudel**]**d.**: °*Nuldegg* „Deckel der Nudelpfanne“ Tittmoning LF.
WBÖ IV,1247.

[**Öber**]**d.** wie →*D.*6: *Iawadekn* Decke des Zimmers Kondrau TIR.

[**Rauch**]**d.** Abdeckung des Kohlenmeilers: *Rachdeck* O'audf RO; „Über dem Holz wurde nun eine *Rauchdecke* aufgebaut" Oberpfalz 92 (2004) 45.

†[**Rauh**]**d.** Pelzdecke: *1 Padt hemat, 3 Rauch döckhen* Traunstein 1634 BJV 1951,155.

[**Reh**]**d.** Rehfell, OB, NB vereinz.: „eine *Rehdeggn* ist gut gegen Aufliegen" Simbach PAN; „zwei *Rehdecken* in Papier eingewickelt" THOMA Werke VII,333 (Jagerloisl).
WBÖ IV,1247.

[**Riemen**]**d.** wie →[*Holz*]*d.*, °OP (v.a. N) mehrf.: °*a Remmerdeck* Eschenbach; *in seina rauchig'n Wirtsstu'm mit da niedrigen Remadeck* Wir am Steinwald 3 (1995) 142.

[**Riemling**]**d.** dass.: *Räamlöndeck* Neudf GRA; „schaut zur hölzernen *Riemlingdecke* hinauf" ANGERER Göll 235.

[**Rohr**]**d.** verputzte Zimmerdecke mit Schilfmatten, °NB vereinz.: °*Roadeck* Langquaid ROL; *Dö andan ham bo an Lo(ch) ön da Roadöckn obagschat* WALTINGER Ndb.Sagen 29.

[**Roß**]**d. 1** Decke für Pferde.– **1a** wie →[*Pferde*]*d.*1, OB, NB, OP, MF, SCH mehrf.: *Roßdeck* Pferdedecke Aicha PA; „die Fenster kann man nicht öffnen, weil sie mit *Roßdecken* verhängt sind" PEINKOFER Werke III,210.– **1b** wie →[*Pferde*]*d.*2, OB, NB, OP vereinz.: *Roßdeck* Satteldecke Höll WÜM.– **2**: *Rosdeck* Pferdefell Aspertsham MÜ.
WBÖ IV,1247.

[**Sattel**]**d.** wie →[*Pferde*]*d.*2, Gesamtgeb. mehrf.: *Solldegg* Hemau R; *säldekxn* nach SCHWEIZER Dießner Wb. 199.
WBÖ IV,1247.

[**Schädel**]**d.** wie →[*Kopf*]*d.*, Gesamtgeb. vereinz.: *Schödldeckn* Fichtelbg BT; *haut eahm mit Wucht an Prügl ... auf d'Schädeldeckn drauf* P. SCHALLWEG, Die Meistersinger von Miesbach, Rosenheim 1979, 59.
WBÖ IV,1247.

[**Ein-schlag**]**d. 1** Schutzbezug für das Oberbett, OB, NB, OP vereinz.: *Eischlagdeckn* Haunswies AIC.– **2** wie →[*Kuvert(s)*]*d.*2, °OB, NB, °OP, °OF vereinz.: °*Eischlochdeckn* Eslarn VOH.

[**Schul**]**d.** Schultasche, →*-theke*.

[**Seifer**]**d.**, [**Salfer**]- Dim., Kinderlätzchen, °OB, °NB, °OP, °SCH vereinz.: *Suiferdeckla* Hütting ND.– Zu →*seifern* 'Speichel rinnen lassen'.

[**Spund**]**d.** Holzdecke aus Balken u. eingenuteten Brettern, °Gesamtgeb. vereinz.: °*Spunddeckn* Eschenlohe GAP; „diese sogenannte *Spunddecke* ... herausgerissen" BEDAL Ofen 79.

[**Stepp**]**d.** Steppdecke, OB, NB, OP vereinz.: *åis Böttdöckn hanö a Stepdöckn* Mittich GRI; *Do könnt ma ihr ... aa paar schöne Steppdeckner ... kaffa* Altb.Heimatp. 51 (1999) Nr.42,25.
WBÖ IV,1247.

[**Stroh**]**d.** Strohmatte, OB, NB, OP, SCH vereinz.: *Stroudeckn* Grafenrd WÜM.
WBÖ IV,1247f.

[**Stuben(s)**]**d.**, [**Stub**]- **1** Decke der Wohnstube, OF, °MF mehrf., Restgeb. vereinz.: *Stummdeck* Staudach (Achental) TS; *von der Studeck* Neuenhammer NEW 2.H.19.Jh. Oberpfalz 1 (1907) 16.– **2** wie →*D.*3: °*a gwirkte Stumdeck* „Fleckerlteppich" Fronau ROD.
WBÖ IV,1248.

[**Über**]**d.** wie →[*Bett*]*d.*1, Gesamtgeb. vereinz.: *Ibrdöcki* Peiting SOG; *Überdecke* Rgbg KRETSCHMER Wortgeogr. 602.
WBÖ IV,1248.

[**Wagen**]**d.**, [**Wäglein**]- **1** Wagenplane, OB, NB, OP, MF vereinz.: *vergiß fei d'Wogndeck net!* Haag WS; „eine *Wagldecke* aufs Bett" LETTL Brauch 14.– **2** †Zierdecke für eine Kutsche: *1 negelfarbe wagendeckh* Rain SR 1547 Rgbg u. Ostb. 117 (Inv.).
WBÖ IV,1248.

[**Weiß**]**d.** geweißte, verputzte Zimmerdecke, °Gesamtgeb. mehrf.: °*Weißdegg* Wasserburg; *Derselm* [damals] ... *weils koa sej(ch)ne Weißdeck ... ghat hammant* KÖZ BJV 1952,27.– Phras.: *da kannst in d'Weißdeck affispringa* „das ist empörend" Altendf ESB;– *du platzt ... Iatz treibts di bis auf d'Weißdeck nauf* EHBAUER Faust 68.
WBÖ IV,1248.

[Zimmer]d. wie →*D*.6, °OB, NB, OP, MF vereinz.: *d'Zimmadöck* Iggensbach DEG; *im kellazimma klopft da olt vatta an d zimmadeckn* E.-M. SCHMITT, A. THYSSEN (Hg.), Einstellungen u. Positionen zur Mda.lit., Frankfurt a.M. 1993, 168 (H. Grill).

WBÖ IV,1248.

[Zu]d. auch N. (OF, dazu TIR). **1** wie →*D*.1, °OB, °NB, OP, SCH vereinz.: °*a Zuadöck* „Pferdedecke" Fischbachau MB; *Zoudeck* „Wolldekke" KOLLER östl.Jura 79.– **2** wie →*D*.2, °OB, °OP mehrf., °Restgeb. vereinz.: °*Zuadeck, Plümo* Grafing EBE; *a alts Zoudeck, waoun de Fädern scha zammbräislt warn* SCHMIDT Säimal 31.

SCHMELLER I,487.– WBÖ IV,1238, 1249. A.R.R.

Deckel

M. **1** Deckel eines Gefäßes od. Behältnisses, °Gesamtgeb. mehrf.: *heb an Dekl zua!* Wasserburg; *daß mr unddern Kocha ja bloas kuar an Deckl aufhebb* WÖLZMÜLLER Lechrainer 89; *Wagnerin ain deckll* Rgbg 1519 ZBLG 51 (1988) 781,415f. (Inv.).– Phras. *jmdm den D. vom Hafen tun* u.ä. die Meinung sagen, OP, MF vereinz.: *den howe n Dekl van Hofa dåu* Fürnrd SUL.– Ortsneckereien: „Fürstenzell (Passau) *Deckel über der Höll*'" BRONNER Schelmenb. 139;– auch für Tittling PA ebd. 142.– Auch Schalldeckel der Kanzel: *an Vermelte Canzl … auf dem Töckhel … 6 Frichtgeheng und 7 laubwerchpögen* Bernau RO 1694 JAHN Handwerkskunst 211f.;– Rätsel: *„Am a Deggl, unt a Deggl, und in da Mitt a fleischigs Breggl?* (Der Pfarrer auf der Kanzel)" ILMBERGER Fibel 32.
2 Schädeldecke: *auf seim Döckl auf seim broatn* Hengersbg DEG.– Phras.: *unter dem sein Dekl is lauta Stråu!* „er ist dumm" Passau.– *Eine auf den D.* kräftiger Kopfschlag, heftiger Verweis: °*wennsd niad afherst, hau i dia oane am Deckl* Ambg; *Ganz recht gschiecht's eahm, daß er oane auf'n Deckl kriagt hod* TOCHTERMANN Oiß wos Recht is 105.
3 Augenlid, °OB, NB, °OP vereinz.: *er braucht Schbreizzala, daß d'Dekkl niad zoufälln!* Fürnrd SUL.
4 Backofentür: *da Dökl werd mit der Spraizn festghaltn* Mittich GRI.
5 (alter od. auffälliger) Hut, °Gesamtgeb. mehrf.: °*wo håst dön heid dein Döckl lassn?* Wimm PAN; *tua oba amoi dein Deckl obar, daß i di richti siech* Chiemgau HuV 9 (1931) 358.
6 Taschenklappe, Patte: *Deckl* Rdnburg.
7 Schwanz des Hasen, v.a. jägersprl., NB vereinz.: *Döggl* O'diendf PA.– Phras.: *der hot an Deckl einzogn* „sich einschüchtern lassen" Perlesrt WOS.
8: *Döckl* Rieddeckel vom Rind Hengersbg DEG.
9 Fischkiemen, OB vereinz.: *Deckl* Wald AÖ.
10 Gendarm, auch in Phras. *grüner D.*, OB, NB, OP vereinz.: *da gröin Degl* Söllitz NAB.

Etym.: Mhd. *deckel* stm., Abl. von →*decken*; PFEIFER Et.Wb. 207.

WBÖ IV,1250-1253.

Komp.: **[Augen]d.** Augenlid, °Gesamtgeb. vielf.: °*dea schpands net, wia de andan mit de Aungdeckl schuablatln* [zwinkern] Mittich GRI; *den hänka d'Augndekl scho å* „er ist müde" Adlersbg R; *der Drach … hat die ledernen Augendeckel gelupft* ROHRER Alt-Mchn 17.– Phras.: *Wennsd ned parierst, kriagst a poor auf dAungdeggl!* [Androhung von Schlägen] ILMBERGER Fibel 17.

WBÖ IV,1253.

[Bahr]d. Sargdeckel, °OB, °NB, °OP, °MF vereinz.: *„an Buadeckl ånägln* tut der Totengräber" Tann PAN.

WBÖ IV,1254.

[Papp(en)]d. **1** Pappe, Karton, °Gesamtgeb. vereinz.: *aus Babbadegl* Beilngries; *von Doch haout der Wind die Zöigl oier, wöi wenns aas Pappadeckl gwest waan* SCHEMM Stoagass 27; *2 papierene Bickl Hauben … 3 Von Papendeckel Harnisch* 1796 Chron.Kiefersfdn 624.– **2** Ausweis, Zeugnis.– **2a** allg., °OP, SCH vereinz.: °*wo hostn den Papadeckl?* „Paß" Winklarn OVI.– **2b** Invalidenversicherungskarte, Arbeitspapiere, °Gesamtgeb. vielf.: °*du kåst da am Såmsta dein Papadeckl huln* „wirst entlassen" Sulzbach-Rosenbg.– **3** übertr.– **3a** Unsinn: °*schmus* [rede] *doch koin Pappadeckl* Sulzbürg NM.– **3b** gar nichts, in der Fügung *einen P.*, °OB, °NB, °OP mehrf., °MF vereinz.: °*dös geht di an Pappadeckl o!* Erding; °*was mägst? – an Pappadeckl kriagst!* Schönbrunn LA.– **3c** Ausruf.– **3cα** Ausdruck der Ablehnung, °OB vereinz.: °*ja Pappadeckl!* „was du sagst, stimmt nicht" Garching AÖ.– **3cβ** Ausdruck der Aufmunterung, °OB vereinz.: °*geh Pappadeckl!* „nimm's nicht so tragisch!" Reit i.W. TS.

WBÖ IV,1253f.

[Pfeifen]d. **1** Deckel auf dem Kopf einer Tabakspfeife: *die … gold- und silberplattirten Pfeifen-*

deckel Königlich-Baier. Polizey-Anzeiger von München 1824, 587.– **2** übertr.– **2a** von Menschen.– **2aα**: *Pfaifmdegge* „Offiziersdiener" Spr. Rupertiwinkel 72.– **2aβ** Schimpfw.: °*Pfaiffadeggl* Simbach PAN; *pfeifadeckl* „Schimpfwort (milder als Depp)" KILGERT Gloss.Ratisbonense 129.– **2b** wie →[*Papp(en)*]*d*.3b, in der Fügung *einen P.*, °OB, °NB, °OP vereinz.: °*du gröigst an Pfeifadeggl!* „gar nichts" O'wildenau NEW; *An Pfeifadeckl häjerst mäiher!* SCHEMM Dees u. Sell 40.– Auch : °*da kriagst dafür koan Pfeifadeckl* „nicht mal eine Kleinigkeit" Hfndf ROL.– **2c** wie →[*Papp(en)*]*d*.3cα, °OB, °NB, °OP vereinz.: *an Pfeiffadeggl!* „ätsch, nein" Erbendf NEW; *hab i'n nach am Sparbüchl gfragt. Ja Pfeiffadeckel* Mchn.Stadtanz. 18 (1962) Nr. 2,6.

WBÖ IV,1254.

[**Pfiffen**]**d.** wie →[*Papp(en)*]*d*.3b, in der Fügung *einen P.*, °OP, °OF vereinz.: °*an Pfifadeckl grejgst!* „nichts" Thiershm WUN.

[**Bier**]**d.** Bierdeckel, °Gesamtgeb. vereinz.: °*Bejadeggl* Kornburg SC.

WBÖ IV,1254.

[**Buch**]**d.** Buchdeckel, OB vereinz.: *da Buachdöckl* Ascholding WOR.

WBÖ IV,1254.

[**Taschen**]**d.** wie →*D*.6, °OB, °NB, °OP mehrf., °Restgeb. vereinz.: °*an Taschndeckö aufmacha* Taching LF; *Taschndeckl* „die eine Hosen- oder Rocktasche überdeckende Stoffklappe" SINGER Arzbg.Wb. 235.

WBÖ IV,1255.

[**Doppel**]**d.** vorderer u. hinterer Deckel der Taschenuhr, OB, NB, OP vereinz.: *an Ua mit an Doppädöckl* Mittich GRI.

WBÖ IV,1255.

[**Torf**]**d.** Bretterabdeckung des Torfhaufens: *Torfdeckl* Schloßbg RO.

[**Drauch**]**d.**, [**Drauf**]- wie →[*Bahr*]*d.*, °sö.NB mehrf.: °*der Draudeckl* Kumrt WOS.– Zu →*Drauch* 'Sarg'.

[**Ab-tritt(s)**]**d. 1** Toilettendeckel: °*muasd scho n Åbbdriddegl zuamåcha* Ebersbg.– Phras. *wie ein A.* u.ä. sehr großflächig, °OB, NB, OP vereinz.: *a Kotlett so groß wia-r-an Abtrittsdöggl* Reisbach DGF; *Dea hot Bradsn wia Obdritdeki* HELM Mda.Bgdn.Ld 41;– *a Gfris åis wia-r-a Abtrittdeggl* häßliches Gesicht Ingolstadt.– **2** übertr. große Hand, NB vereinz.: *Abtrittdöckln* „große Hände" Mengkfn DGF.

[**Trog**]**d.** Deckel des Backtroges, OB, NB, OP vereinz.: *Trochdekl, Bachtrochdekl* Beratzhsn PAR.

WBÖ IV,1255.

[**Truhen**]**d. 1** Sargdeckel, °OB, °NB, °OP, °SCH vielf., °MF vereinz.: °*der Drugadöggl* Garching AÖ.– **2** wie →[*Trog*]*d.*: *Truchadeckl* Mchn.

WBÖ IV,1255.

[**Garben**]**d.** Abdeckung für zusammengestellte Getreidegarben, °OB, °NB, °OP vereinz.: *Garbndeckl* Burglengenfd.

[**Hafen**]**d.**, [**Hefen**]- **1** Topfdeckel, °OB, NB, °OP, SCH vereinz.: °*Dampfnudln hocka se, wenn vom Håfadeckl a Dunst draf fallt* Rgbg; *so groß … wiar a Hafadeckl* FRANZ Lustivogelbach 8; *3 erdene hafendeckeln* Tölz 1800 StA Mchn BrPr. 11265,fol.1ᵛ (Inv.).– Phras.: °*dö hat a Brust wia a umdrahta Häfadeckl* „einen flachen Busen" Vornbach PA.– **2** übertr.– **2a** scherzh. Tschinelle, OB, MF vereinz.: *Hofadeckl* Willing AIB.– **2b** scherzh. großes Auge, OB, NB vereinz.: *deam honi a baar naufgäbe of seine Hafedöckl!* Hfhegnenbg FFB.– **2c** wie →*D*.5: *ho:fadeckl* „abfällig f. gebrauchten, spekkigen Hut" KILGERT Gloss.Ratisbonense 55.– **2d** häßliche Frau, °NB vereinz.: *oidda Håfadöggl* Mengkfn DGF.

WBÖ IV,1256.

[**Hänge**]**d.** schweres Augenlid, °Gesamtgeb. vereinz.: °*der hot richtige Hengdeckl* Endlhsn WOR.

[**Hirn**]**d.** wie →*D*.2: *i hau dö auffö a dain Handöggl!* Hzhsn VIB.

WBÖ IV,1256.

[**Hosen**]**d. 1** Taschenklappe, Patte der Hose, °OB, °NB vereinz.: °*Hosndeckl* Aibling.– **2**: *Hosndeckl* „Latz an der Lederhose" Beilngries.

WBÖ IV,1256.

[**Joppen**]**d.** Taschenklappe, Patte der Joppe, °OB, °NB, °OP vereinz.: °*mach dein Joppndeckl zua!* Flintsbach RO.

[**Kandel**]**d.** Deckel der Kanne (→*Kandel*), OB, NB vereinz.: *da Kå(n)ldekö* O'audf RO.
WBÖ IV,1256.

†[**Kanzel**]**d.** Schalldeckel der Kanzel: *ain Lamb auf den Canzl deckhl ... zeschneiden* Umrathshsn RO 1695 JAHN Handwerkskunst 399.

[**Kiemen**]**d.** wie →*D.*9, OP, MF vereinz.: *Kiemadegl* Fischkiemen Hirnstetten EIH.

[**Körblein**]**d. 1** Korbdeckel, OB, NB vereinz.: *da Keawödöckl* Mengkfn DGF.– **2** übertr.: *Körbideckln* abstehende Ohren Heiligkreuz TS.
WBÖ IV,1256.

[**Krug**]**d.,** [**Krüglein**]- Krugdeckel, Gesamtgeb. mehrf.: *Grouchdekkl* Fürnrd SUL; „Schnaderhüpfel: *Und da Kriagldeckl geht auf, und da Kriagldeckl geht zua, und i han halt mei Lebtag vorm Kriagldeckl koa Ruah!*" LETTL Brauch 144.
WBÖ IV,1256f.

[**Kruspel**]**d.** wie →*D.*9: *Kruschpidöckln* Fischkiemen Rinchnach REG.– Zu →*Kruspel* 'Knorpel'.

[**Kummet**]**d.** lederner Überzug des Kummets, °OB, °NB, °OP vereinz.: °*Kammatdeckl* N'bergkchn MÜ.

[**Larven**]**d.** Deckel der Zarge (→*Larve*) um den Mühlstein: °*Larvndeckl* Taching LF; „durch die Öffnung des *Larvendeckels*" Weidenhf VIT BJV 1951,167.

[**Luft**]**d.** wie →*D.*9: *Luftdeckel* Kiemen Pasing M.

[**Ab-ort**]**d. 1** wie →[*Ab-tritt(s)*]*d.*1, °OB vereinz.: °*Aboaddeggl* Wasserburg; *aboatdeckl* „Klodekkel" KILGERT Gloss.Ratisbonense 55.– Phras.: *Hände wie A.* u.ä. große Hände, °OB, °OP vereinz.: °*der hat Bratzn wia Abortdeckl* Thanning WOR; *A poar Pratzn haouta ghat wöi Abortdeckl* HEINRICH Gschichtla u. Gedichtla 26.– **2** übertr. wie →[*Ab-tritt(s)*]*d.*2, °OB, °OP, MF vereinz.: *Abortdeckl* Irlahüll EIH; *Abortdeckl* „große Hände" KOLLER östl.Jura 9.
WBÖ IV,1257.

[**Sarg**]**d. 1** wie →[*Truhen*]*d.*1, °Gesamtgeb. mehrf.: *an Sargdeckl zuamacha* Wasserburg.– **2** bergmannssprl.: *särgdeggl* „unverbundene Gesteinsschicht" OB HuV 16 (1938) 269.
WBÖ IV,1257.

[**Schabbes**]**d.,** [**Schaber**]- wie →*D.*5, °OB, NB, °OP, MF vereinz.: *Schabadeckl* Ingolstadt; *Da Hüata ... Ziagt glei sein' Schabasdeckl a'* SCHMIDT Altboarisch 36; *Ist schön zu sehen, wenns in Halskrausen und Schabesdeckeln ... verzweifeln* BUCHER Charfreytagsprocession 66.– Bestimmungsw. aus jidd. *schabbes* 'Sabbat'; DWB VIII,1946.
DELLING II,122.– WBÖ IV,1257f.

[**Schädel**]**d.** wie →*D.*2: *Schelldeckl* Rattenbg BOG.
WBÖ IV,1258.

†[**Schand**]**d.** Person od. Sache, die zur Bemäntelung einer Schande dient: *solches ungelerten ... völklins muß der hailig namen gotes ... schanddeckel sein* AVENTIN I,222,17-19 (Türkenkrieg).

[**Scheu**]**d.**: °*Scheudeckl* „Scheuklappen an der Halfter" Eresing LL.

[**Ge-schirr**]**d.** wie →[*Kummet*]*d.*, °OB, °NB, °OP, °SCH vereinz.: °*Gschirrdeckl* „Lederüberzug an der Spitze des Kummets" Straubing.

[**Schlag**]**d.** oberstes Querholz der Weblade, °OB, NB, °OP vereinz.: *Schlågdeckl* Wegscheid.

[**Schnecken**]**d.** Schneckenhaus, °OB vereinz.: °*Schneckndeggl* Dachau.
SCHMELLER II,567.

[**Uhr**]**d.** Deckel der Taschenuhr, OB, NB vereinz.: *Uadökl* Aicha PA.
WBÖ IV,1258. A.R.R.

deckeln
Vb. **1** mit einem Deckel verschließen.– **1a**: °*decklt is!* „Spruch, wenn einem die Augendeckel zufallen" O'piebing SR.– **1b** Waben mit Wachsdeckeln verschließen (von Bienen), °OB, °NB, °OP, °SCH mehrf., °Restgeb. vereinz.: °*de Wabm san decklt* Pittenhart TS; *deckelt ham s', d' Impen* CHRIST Werke 565 (Rumpelhanni).– **1c** auch refl., sich einhäuseln, von der Schnecke, °NB, °SCH vereinz.: °*döckln* Metten DEG.
2: °*deckln* „den Hut zum Gruß ziehen (Penälersprache)" Fürstenfeldbruck.

3 auf den Kopf schlagen: *hod n der däckld, der glangt für sei Leta* Nabburg.

Schmeller I,487.– WBÖ IV,1259.

Komp.: **[ab]d. 1** mit einem Deckel verschließen.– **1a** wie →*d.*1b, °OB, °NB, °OP vereinz.: °*d Impn toan odeckln* Fischbachau MB.– **1b** wie →*d.*1c: °*abdeckeln* Rgbg.– **2** (Waben) entdekkeln: *beim Honig schleidan muascht … d'Wabn … odeckln* M. Riedlberger, Loß da Zeit!, Aichach 1988, 9.– **3**: *den håb' i etz å̄deckelt* „beobachtet" Regenstauf R ZDL 57 (1990) 52.

WBÖ IV,1259.

[ein]d. 1 wie →*d.*1b, °OB, °NB, °OP vereinz.: °*sie ham scho eideckelt* Essenbach LA.– **2** refl., wie →*d.*1c, °OB, °OP mehrf., °NB, °MF, °SCH vereinz.: °*da Schnegg deggld se ei* Dachau.

[ent]d. wie →*[ab]d.*2, °OB, OP vereinz.: „mit der Gabel *entdeckln*" Halfing RO.

WBÖ IV,1259.

[ver]d. 1 †mit einem Deckel versehen: *ein verdegelte übergulte Schewr* [Pokal] 1538 Sammelbl.HV.Frsg 19 (1935) 69.– **2** wie →*d.*1b, OB, SCH vereinz.: *frdeklde Wåbm* Derching FDB.– **3** refl., wie →*d.*1c, °OP vereinz.: °*de Schneck haod se verdecklt* Gunzendf ESB.

WBÖ IV,1259f.

[über]d. wie →*d.*1b, °NB, °OP vereinz.: °*dö Wabm han ganz überdecklt* Fronau ROD.

[zu]d. 1 Waben mit Wachsdeckeln verschließen (von Bienen), °Gesamtgeb. vielf.: *da Imp hats Faß* [Bienenkorb] *guat zuadecklt* Staudach (Achental) TS.– **2** refl., wie →*d.*1c, °OB, °NB, °OP, °MF vereinz.: °*i ho a zoudecklte Schnäckn gfuna* Dietfurt RID.

WBÖ IV,1260. A.R.R.

decken

Vb. **1** mit einer Abdeckung versehen.– **1a** zudecken, bedecken, °NB, OP vereinz.: *a döckta Wågn* Hengersbg DEG; *deggn* Christl Aichacher Wb. 226; *wir schüllen auch den vorbenannten graben … tekchen mit staynen* 1359 Rgbg.Urkb. II,143.– **1b** mit einer Dachbedeckung versehen, Gesamtgeb. vereinz.: *mit Schindl deckchn* Kochel TÖL; *s Doch deckng* Floß NEW; *der daz hus dachit* 8./9.Jh. StSG. I,24,39; *wie er … seinem Befreundten/ einen Stadel decken helffen* Wunderwerck (Benno) 161.– Auch als Dachbedeckung verwenden, OB, NB vereinz.: *Plattn deckn* O'audf RO.

2 zum Essen decken, OB, NB vereinz.: *Tisch döcka* Rinchnach REG.

3 begatten, °OB, °NB, OP, SCH vereinz.: *d Gois is deckt* Schwandf; *deika* nach Lechner Rehling 172.– Auch von Menschen: *decken* U. Kanz u.a., Die Heimat auf der Zunge tragen, Regensburg 2012, 62.

4 finanziell absichern, °OB, °OP vereinz.: °*d Hypothek is niat deggt* Ambg.

5 jägersprl.: *d Sau deckn* „mit Gebell festhalten" Fürstenfeldbruck.

6 ohne große Streuung schießen (von Schrotflinten), jägersprl.: *s Gwea dekt guat* Kohlbg NEW.

Etym.: Ahd., mhd. *decken*, germ. Abl. von →*Dach*; Kluge-Seebold 184.

Schmeller I,487.– WBÖ IV,1262-1266.

Abl.: *-deck, Decke, Deckel, deckeln, Decker, -decket(s), -deckicht, Deckung.*

Komp.: **[ab]d. 1** wie →*d.*1a, NB, °OP vereinz.: °*decks Auto o, sinst haoust moang s Eis droa* Neuhs NEW; *d Erdn odeckn* Heinrich Gschichtla u. Gedichtla 63.– **2** die Bedeckung entfernen.– **2a** die Decke, das Bedeckende entfernen, °NB vereinz.: °*heid nochd ho i mi odeggd* „die Bettdecke verloren" Neufraunhfn VIB; *abDeken* Schönsleder Prompt. K7v.– **2b** die Dachbedeckung entfernen, OB, °NB, OP, SCH vereinz.: *dr Wind hod s Doch odeckt* Derching FDB; *muass da Wind so stoag wacheln, dass er d'Dacha odeckt* Bay.Wald B. Kreuss, Grenzwerte, Freyung 2011, 129; *Bachöffen sollen in negster Wochen abgedeckt werden* Kchnreinbach SUL 1620 Hartinger Ordnungen II,658.– **3** (Tisch) abräumen: *an Tisch åbdecka* Fürstenfeldbruck; *Abdeckt, und Karten her* Schreger Speiß-Meister 25.

Schmeller I,487.– WBÖ IV,1266f.

[auf]d. 1 wie →*d.*2, OB, NB, OP, SCH vereinz.: *fü wüavü Leit hast aufdeckt?* O'audf RO; *für ə̀əm aufdéckə˜* OB Schmeller Mda. 499.– **2** die Bedeckung entfernen.– **2a** wie →*[ab]d.*2a: *n Hopfa afdeckng* Fürnrd SUL; *Moasta, derf i bei ihr alles aufdecka?* A.-M. Fischer-Grubinger, Mein Leben mit Karl Valentin, Rastatt 1982, 99; *auf techken* Indersdf DAH 1419 Voc.ex quo 759.– **2b** †wie →*[ab]d.*2b: *die zwen grossen thuren an dem newen schloß, die der groß winde aufgedeckt hatt* Ingolstadt 1490 Sammelbl.HV.

Ingolstadt 99 (1990) 185.– **3** (Spielkarten) mit der Bildseite nach oben hinlegen: *a ganz a neus Kartnspui mit a'm aufdecktn Solo* Altb.Heimatp. 66 (2014) Nr.6,25.– **4** (Verborgenes) bloßlegen, enthüllen: *aufdecken* „Verborgenes bekannt machen" Passau; *mitm Sherlock Holmes Kriminalfäll aufdecka* H. Zöpfl, Zum G'sundlachen, Rosenheim [18]2009, 42.

WBÖ IV,1267f.

[**ein**]**d.** **1** wie →*d.*1b, °OB, °NB, OP vereinz.: *s Dåch muaß eidöckt wean, wanns einaröngt* Hengersbg DEG; *ai*ⁿ*tekxn* „Dach eindecken" Schweizer Dießner Wb. 9; *die … ruinierte Tachung völlig abtragen und von neuem eindeckhen* 1720 Wagner Kapfelbg u. Poikam 127.– **2** refl., sich mit Vorräten versehen, °NB vereinz.: °*eidegga* Neufraunhfn VIB; *Mit Sprengstoff samma jetza eideckt* G. Polt, Circus Maximus, Zürich 2002, 60.– Phras.: *guat eideckt* „wohlhabend" Wiefelsdf BUL, ähnlich OB, NB vereinz.– **3** verprügeln, °NB, °OP vereinz.: °*den hab i eideckt*! Weiden.

Schmeller I,487.– WBÖ IV,1269f.

[**ver**]**d.** **1** bedecken, zudecken (u. der Sicht entziehen), OB, NB, OP vereinz.: *d Sun fedöckt sö* Mittich GRI; *Wird's ganz schwoarz âm Himmë. Ojjs vo'dëckt* Haller Frauenauer Sagen 140; *di mawren mit newen pretern verdecken* 1501 Sammelbl.HV.Ingolstadt 99 (1990) 197; *laß es in einem verdeckten Hafen braten* Schreger Hausapotheke 54.– **2** †mit einer Abdeckung versehen.– **2a** mit Verdeck versehen: *ain verdecks Spanpett mit ainem furhang* 1495 Stadtarch. Rgbg Inv. Aman,fol.4[v]; *Mir haben auch den herrn von Terring vmb sein verdëkhtes schiff lassen ansprëchen* 1609 Haidenbucher Geschichtb. 9.– **2b** mit einem Deckel versehen: *1 klainer, vergulter, verdackter pecher* Rgbg.Judenregister 127.– **3** übertr. unbemerkt machen: *daz er … alle unser sůnte verdacht* O'altaicher Pred. 125,7f.; *figura est … verkerung, verendrung der redt … verdeckte wort* Aventin I,497, 33-498,1 (Gramm.).

Schmeller I,487.– WBÖ IV,1270-1272.

Mehrfachkomp.: [**boden-ver**]**deckt** so weit bedeckt, daß der Boden des Trinkgefäßes nicht sichtbar ist, °OB, °NB vereinz.: °*iatz håbö scho wida bomvadeckt* Wimm PAN; *Oa Glasä … deafi da scho no eischengga, gej? … Awa grod boonvodeggd* Höfler Bair.gredt 78.

WBÖ IV,1272.

[**um**]**d.** **1** (Dach) neu decken, °OB, °NB vereinz.: „Schindeldächer alle vier Jahre *umdecka*" Grafing EBE.– **2** wie →[*ein*]*d.*3: °*dean håbi richti umdeckt* „verprügelt" Eresing LL.

WBÖ IV,1273.

[**zu**]**d.** **1** wie →*d.*1a., °Gesamtgeb. vereinz.: *deck di zua!* O'alting STA; *s Mistböttl zuadöckha* Mittich GRI; *De oitn Roß muaß ma guat zuadecka!* Haltmair G'rad mit Fleiß 51; *leit er sich selb in daz grap und hiezz erz zů dekchen* O'altaicher Pred. 21,29f.; *die gräben zudeken* Schönsleder Prompt. K7[v].– Auch: *laß di zuadecka!* laß dich begraben Aibling.– Mit Dünger bedecken, OB vereinz.: *miasbma an Woaz zuadeka* „auf die junge Saat düngen" Erding.– **2** refl., wie →[*ver*]*d.*1, OB, NB vereinz.: *da Himö is zuadökt* Aicha PA.– **3** betrunken machen: *schö zuadeggt* „schwer betrunken" Fürstenfeldbruck; *vberweint vnnd zudeckt worden* Schönsleder ebd. K8[v].– **4** wie →[*ein*]*d.*3, °NB, °OP vereinz.: °*den håb i gscheid zuadeckt* Sallach MAL; *I wer di'na glei zuadecka!* A.-M. Fischer-Grubinger, Mein Leben mit Karl Valentin, Rastatt 1982, 99.– **5** zurechtweisen, einschüchtern, °OB, °NB, OP vereinz.: *oan zuadöka* Aicha PA; *Däan decke öitza amal zou* „sage ich … die Meinung" Singer Arzbg.Wb. 279.– **6** †: *Zuedecken einen* „in Unglück bringen" Zaupser Nachl. 44.

Delling II,217; Schmeller I,487; Westenrieder Gloss. 693; Zaupser Nachl. 44.– WBÖ IV,1273f. A.R.R.

Decker

M., Dachdecker: °*am Mounda kumma d Decka* Windischeschenbach NEW; *umb Schindl auf den Stal … einen Dekcher* Ingolstadt 1392 Freyberg Slg II,120.

Etym.: Ahd. *deckâri*, mhd. *deckære* stm., Abl. von →*decken*; WBÖ IV,1275.

WBÖ IV,1274f.

Komp.: [**Ab**]**d.** Abdecker, Wasenmeister, °OB, °NB, OP vereinz.: °*da Ådegga* Ebersbg; „Bei Krankheiten laufen sie zum *Abdecker*" Kraiburg MÜ Hazzi Aufschl. III,844; *des … hingerichten Wolfen Mauers corpel … dem abdecker zuvergraben bezahlt 2 s dn* Vilsbiburg 1611 Helm Obrigkeit 83.

WBÖ IV,1275f.

[**Dach**]**d.** wie →*D.*, Gesamtgeb. vereinz.: *Dochdecka* Ascholding WOR; *Dochdegga* Ilmberger Fibel 47; *dachdecker* 1.H.15.Jh. Voc.ex quo 2383.– Phras.: °*des kost macha wej a Dochdögga*

„nach Belieben" Rottendf NAB, ähnlich Kaps Welt d.Bauern 47;– erweitert: °*dös kost mâcha wia da Dåchdögga – omblaim oda åbaschdaign* Straubing, ähnlich °NB, °SCH vereinz.

WBÖ IV,1276.

Mehrfachkomp.: [**Stroh-dach**]**d.** Dachdecker für Strohdächer: *Stroudachdegga hods extrögö göm, dös hod ma guad kina mejssn* Kerscher Waldlerleben 131.

[**Doppel**]**d. 1** Doppeldecker, Flugzeug, °OB vereinz.: °*wo d Fliaga mid Dobbee- und Dreideegga aufarananda gschossn ham* Reichenhall.– **2** Libelle, OB, NB, OP vereinz.: *Doppeldecker* Eitenshm IN; *Dobbedegga* N'höcking LAN DWA II,16.

WBÖ IV,1276.

[**Ein**]**d.**[1] wie →[*Ab*]*d.*: *Eindecker* Pasing M.

[**Ein**]**d.**[2] **1** Flugzeug mit einfachen Tragflächen, OB, NB, OP vereinz.: *Oadöka* Ascholding WOR.– **2**: *Oadeka, Zwiedeka* „Einmark- und Zweimarkschein" Naabdemenrth NEW.

WBÖ IV,1276.

†[**Schanden**]**d.** Person od. Sache, die zur Bemäntelung einer Schande dient: *got mues unser schandendecker sein* Aventin IV,681,31f. (Chron.).

[**Schiefer**]**d.** Dachdecker für Schieferdächer, OF vereinz.: *Schifadecka* Selb.

WBÖ IV,1277.

[**Stroh**]**d.** wie →[*Stroh-dach*]*d.*: *Schdraodekka* „früher hochgeschätzt" Fürnrd SUL.

WBÖ IV,1277. A.R.R.

-decket(s)

N., nur in Komp.: [**Ab**]**d.**: °*heia håbö fei nå koa Åbdöckats füa meine Böttl im Goadn* „nichts, womit ich zudecken könnte" Wimm PAN.

†[**Bett**]**d.** wohl Überdecke fürs Bett: *Bettdecket* Delling I,68.

Delling I,68.

[**Zu**]**d.** Oberbett, OB, OP vereinz.: *Zoudeckad* Konnersrth TIR; *da Dieanstbua … schlagt de Dirna übas Zuadeckat* Strobl Feiertäg 92.

A.R.R.

teckicht, teigig, matschig, →*tegicht*.

-deckicht

Adj., im Komp.: [**grau**]**d.**: *der is schon graabdeckat* grauhaarig Finsing ED. A.R.R.

Deckung

F., Schutz gegen Sicht od. Beschuß, NB, OP vereinz.: *as Wild soucht a Deckung* Kohlbg NEW.

Etym.: Mhd. *deckunge* stf., Abl. von →*decken*; WBÖ IV,1279.

WBÖ IV,1279. A.R.R.

Ded, Pate, →*Töte*.

dede

Abschiedsgruß, kindersprl., °OB, °NB, °OP vereinz.: °*itz mach schee dädä zun Opa!* Rosenhm; *de-dee* „sagen die Kleinen, wenn sie winken gelernt haben" Schilling Paargauer Wb. 91.– Phras. *d. gehen* / *fahren* spazieren-, weggehen / -fahren, °OB, °OP vereinz.: °*gej, gemma dedee* Schmidmühlen BUL.

Etym.: Verkürzt aus →*ade* in Wiederholung; Schw.Id. XII,29. A.R.R.

Dedel[1]

M., langweiliger, umständlicher Mensch, °OB, °OP vereinz.: °*bis a rechta Döidl!* „umständlich, tolpatschig" Weiherhammer NEW; *Dedl* „langweiliger, dummer Mensch" Binder Saggradi 40.

Etym.: Kurzf. von PN *Thaddäus* (→*Thaddädl*) od. →*Theodor*, mit volksetym. Anschluß an →*töten*; vgl. WBÖ IV,1280.

WBÖ IV,1280f.

Abl.: *dedeln*[1], *Dedler*. A.R.R.

Dedel[2], geweihte Medaille, →*Agnus dei*.

dedeln[1]

Vb., die Zeit vergeuden, trödeln, °OB, °OP vereinz.: °*der dellt!* N'bergkchn MÜ.

WBÖ IV,1281f.

Komp.: [**um-ein-ander**]**d.** dass., °OB, °OP vereinz.: °*dedl net sovil umananda!* Schongau.

WBÖ IV,1282. A.R.R.

dedeln[2], (Fässer) dicht machen, →*dechteln*[1].

dedeln[3], muffig riechen, →*töteln*.

Dederer
M., langweiliger, umständlicher Mensch, °OB, °OP vereinz.: °*a oida Dedara* Wildenroth FFB.

Etym.: Wohl Abl. zur selben Wz. wie →*Dedel*[1], mit volksetym. Anschluß an →*Töter*. A.R.R.

Dederl, junge Gans, →*Töter*.

Dederling[1], **Dedling**
M. **1** Mensch.– **1a** langweiliger, arbeitsscheuer, schwacher Mensch, °OB, °NB, °OP vereinz.: *da Dederlen låußt åis ge* Mittich GRI; °*a Dejlen* Umstandskrämer Seebarn NEN; *Su a begglat's* [kränkliches] ... *Ding ... a Dödaling* LAUTENBACHER Ged. 8.– **1b** Spitzbub, frecher Kerl, °NB, °OP vereinz.: °*Dederling* Lausbub Schönbrunn LA.
2 Kuhfladen, °OB, °NB vereinz.: °*Dederlen* Pleinting VOF.
3 Rotz, Spucke.– **3a** Rotzglocke, °OB, °NB, °OP vereinz.: *da Dedaleng* Mittich GRI.– **3b** Auswurf, °NB vereinz.: °*håt dea an Dedalin highaut då* Passau.

Etym.: Wohl Abl. zur selben Wz. wie →*Dedel*[1], mit volksetym. Anschluß an →*Töterling* 'Giftpilz, krankes Tier', in Bed.2 auch Spielform von gleichbed. →*Lederling* möglich.

DELLING I,118; SCHMELLER I,633; WESTENRIEDER Gloss. 98.– WBÖ V,133 (Töderling), 212f. (Töterling, Tötling).

Komp.: [**Kuh**]**d.,** [**Kühe**]**- 1** wie →*D.*2, °OB, °NB vereinz.: *a lena* [weicher] *Küadedalen* Hiesenau PA.– **2** Birkenröhrling (Boletus scaber), °NB vereinz.: *Küahdedalön* Metten DEG; *kuadēdaleŋ* nach KOLLMER II,184. A.R.R.

Dederling[2], Giftpilz, krankes Tier, →*Töterling*.

Tedeum
N. **1** Preislied zum Lobe Gottes: °*Tedeum* Inzell TS.
2 Podagra, °OB vereinz.: *s Tedeum habm* Mchn.

Etym.: Vom Anfang des Lobgesangs *te deum laudamus*; vgl. Rheinisches Wb., Bd 8, Berlin 1964, 1118f.
A.R.R.

tedi(n)gen, gerichtlich verhandeln, →*teidingen*.

Dedler
M., langweiliger, umständlicher Mensch, °OB, °NB vereinz.: °*da Dedler bringt nix firti* Inzell TS.

WBÖ IV,1281 (Dedeller). A.R.R.

Dedling, schwacher Mensch, →*Dederling*[1].

Tee
M. **1** Kräuterblätter, Früchte, Blüten für einen Absud, Aufguß: *Tee* Passau; *Halsame Tej hat unser Hejta dahoam* SIEBZEHNRIEBL Grenzwaldheimat 61.– Phras.: *römischer T.* Frühlingsheide (Erica carnea): *Römischer Tee* Chiemgau MARZELL Pfln. II,273.– †*Deutscher T.* Echter Ehrenpreis (Veronica officinalis): „Ehrenpreiß wird *der Teutsche Thee* genennt" SCHREGER Speiß-Meister 171.
2 Aufgußgetränk.– **2a** Genuß-, Heilgetränk allg., °Gesamtgeb. mehrf.: °*na grejgst a Kafeezerl oda a Hafal Tee* Hausen KEH; °*i mach ma a Tasserl Tee* Neuburg; *für an iads Wehweh woaß d'Schalknmuatta ... an Dee* DINGLER bair. Herz 107; „Die Milch soll man ... gleich dem *Thee*, mit Zucker trincken" SCHREGER ebd. 121f.– **2b** best. Menge od. einzelne Portion Tee, °OB, °NB, °OP vereinz.: °*a Teezerl waar recht* Bichl TÖL; *na saufst an Däh* Neustadt KEH.– Phras. *seinen T. haben / kriegen* zurechtgewiesen, bestraft werden, OB, NB vereinz.: *dea kriagt sein Deeh, bal* [wenn] *a hoamkimmt!* „einen strengen Verweis" Staudach (Achental) TS; *der hād sein Tee* „hat Schläge gekriegt" Mengkfn DGF; *Kriagst dein Tee scho!* CHRIST Bayern II,51;– °*jetz hast dein Tee!* „etwas Unerwünschtes erreicht" Schongau.

Etym.: Aus nl. *thee*, chinesischen Ursprungs; KLUGE-SEEBOLD 911.

Ltg, Formen: *dę̄*, vereinz. veralt. *dęi* (KÖZ; WUN).– Dim. in Bed.2b erweitert *dę̄dsal* (LF, TÖL; BOG, KEH; KEM, PAR, WÜM), *dę̄dšal* (ED, M, TÖL, TS; R), vgl. WBÖ IV,1182, ferner oft kindersprl. od. scherzh. *dę̄al* (LAN; AM, SAD), *dę̄la* (LL), *dę̄le* OB (dazu PAN; AM).

SCHMELLER I,574.– WBÖ IV,1182-1186.

Komp.: [**Schab-áb**]**t.** Schafgarbe (Achillea Millefolium), °NB, °OP vereinz.: *Schowatee* Geiselhöring MAL.– Zu →[*Schab*]*áb* 'dass.'.

WBÖ IV,1186.

[**Adoramus**]**t.** etwas, um das man jmdn am 1. April schickt: °*an Adoramustee oder an Bene-*

dizimustee Nabburg; „man läßt *Adoramustee* und *Benedizimustee* holen" BRONNER Sitt' 148f.

[**Anis**]**t.** Heiltee aus Samen des Anis: „*ǭnasdē* … kleinen Kindern zur Beruhigung bei Leibschmerzen verabreicht" nach DIETL Erg. Schmeller I,20.
WBÖ IV,1186.

[**Brom-beer**]**t.** Heiltee aus Brombeerfrüchten, NB vereinz.: *n Bråwadé måucha* Mittich GRI.

[**Kirsch-lor-beer**]**t.** wohl Heiltee aus Kirschlorbeer: *Keaschlarwathee* „gegen Husten" O'audf RO.

[**Brom-beer-blättlein**]**t.** Heiltee aus Brombeerblättern: *Bråwabladltee* Aicha PA.
WBÖ IV,1187.

[**Huf-blättlein**]**t.** Heiltee aus Huflattichblättern: °*Hufblattltee* „für Umschläge für offene Füße" Attenhsn LA.

[**Lind(en)-blühe**]**t.**, [**-bluh**]- Lindenblütentee, OB, NB, OP, SCH vereinz.: *Linabluadee* Hohenlinden EBE.
WBÖ IV,1188.

[**Schlehen-blühe**]**t.** Heiltee aus Schlehenblüten, OB, NB, OP vereinz.: *Schlejchablüithee* Beilngries.
WBÖ IV,1188.

[**Blümlein**]**t.** Kräutertee: „Ein aus Gesundheitskräutern hergestellter Tee … *Bleamål:dee*" CHRISTL Aichacher Wb. 77.

Mehrfachkomp.: [**Heu-blumen**]**t.**, [**-blümlein**]- Heiltee aus Heublumen, °OB, NB vereinz.: °*Heibloamadee* Ebersbg.
WBÖ IV,1188.

[**Blut**]**t.** wohl Sandhohlzahn (Galeopsis ochroleuca): °*Bluattee* „Hohlzahn, Blutreinigungsmittel" Wimm PAN.
WBÖ IV,1188.

[**Brust**]**t. 1** Brusttee, OB, NB, OP, SCH vereinz.: *a Bruschdtee* Derching FDB.– **2** dafür geeignete Kräuter, in Phras. *ein Armvoll B.* (vollbusige) Frau, Umarmung od. Liebesspiel mit ihr, OB, NB, °OP vereinz.: °*a Oarm vull Brusttee richt dean schnell wieda aaf* Wdsassen TIR.
WBÖ IV,1189.

[**Eibisch**]**t.** Eibischtee, OB, NB vereinz.: *Eiwischdeeh* Staudach (Achental) TS; *Weinbeerln und Eibischtee* DINGLER Handwerksleut 56.
WBÖ IV,1189f.

[**Eier**]**t.** Heiltrank aus rohen Eiern u. warmem Wasser, Bier o.ä., °OB, °SCH vereinz.: °*da Oartee hat mi wieder zamgricht* Ried FDB.

[**Extra**]**t.** in Phras. *einen E. kriegen* zurechtgewiesen, bestraft werden: *wer net mitgeht, der kriagt an Extratee!* CHRIST Bayern III,62.

†[**Drei-faltigkeits**]**t.** Maßliebchen (Bellis perennis): „*Dreifaltigkeits-Thee* … Bellis perennis (gegen Fraisen)" OB BzAnthr. 13 (1899) 95.
WBÖ IV,1190.

[**Fieber**]**t.** wie →[*Schab-áb*]*t.*: °*Fiabatee* Schafgarbe Pöcking STA.

[**Frauen**]**t. 1** Heiltee gegen Frauenleiden, °OB, NB vereinz.: °*Frauatee* „aus Johanniskraut" Walleshsn LL; „ein *Frauentee* gegen Bleichsucht" DEG MARZELL Volksbot. 154.– **2** Tüpfelhartheu (Hypericum perforatum): *Frauatee* Deuerling PAR MARZELL Pfln. II,951.

[**Schaf-garben**]**t.** Heiltee aus Schafgarbenblüten, °OB, NB vereinz.: °*da Schåfgarmtee is hante* Nandlstadt FS.
WBÖ IV,1191.

[**Gumillen**]**t.** →[*Kamillen*]*t.*

[**Holler**]**t.** Holundertee, °OB, NB, OP vereinz.: „gegen Rotlauf *Hollatee trinka*" Hengersbg DEG.
WBÖ IV,1192.

[**Hopfen**]**t.** scherzh. Bier: °*Hopfatee* Scheyern PAF; *na tringst an Lita Hopfatee* SCHWEIGER Hopfazupfa 149.

[**Jäger**]**t.** Tee mit Rum: °*a Jagatä* Birnbach GRI; *Jaagatä* BINDER Bayr. 101.
WBÖ IV,1193.

[**Kaiser**]**t. 1** wie →[*Eier*]*t.*, °OB, °NB, °OP vereinz.: °*i mecht an Kaisertee* Fronau ROD; *Kaisertee* W. BACHMEIER, Boarisch kocht, Hohen Neuendorf 2014, 173.– **2** Silberwurz (Dryas octopetala): *Kaisertee* Berchtesgaden MARZELL Pfln. II,173.
WBÖ IV,1193f.

[**Kamillen**]**t.** **1** Kamillentee, °Gesamtgeb. vereinz.: *Gumejnde süin, in Dampf in Hois nolåun!* „hilft gegen Halsentzündung" Beilngries; *Mir trinkn as ganze Gaouher blaouß Gamülntee!* Schemm Dees u. Sell 140.– **2** Echte Kamille (Matricaria chamomilla), OB, °NB vereinz.: *Kamuinthee* St.Alban FS.
WBÖ IV,1193.

[**Krämpelein**]**t.** Heiltee aus Flechten: „wird die Schildflechte als *Kramperltee* bei Krankheitsanfälligkeit getrunken" Stadlbauer Heilpflanzen Opf. 129.– Klammerform aus *Krämpeleinmiestee* 'Tee aus Isländischem Moos'; vgl. Marzell Pfln. I,905f.
WBÖ IV,1194.

[**Kräuter**]**t.** wie →[*Blümlein*]*t.*, OB, NB vereinz.: *a Kreiterdee* „Blutreinigungsmittel" Finsing ED.
WBÖ IV,1195.

[**Kümmel**]**t.** Heiltee aus Kümmelsamen: „war der *Kümmeltee* ein vielgebrauchtes Mittel in der Wochenstube" Stadlbauer Heilpflanzen Opf. 45.
WBÖ IV,1195 (Kümm-).

[**Leber**]**t.** **1** Heiltee aus Leberblümchenblüten, °OB, °NB vereinz.: °*Lebertee* Passau.– **2** Leberblümchen (Anemone Hepatica), °OB, °NB vereinz.: *Lebertee* Kchdf FS.

[**Linden**]**t.** wie →[*Lind(en)-blühe*]*t.*: *Lindntee* Mengkfn DGF.
WBÖ IV,1195.

[**Mai**]**t.** **1**: *Moithee* „Blutreinigungstee, den man im Mai trinkt" Mittich GRI.– **2** Ackerwachtelweizen (Melampyrum arvense): *Maitee* Altendf ESB.

[**Mannen**]**t.** wie →[*Schab-áb*]*t.*: *Mannertee* Schafgarbe Lindkchn MAI.

[**Minzen**]**t.** **1** Tee aus Minzarten: *Münzntee* Hengersbg DEG.– **2** Minzart.– **2a** Krauseminze (Mentha crispa), OB, NB vereinz.: *Minzntee* Euernbach PAF.– **2b** wohl Bachminze (Mentha aquatica), in Phras. *wilder M.*: *wöida Mindsntee* Hallbergmoos FS.
WBÖ IV,1196.

Mehrfachkomp.: [**Pfeffer-minz**]**t.** Pfefferminztee, OB, °OP, SCH vereinz.: °*dea haout seini Leit suagaoua aam Föld nea an Pfeffaminzdee gem!* Neuhs NEW.
WBÖ IV,1196.

[**Nerven**]**t.** Gänserich (Potentilla anserina): *Nerventee* Pressath ESB Marzell Pfln. III,1009.

[**Blut-reinigungs**]**t.** Blutreinigungstee, Gesamtgeb. vereinz.: *a Bloutreinichingsthee* Vohenstrauß.
WBÖ IV,1197.

[**Römer**]**t.** Frühlingsheide (Erica carnea): *Römertee* Chiemgau Marzell Pfln. II,273.

[**Blut-rosen**]**t.**: *Bluadråusndee* „Klatschmohntee zur Blutreinigung" Höhenstadt PA.

[**Schlehen**]**t.** wie →[*Schlehen-blühe*]*t.*, OB vereinz.: *Schleatää* Ingolstadt.

†[**Sebastians**]**t.** Heilmittel aus Fliegenholz: „*Sebastians-Thee* ... Fliegenholz" OB BzAnthr. 13 (1899) 81.

†[**Stephanien**]**t.** Echtes Lungenkraut (Pulmonaria officinalis): *Stefanienthee* OB ebd. 117.

[**Wermut**]**t.** Wermuttee, OB, NB, SCH vereinz.: *Warmunddeeh* Staudach (Achental) TS.
WBÖ IV,1199f.

[**Haar-wutzel**]**t.** Heiltee aus Hagebutten (→[*Haar*]*wutzel*): °*des is a guada Hoarwuzltee* Steegen WÜM; „Der aromatische *Hoawuzltee* ... bei Blasen- und Nierenleiden" Stadlbauer Heilpflanzen Opf. 22. A.R.R.

Defel

F. **1** auch M. (LF), Mund, °OB, °MF vereinz.: °*hoit oamoi dein Defi!* Weildf LF.
2 geschwätzige Frau, °OB (v.a. SO) mehrf.: °*de is da vileicht a Defe!* Taching LF; „Ein harmlos geschwätziges Frauenzimmer ist eine *Däfe*" Tacherting Heimatb.TS 37. A.R.R.

defeln

Vb. **1** reden, schwätzen.– **1a** reden, °OB vereinz.: *dö döfat durch d'Nosn* Röhrmoos DAH.– **1b** viel reden, schwätzen, °sö.OB mehrf., °NB, °OP vereinz.: °*dea deflt vil, wenn da Tog lang is* Vilzing CHA; *dēfen* Brünner Samerbg 162.–

1c lallen, stammeln, °OB, °NB vereinz.: °*defln* „nicht richtig sprechen, stammeln" (Ef.) H'schmiding WOS.
2 †: „Klöpfeln, der Bube *täffelt* den ganzen Tag" 1794 ZDL 54 (1987) 333 (Nachtr.Zaupser).

Etym.: Wohl zur selben germ. Wz. wie an. *þefja* 'schlagen' mit Grundbed. 'klopfen'; Maak, in: ZDL 42 (1975) 194f.

Schmeller I,491.– WBÖ IV,1285.

Abl.: *Defel*, *Defler*.

Komp.: [**zu-sammen**]**d.** wie →*d.*1b, °OB, °NB vereinz.: °*defed der wieda an Zeig zam!* Gangkfn EG. A.R.R.

defendieren
Vb., refl. **1** sich verteidigen, rechtfertigen, OB, NB vereinz.: *brauchst di gar nöt z'defentiarn* Passau; *Defadiern* Oberpfalz 7 (1913) 117.
2 †mit Waffen verteidigen: *mit vorwant, das wir uns selbsten gegen tiroll … defendieren miessten* 1705/1706 Schelle Bauernleben 74.

Etym.: Aus lat. *defendere*; WBÖ IV,1285.

WBÖ IV,1285.

Komp.: [**ver**]**d.** refl., wie →*d.*1, NB, MF vereinz.: *sö vodefentian* Passau; *sich vadefadian* Singer Arzbg.Wb. 248.

WBÖ IV,1285f. A.R.R.

Deferer, -erner
M. **1** Vielredner, Schwätzer, °OB vereinz.: °*a Däfera* Halfing RO.
2: °*a Döferner* „spricht undeutlich, mit Zungenschlag" Klenau SOB. A.R.R.

defern
Vb.: *devan* „lallen (wie Kinder)" Unterer Bay. Wald Kollmer II,322.

Etym.: Abl. zur selben Wz. wie →*defeln*; WBÖ IV, 1286.

WBÖ IV,1286.

Abl.: *Deferer*. A.R.R.

Defler
M., Vielredner, Schwätzer, °OB, °NB, °SCH vereinz.: °*da Lenz is a oida Defja* Weildf LF; *dēfiɒ* Brünner Samerbg 163. A.R.R.

Tegel[1], **-ng-, -rg-**
M. **1** Tegel, Lehm, Ton, °Gesamtgeb. vielf.: *do geht lauta Tegl hea* „mergeliger Boden" Hundham MB; °„der Hafner verarbeitet *Loam* und *Degl*" Laaber PAR; *blawa Degl* Hersbruck; „Den *Degl* … holte man sich mit dem Ochsenfuhrwerk aus dem nahen Steinburg [BOG]" Kerscher Handwerk 75; *So soll derselb ain visier* (Modell) *machenn von ledtenn oder aus tägl* Rgbg 1514 VHO 16 (1855) 200.– Reim: *Gestern ha ma Tegel g'schni'n, Is ma a Bröckl über blie'm* NAB, OVI Dt.Gaue 15 (1914) 268.
2: *Dögö* „schleimige Masse" Gottsdf WEG.
3 best. Ziegelstein: °„neben dem Holzboden am Herd ein paar Reihen *Tegel*, Halbbrandsteine" Thanning WOR.
4 †: „die Kinder spielen mit Schussern, *Tegerln*" OB BzAnthr. 13 (1899) 85.

Etym.: Ahd. *tëgal* stm., germ. Abl. zur selben idg. Wz. wie →*Teig*; WBÖ IV,1288f. Anders Duden Wb. 3871.

Ltg: *dēgl*, *-ę̄-*, ferner *dēɣl* (SUL; HIP), wohl durch Kontamination mit →*Mergel dęagl* (ED, FS; DEG).

Schmeller I,596.– WBÖ IV,1288-1290.

Abl.: *tegeln*[1], *tegeln*[2], *-tegerln*, *teglig*, *Tegling*[1].

Komp.: [**Ton**]**t.** wie →*T.*1: *Doategl* „blauer Ton" Hölbrunn VIB.

[**Hafner**]**t.**: *Hafnerdegl* Hafnerton Frontenhsn VIB.

WBÖ IV,1290.

[**Leim**]**t.** wie →*T.*1, °OB vereinz.: °*Loamtegl* Mammendf FFB.

WBÖ IV,1290.

[**Rotz**]**t.** **1** schweres, lehmiges Erdreich, °OB, °NB, °OP vereinz.: °*Ruatsdegl* Tirschenrth.– **2** Schleimklumpen, Nasenschleim, °NB vereinz.: °*der Rotzdegl* „dickschleimiger Auswurf" Malching GRI.

WBÖ IV,1299.

[**Schmalz**]**t.** **1** wie →[*Rotz*]*t.*1, °OB, °OP vereinz.: °*Schmalzdegl* „speckige Erdschicht" Rettenbach WS.– **2**: °*Schmolztegl* „hellgelbe Tonart" Nabburg.

[**Wasser**]**t.** graue, wasserundurchlässige Tonerde, °OP, °MF vereinz.: °*Wassadegl* Kehnthumbach ESB. A.S.H.

Tegel[2]**, -ng-, Tiegel**
M. **1** Tiegel, °Gesamtgeb. vielf.: °*an eisan Deegl kanndma hoid braucha* Ebersbg; *ollö Tåg sein Degl voi Fleisch* Mengkfn DGF; *Degel* „Gefäß von Holz oder gebranter Erde" DELLING I,118; *mir hobm a Tiecharl voll no draß'* NIEBLER Mutterspr. 63; *tigîl* Aldersbach VOF 12.Jh. StSG. III,122,32; *Man setzet xxxvi. March … in einen Tegel* Mchn 2.H.13.Jh. LORI Münzr. I,11; *Degerln zur Apodecken Sachen* Tutzing STA 1.H.18.Jh. Sauber! Hygiene früher in Oberbayern, hg. von F. LOBENHOFER-HIRSCHBOLD, A. WEIDLICH, Großweil 1995, 91.– Phras.: *ba dera schau i en Degl ei* [mit ihrem Haus bin ich sehr vertraut] JUDENMANN Opf.Wb. 39.
2 Blumentopf, OB vereinz.: *Deagl* Hzolling MB.
3 Öllampe, OB, MF vereinz.: *Tegl* „Erdöllampe ohne Zylinder" Hersbruck; *Degei* Ramsau BGD Bergheimat 10 (1930) 39.
4: °*alts Tegei* alter Hut Bodenmais REG.
5: °*Tegerl* „Kosename für ein kleines Kind" Vornbach PA.

Etym.: Ahd. *tëgel, -i-*, mhd. *tëgel, -e-, -i-* stm., aus lat. *tegula*; KLUGE-SEEBOLD 917.

Ltg, Formen: *dēgl, -ę̄-* u.ä. OB, NB, OP, OF, SCH (dazu EIH, HIP, WUG), *dēxl* (TIR), *dēŋl* (LF, WS; NEW, R), wohl durch Zusammenfall mit →*Tegel*[1] auch *dęagl, -ia-* (MB, MÜ, TS; BOG, DEG, EG), ferner *dīgl* OP (v.a. W), OF, MF (dazu A, DON, ND) u. ugs.– Dim. *dēgal(a), -ę̄-* u.ä. OB, NB, SCH (dazu ROD), ferner *-ge* (AIB, EBE, RO, WOR; VIB), *-gai* östl.OB (dazu GRA, REG), *-xal, -hal* OP (dazu IN; KEH, ROL; HIP), *dējal* (NEW), *dīgal(a)* (GAP, STA; AM), *dīgai* (MB), *dīxal(a), diχ-* OP (v.a. W), OF, MF.

DELLING I,118; SCHMELLER I,596.– WBÖ IV,1290-1295.

Abl.: *tegeln*[3]*, tegerln, -tegler, Tegling*[2].

Komp.: [**Apotheker**]**t. 1** krankes Lebewesen.– **1a** kränkliches Kind, °OB, °NB vereinz.: °*Apothekerdegal* Eging VOF.– **1b**: °*Apothekertegl* „kranke Hühner" Anzing EBE.– **2** verweichlichter, überempfindlicher Mensch, °OB, °NB vereinz.: °*Apothekertegerl* „verzärteltes Kind" Julbach PAN.– **3**: *a Apothekategl* „Kind, für das mehrere Väter in Frage kommen" Mchn.– **4**: °*Apothekertegl* „schmutziges Kind" Breitenbg WEG.

[**Aschen**]**t. 1** meist Dim., Aschenkasten, °OB mehrf., °NB, °OP, °MF, °SCH vereinz.: °*gäih, laar as Aschendiecherl aus* Kchndemenrth NEW.– **2** Dim., Aschenbecher, °OB vereinz.: °*tuas Aschndegerl her* Halfing RO.

[**Ascher**]**t.** wie →[*Aschen*]*t*.1, °OP vereinz.: °*das Oschategerl* „im Ofen unter der Feuerung" Fronau ROD.

[**Aus**]**t.** Tarock mit geringem Spieleinsatz: °*Austegl* N'bergkchn MÜ.

[**Spei-batzen**]**t.** Spucknapf: °*Spaibazzntegl* Altmühltal.

[**Bienen**]**t.** Tiegel mit durchlöchertem Deckel u. Bodenöffnung zum Bienenfüttern: „Auf die … oben offenen Bienenkörbe wurde ein *Bienendegerl* gesetzt" GRASMANN Hafner Kröning 274.

[**Blumen**]**t.,** [**Blümlein**]- wie →*T*.2, °OB, °SCH vielf., °OP, °NB, °MF vereinz.: °*a Bloamadegl* Eschenlohe GAP; °*der Bleamidegl* Malching GRI; *pluamatēgl* nach MOSER Staudengeb. 22.

WBÖ IV,1296.

[**Boeuf-à-la-mode**]**t.** Tiegel für Sauerbraten: *Böflamottegl* Wasserburg; *Katz is in Kuchl naus … da wirfts an Bifflamodtegl um* BRUNNER Heimatb.CHA 203.

[**Pomaden**]**t.** Tiegel für Pomade, in Phras.: *der hot an ganzn Pomadntigl am Kobf aufigschmirt* „sehr fettige Haare" Kiefersfdn RO.

WBÖ IV,1296.

[**Ünter-brot**]**t.** Tiegel, in dem die Brotzeit (→[*Unter(n)*]*brot*) aufs Feld gebracht wird, NB vereinz.: *Intabrottegl* Geiersthal VIT.

[**Weih-brunn(en)**]**t. 1** meist Dim., Weihwasserkessel, -schale, °östl.OB vielf.: *Weichbrunndegei* Tittmoning LF; *As Weichbrunntegerl linker Hand, gehst eini bei der Tür* BAUER Isarlandl 12.– Phras.: °*der hat ein Kinn wie ein Weihbrunntegerl* vorgeschobenes Kinn Thanning WOR.– **2** übertr. vorstehendes Kinn, °OB, °NB, °OP, °MF vereinz.: °*Weihbrunntegal* Inzell TS.

WBÖ IV,1296.

[**Buben**]**t.** Mädchen, das lieber mit Buben spielt, °NB (v.a. SO) vielf., °OB vereinz.: °*s Marerl is a richtigs Buamadegerl* Passau.

[**Büschel**]**t.** wie →*T*.2, °OB vereinz.: °*Bischldegl* G'berghfn DAH; *Bischldegl* „Blumentopf" ILMBERGER Fibel 27.

[**Dämpflein**]**t.** Tiegel zum Aufbewahren des Sauerteigs (→*Dampf*,Bed.4a): „*Dampfedegl* … Im Falzrand ruhte ein mit einem Loch versehener Deckel" GRASMANN Hafner Kröning 308.

[**Dirnlein**]**t.** Bub, der lieber mit Mädchen spielt, °NB (v.a. SO) vielf.: °*Dirndltegerl! Dirndltegerl!* „rufen die Kinder einander zu" Fürstenstein PA; „*Dirndltiegerl* … Bub, der sich an den Spielen der Mädchen beteiligt" SCHLAPPINGER Niederbayer I,7.

[**Aus-trag(s)**]**t.** wie →[*Ùnter-brot*]*t.*, OB (WOR) mehrf.: *Austragsdegl* Thankchn WOR.

[**Trenz**]**t.**: °*Drenzdegerl* „weinende Kinder" Griesbach.
WBÖ IV,1296.

[**Essen**]**t.** wie →[*Ùnter-brot*]*t.*, OB (SOG) mehrf.: *Essategl* Prem SOG; *efətẹ̄gl* Altenstadt SOG nach SBS XIII,532.

[**Farb(en)**]**t.** **1** Farbtopf, °OB, NB, °OP vereinz.: °*Foabdegae* Tittmoning LF.– **2** von Menschen.– **2a** abwertend Maler: *Farbtegel … Setz no dei'n Bemsel o!* DINGLER Handwerksleut 27.– **2b** stark geschminkte Person: *as zwiefuaßad Fuarbtegal* Tann PAN.
WBÖ IV,1296.

[**Fleisch**]**t.** Fleischtopf, °OB, °OP vereinz.: *Fleischdegl* Tirschenrth; „Topf zum Fleischbraten flach und rund … *vlaišdẹ̄gl*" Mühlhsn FDB nach SBS X,193.
WBÖ IV,1297.

†[**Gieß**]**t.** Tiegel für geschmolzenes Metall: *nim das silber … vnd thue das in ainen giestegel* 2.H.15.Jh. Liber illuministarum 356; *güsset mit einen an ein Eisen-Stängl fest gemachten … Güß Tegerl … den Meßing in die Zain Förme* Rosenhm 1780 Stadtarch. Rosenhm, Abt. B/H Nr.1216, 94.

[**Ur-hab**]**t.** wie →[*Dämpflein*]*t.*, °OB, °NB, °OP, °SCH vereinz.: °*a Uradegl* Altenbuch LAN.– Zu →[*Ur*]*hab* 'Sauerteig'.

[**Hafner**]**t.** irdener Tiegel, NB vereinz.: *Hafnadegl* O'aichbach LA.

[**Hennen**]**t.** Tiegel für Hühnerfutter, OB, NB, MF vereinz.: *Hennategl* Gotteszell VIT.

[**Honig**]**t.**, [**Hönig**]- meist Dim., Honigtopf, °OB, °NB vereinz.: *s Henödegal* Mittich GRI; *da dicke Hummi … Schleckt an jedem Honigtegerl* OB A. DREYER, Bergmoas'n u. Spötterln, München 1902, 40.– Phras.: °*er komt so süß wie ein Honigtegerl* „Schmeichler, Schöntuer" Hexenagger RID.– *Einem den H. vorsetzen / hinstellen / zeigen* u.ä. jmdm schmeicheln, schöntun, °OB, °NB, °OP, °MF, °SCH vereinz.: °*då hamands d's Hängtegerl gscheit vüagsetzt* Bodenmais REG;– *einem das H.ein hinschmieren / ums Maul schmieren / ins Maul einhinstreichen* u.ä. °OB, °NB vereinz.: °*den ho i s Honitegarl ins Mei einigstricha* Halfing RO;– °*öitz loußts n'an as n Hoichdecherl schlägga* „sie schmeichelt ihm" Nabburg, ähnlich °VOH;– °*dös is a ganz a Süßa, der håt s Honigtegal scho dabei* „schmeichelt den Mädchen" Ziegelbg RO, ähnlich °PA;– °*dös is a ganz a süaßa Bruada a foischa, s Honigtegerl is sei Rezept* „er weiß zu schmeicheln" Rettenbach WS;– °*bist ins Honigtegal gfalln!* „zu einem Süßholzraspler" Hohenpeißenbg SOG;– °*dem habn s Honigtegerl davon* „ihm ihre Gunst entzogen" Laberweinting MAL.– Lied: °*in an Honigtegerl sitzt a Frauenkäferl, i ziags außa und schlecks ab, oh, von dera Zausn tuat mir heut no grausn, wiar is aschau, wars a Schwab* Wdkch WOS, ähnlich °OB, °NB, °OP vielf., °MF, °SCH vereinz., POLLINGER Landshut 337.
WBÖ IV,1297.

[**Gugel-hopf**]**t.**, [**-hupf**]-, [**Doll-hopf**]- Backform für einen Gugelhopf, °NB, OP vereinz.: *Gugllupfdegl* Wiesenfdn BOG; *Kuglhopfdegl* O'bibrach ESB; „*Doihopfdegl* … mit den … breiten Riefen an der steilen Wandung" GRASMANN Hafner Kröning 272.

[**Hunds**]**t.** Tiegel für Hundefutter, OB, NB, OP, MF vereinz.: *Hundsdigl* Pelchenhfn NM.

[**Käse**]**t.** N.: „Das *Kaas-Degl* … glasierter Napf mit Deckel und drei Henkeln … darin Sauermilchquark zur Reifung" Arzbg WUN SINGER Vkde Fichtelgeb. 136.
WBÖ IV,1297.

[**Kickel**]**t.** wie →[*Dämpflein*]*t.*, °OB vereinz.: *Khikitegl* „Gefäß für Sauerteig" Hohenpolding ED.– Zu →*Kickel* 'Sauerteig'.

[**Kicker**]**t.** dass.: *da Kickadegl* „Holzgefäß zur Aufbewahrung des Sauers" Rosenhm.– Zu →*Kicker* 'Sauerteig'.

[**Krätzen**]**t.**: *Krätzndegl* „Mensch mit Ausschlag am Kopf“ Ramsau BGD.
WBÖ IV,1297.

[**Kraut**]**t.** Tiegel zum Krautkochen: *An alts Muttal hout ihran Beichtvata … dazhlt, daß s … ihran Altn amal in Krautteegl aafgsetzt hout* HEINRICH Stiftlanda Gschichtla 36.

[**Kuchen**]**t.** Kuchenform, NB vereinz.: *da Kuachadägl* Wallkfn MAL.

†[**Laß**]**t.** Tiegel für den Aderlaß: *6 messige laß degele* Lichtenbg LL 1603 SbMchn 1910, 5.Abhandlung, 7 (Inv.).
SCHMELLER I,596.

[**Laus**]**t.** **1** (Schüssel für) Tarock mit geringem Spieleinsatz.– **1a** Schüssel für geringen Spieleinsatz, °OB vereinz.: °*Laustegl* Wollomoos AIC.– **1b** Tarock mit geringem Spieleinsatz in einer gemeinsamen Kasse, °OB, °NB, °OP vereinz.: °*dö spuin an Laustegl* Schrobenhsn; *No an Laustegl außa!* BAUER Isarlandl 49.– **2** von Menschen.– **2a** unreinlicher Mensch: °*Laustegl* Breitenbg WEG.– **2b** Lausbub, °OB vereinz.: °*du Laustegl!* Rottau TS.– **2c** †Schimpfw. allg.: „niedrige Schimpfbenennungen: *Laustegel*“ SCHMELLER I,1511; *ich will und brauch von diesem Laustiegel … nichts zu wissen* MEIDINGER Verfall 39.– **3**: *Laustegl* „schmutziger Kopf“ Erding.
SCHMELLER I,1511.– WBÖ IV,1297.

[**Leim**]**t.**[1] **1** wie →[*Hafner*]*t.*: *Lahmtegl* irdener Topf Dechbetten R.– **2**: *Loamtegl* übertrieben schüchterner Mensch Viechtach.– Zu →*Leim* ‘Lehm’.

[**Leim**]**t.**[2] Leimtopf, OB, NB, °OP vereinz.: *da Leimtegl* O’audf RO.
WBÖ IV,1297.

[**Licht**]**t.** wie →*T.*3: „das *Liachtdegerl*, ein eigenhändig gefertigtes fettgespeistes Tontiegerl … Heute … das … gläserne Petroleumlämpchen“ Inzell TS HAGER-HEYN Dorf 43f.
WBÖ IV,1297f.

[**Milch**]**t.** Milchtopf, °OB, NB vereinz.: *da Mildegl* Aspertsham MÜ; *müidēgala* Peißenbg WM nach SBS X,194.
WBÖ IV,1298.

[**Mus**]**t.** Tiegel zum Muskochen, °OB, °NB, °OP vereinz.: °*Mousdegal* Geiselhöring MAL.

[**Nacht**]**t.** Dim., wie →*T.*3: *Nåchtegai* „mit Leinöl“ Achbg TS; *Noddegei* „Nachtlicht am Hausaltar … an den Festvorabenden angezündet“ Ramsau BGD Bergheimat 11 (1930) 42.
WBÖ IV,1298.

[**Nudel**]**t.** **1** Tiegel für Dampfnudeln u.ä. Mehlspeisen: °*Nuldegl* Herrsching STA; *Nuldegl* „niederer Doppelhenkeltopf … für ‘Dampfnudeln’“ GRASMANN Hafner Kröning 383.– **2**: *der Nudltiegl* Teigschüssel Dünzing IN.

[**Öl**]**t.** Dim., wie →*T.*3, OP, MF vereinz.: *Ölldichal* „Ölfunzel“ Floß NEW.– Phras.: *der last wieder sei Öltegerl leichtn* „ihm hängen Tropfen unter der Nase“ N’aschau RO.
WBÖ IV,1298f.

[**Rahm**]**t.** Tiegel zum Abrahmen der Milch: „Der Rahm wird im *Rahmtegel* gesammelt“ Leizachtal 215; *1 Rahmdegl* Tölz 1800 StA Mchn BrPr. 11265,fol.18^{v} (Inv.).

[**Rotz**]**t.** **1**: °*du bist a so a Rotzdegerl* „Kind mit Rotzglocke“ Griesbach.– **2** frecher Mensch, Rotzbengel, °NB vereinz.: °*der Nazibauer is a Rotzdegl a hinterfoziga* Innernzell GRA; *Heut geht’s nimmer noh de altn Gloserregln, sondern um de junga Rotzdegln!* HALLER Geschundenes Glas 12.
WBÖ IV,1299.

[**Ruß**]**t.** **1**: *Roußdegl* „Rußtopf, Rußtiegel“ JUDENMANN Opf. Wb. 132.– **2** wie →[*Laus*]*t.*2a: °*Rußtegerl* unreinliche Person St.Englmar BOG.
WBÖ IV,1299.

[**Säuer**]**t.** wie →[*Dämpflein*]*t.*, °OB, °NB, SCH vereinz.: *Seirdegala* „darin holt man den Sauerteig vom Bäcker“ Derching FDB.

[**Schmalz**]**t.** **1** Tiegel zum Aufbewahren od. Auslassen von Schmalz, °OB, °NB, °OP, °OF, °SCH vereinz.: °*wo hast denn den Schmoiztegl higstellt?* Lenggries TÖL; „hat man im *Schmalzdegl* das Schweine- und Rinderfett sowie die Butter *zerschleichen* (= auslassen) lassen“ GRASMANN Hafner Kröning 260; *1 Schmalz degl* Aschau MÜ 1787 StA Mchn BrPr. 8391,fol.10^{v} (Inv.).– Phras.: *Da kannst an Schmalztegel drunterstellen* „zu etw. übertrieben Sentimentalem" KILGERT Gloss.Ratisbonense 163.– *Alte Bauernregeln Und leere Schmalztegeln Haben keinen Wert* POLLINGER Landshut 228.– **2** Tiegel für Fettgebäck, °OB vereinz.: °*Schmalztegl* „darin Küchle gebacken" Steingaden SOG.

WBÖ IV,1300.

[**Schmier(en)**]**t.** **1** Tiegel für Fett, Salbe u.ä., v.a. Wagenschmiere, °OB mehrf., °NB, °OP, °SCH vereinz.: °*Schmiertegl* „für Schuhfett" Kreuth MB; °*Schmiamdegl* „Topf mit Wagenschmiere" Altenbuch LAN; °*Schmiertegl* „darin wird die Schmiere für den Käsekuchen zubereitet" Tirschenrth.– **2** von Menschen.– **2a** auch F. (WOR), wie →[*Laus*]*t.*2a, °OB, °NB, °OP, °MF, °SCH vereinz.: °*dös is a richtiga Schmiertegl* unreinliche Person Haselbach BUL.– Auch Kind, das sich beschmiert, °OB, °OP, °SCH vereinz.: *Schmiadichala* „Kinder, die sich das Gesicht verschmiert haben" Kchnthumbach ESB.– **2b**: °*Schmierdegerl* „einer, der sich gerne eincremt" Vilshfn.– **2c** jmd, der nachlässig schreibt, schmiert, °OP, °MF vereinz.: °*Schmiertiegl* „Schreiber mit schlechter Schrift" Lauf.– **2d** wie →[*Farb(en)*]*t.*2a, OP vereinz.: °*Schmiertiegel* „einer, der viel anstreicht und dabei nicht sauber arbeitet" Königstein SUL.– **2e**: °*Schmiadigl* „scherzhaft Maurer" Kchnthumbach ESB.– **2f** lüsterner Mann, Schürzenjäger, °OB, °NB, °OP, °MF vereinz.: *dös is a rechda Schmiadegl* Meßnerschlag WEG; *Schmierdiegl* „Mann, der gern an Frauen herumtastet" MAAS Nürnbg.Wb. 218.– **2g** jmd, der sich auf unredliche Weise Vorteile verschafft, °OB, °NB, °OP vereinz.: °*Schmirmdegei* „einschmeichelndes Kind" Mettenham TS; °*Schmiertiegl* „einer, der andere gerne zu bestechen versucht" Gunzendf ESB; *Schmiertiegl* BERTHOLD Fürther Wb. 203.

WBÖ IV,1300f.

[**Seifen**]**t.** Dim., Seifenschale, °OB vereinz.: °*Seifendegerl* Rettenbach WS.

WBÖ IV,1301.

[**Seih**]**t.**: *Saidegl* „irdenes Gefäß (Sieb)" Spr.Rupertiwinkel 77.

[**Spei**]**t.** wie →[*Spei-batzen*]*t.*, OB, NB, OP vereinz.: *Schbeidigl* Spucknapf Lauterhfn NM.

WBÖ IV,1301.

[**Spül**]**t.** irdene Spülschüssel: *Spuidegl* Finsing ED; „Tiefe Doppelhenkelschüssel ... *Spilldegel*" GRASMANN Hafner Kröning 270.

†[**Stoll**]**t.** Tiegel mit Füßen: *Stolltegel* SCHMELLER II,751; *thůe in ein stolldigel ein bůtter* PICKL Kochb.Veitin 180.

SCHMELLER II,751.

[**Suppen**]**t.** **1** Suppenschüssel, OB, NB, OP vereinz.: *der Suppndegl is zabrocha* Passau; *supmdēgl* O'schweinbach FFB nach SBS X,193.– **2** Tiegel, in dem Suppe aufs Feld gebracht wird, OB, NB, OP vereinz.: *Suppntiagl* Perasdf BOG.

[**Wasser**]**t.** Wassertopf, OB, NB, MF vereinz.: *Wossategl* Topf mit Wasser zum Verdunsten Gotteszell VIT; „ein *erdener Wassertiegel*, in dem das Wasser aufbewahrt ... werden konnte" Wasserburg 1838 Sauber! Hygiene früher in Oberbayern, hg. von F. LOBENHOFER-HIRSCHBOLD, A. WEIDLICH, Großweil 1995, 47 (Inv.).

A.S.H.

tegeln[1]

Adj., irden, NB, MF vereinz.: *deglana Hofn* O'eichstätt EIH. A.S.H.

tegeln[2], **-teng-**

Vb., in heutiger Mda. nur in Komp.: *tegeln* „in oder mit zäher Materie herumschmieren, klecksen" SCHMELLER I,596.

SCHMELLER I,596.– WBÖ IV,1303.

Komp.: [**an**]**t.** beschmutzen, besudeln: *adegldö Nosn* „mit Schnupftabak" Haidmühle WOS.

WBÖ IV,1303.

[**aus**]**t.** **1**: °*ausdegln* „eine Lagerstätte ausbeuten, den Tegel, Lehm herausholen" Grafing EBE.– **2** †: *Einen Dachbrunnen austegeln* „mit Wänden aus sehr fest gestampftem Lehm versehen" SCHMELLER I,596.

SCHMELLER I,596.– WBÖ IV,1304.

[**ein**]**t.** refl., sich einschmeicheln, °OB mehrf., °NB, °SCH vereinz.: °*host di wieda eideglt bei da Zenzi* Anzing EBE; °*bei eam eintengln* Ruderting PA.

WBÖ IV,1304f.

[**einhin**]**t.** refl., dass.: °*da kann er si einitegln* Garching AÖ.

†[**ver**]**t.**: *vertegeln* „mit Lehm verstreichen" SCHMELLER I,596.

SCHMELLER I,596.– WBÖ IV,1305. A.S.H.

tegeln[3], **-ng-**
Vb. **1** viel trinken, saufen, °OB vereinz.: °*do hama ganz sche degäd* G'holzhsn RO.
2 einen Tarock mit geringem Spieleinsatz in einer gemeinsamen Kasse spielen: °*dengln* Pirk NEW.
WBÖ IV,1306.

Komp.: [**an**]**t.**: °*dea is scho schee oodegäd gwen* „angetrunken" G'holzhsn RO.

[**um-ein-ander**]**t.** mit dem Öllämpchen herumleuchten: „das Umherlichteln *umeinanderdegln*" Inzell TS Hager-Heyn Dorf 44.

[**auf**]**t.**: °*beim Haferltarock* [Tarock mit gemeinsamer Kasse] *werd aufdeeglt* „ein *Haferl* in die Mitte gestellt, in das jeder eine Mark einsetzt" Hirnsbg RO.

[**aus**]**t.** um einen Betrag aus der gemeinsamen Kasse o.ä. spielen, °östl.OB mehrf., °NB vereinz.: °*tegln ma a Markl aus?* Pittenhart TS.

[**ausher**]**t.**: °*außerdegln* „aus der Gemeinschaftskasse den Tarock zahlen" Steinhögl BGD.

[**ein**]**t.** einweichen, →*-dechteln*[1].

[**honig**]**t.** sich einschmeicheln: °*Honig tegeln* Ensdf AM.

[**laus**]**t. 1** wie →*t.*2, °OB, °NB, °OP vereinz.: °*habm a bisl lausdeglt* Falkenbg TIR.– **2** wie →[*aus*]*t.*, °OB vereinz.: °*deama a Maß laustegln oder a Markl?* Teisendf LF.

[**schmier**]**t.**: °*dea schmiertegelt aba schea* schmeicheln Eschenlohe GAP. A.S.H.

†**Degen**[1]
M. **1** männliches Kind, Mann.– **1a** männliches Kind: *ze Rôme in aller der stat enwas degen noch maget* Kaiserchr. 81,97f.– **1b** keusch lebender Mann, Jüngling: *chom maget oder degen … ze den hêten si deheine* [keine] *minne* ebd. 82,165-170; *Wer lang ain rainer degen plib, wart am höchsten gepreist* Aventin IV,78,24f. (Chron.).
2 (heldenhafter) Kämpfer, Ritter: *Herus … decan* 8./9.Jh. StSG. I,172,15; *Hin weg so rait der degen vnuerzagt* Füetrer Poytislier 50,160.
Etym.: Ahd. *dëgan*, mhd. *dëgen* stm., germ. Wort idg. Herkunft; Kluge-Seebold 185.
Schmeller I,492; Westenrieder Gloss. 99.– WBÖ IV,1308f.

Abl.: *Degenheit, degenlich, -diegen.* A.S.H.

Degen[2]
M. **1** Degen, Hieb- u. Stichwaffe: *an Deng* Ausrüstung des Hochzeitladers Beilngries; *da hast glei an Deg'n für dei' Wanderschaft* Stemplinger Obb.Märchen I,64; *1 schwert 1 degen* 1492 Chron.Kiefersfdn 83.
2 geschmückter kleiner Baum od. Stecken in einem Pfingstbrauch (s. *Pfingstel*,Bed.1): „Fertig und in vollem Schmuck, heißt nun dasselbe [Bäumchen] der *Degen*" Wdmünchn.Heimatbote 32 (1998) 54.
Etym.: Aus frz. *dague* 'Dolch'; Pfeifer Et.Wb. 209.
Schmeller I,493.– WBÖ IV,1306f.

Komp.: [**Pfingstel**]**d.** wie →*D.*2: °*der Pfingstldegn* „1m langer geschmückter Holzstab" Fronau ROD.– Zu →*Pfingstel* 'Brauchtumsgestalt an Pfingsten'.

[**Hau**]**d. 1**: *Haudegn* „raufllustiger, draufgängerischer Mensch" Binder Saggradi 92.– **2**: *Haudegn* „für einen alten Militaristen" ebd.– **3**: *Haudɛng* „alter, abgekämpfter Mann" Aman Schimpfwb. 78.

[**Scher**]**d.** Scherdegen, fachsprl.: *Einschneidiger … Zweischneidiger Scherdegen* Hegner Gerber 33.
WBÖ IV,1308.

†[**Seiten**]**d.** wohl an der Seite getragener Degen, Dolch: *am opfergehen mit seinem seiten deggen ain hilzenes stängel … umbgestoßen* Fürstenzell PA 1643 Helm Obrigkeit 237.

[**Hoch-zeit(s)**]**d.** Degen im Hochzeitsbrauch, OB, OP vereinz.: „der Brautführer geleitet die Braut mit gezogenem *Hohzaitsdeng* ins Wirtshaus, wo er ihn in einen Balken der Stubendecke sticht" Ingolstadt.
WBÖ IV,1308. A.S.H.

†**Degenheit**
F., Tapferkeit, heldenhafte Gesinnung: *ueliha deganheit* Tegernsee MB 11.Jh. StSG. II,653,1; *er wollt erkunnen da sein degenhait* Füetrer Poytislier 64,207.
Etym.: Ahd. *dëganheit*, mhd. *dëgenheit* stf., Abl. von →*Degen*[1]; [2]DWB VI,543.
Schmeller I,492. A.S.H.

†degenlich
Adj., tapfer, heldenhaft: *Ferociter ... tegeliche* Windbg BOG 12.Jh. StSG. I,704,32-34; *degenleich kam er an den man gesprungen vnnd schlúeg im manige wunnden* FÜETRER Persibein 64,240.

Etym.: Ahd. *dëganlîhho*, mhd. *dëgenlich*, Abl. von →*Degen*[1]; ²DWB VI,544. A.S.H.

tegerln
Vb., mit Tiegeln hantieren, kochen, °OB, °NB vereinz.: °*wos tuast den heut ois tegaln?* Reichersbeuern TÖL.

Komp.: [**ab**]**t.** beim Tarock abgewinnen: °*i hab eahm was abdegerlt* Mchn.

[**aus**]**t. 1** um einen Betrag aus der gemeinsamen Kasse spielen: °„beim *Haferltarock* wird das in ein *Schüsserl* gegebene Geld *ausdegerlt*" Trostbg TS.– **2**: °*i hab eahm ausdegerlt* „beim Tarock besiegt" Mchn. A.S.H.

-tegerln
Vb., nur im Komp.: [**ein**]**t.** refl., sich einschmeicheln, °OB, °NB, °OP vereinz.: °*hast di bei der Bäuerin eitegalt, weist a so a große Brotzeit kriagt hast* Neukchn a.Inn PA. A.S.H.

Deggendorfer
M., großer Knödel: *Döggndoaffa* Aicha PA; „die Wirtin pflegte *Deggendorfer*, das heißt besondere Trümmer zu machen" WANDTNER Apfelbaum 71.

Etym.: Abl. vom ON *Deggendorf*. A.S.H.

tegicht, -ig
Adj. **1** teigig, nicht durchgebacken, °OB vereinz.: °*des Brot is dägad* Frasdf RO.
2 matschig, weich (vom Obst), °OB vereinz.: °*deggat, degi* Ampfing MÜ.
3: °*s Heu langt si so däggat o* feucht Fischbachau MB.
4: °*däggata Bua* „dumm" ebd.

Etym.: Abl. zur selben Wz. wie →*Tegel*[1]; WBÖ IV, 1288.

WBÖ IV,1288. A.S.H.

-tegler
M., nur im Komp.: [**Laus**]**t.**: °*da Lausdegla* „Lausbub" Tandern AIC. A.S.H.

teglig, -lich(t)
Adj. **1** lehmig, naß, schwer, OB, °NB, °OP vereinz.: °*a teglicha Acker* Mainburg.
2 teigig, nicht durchgebacken: °*der Kuchen is deglad* Tuntenhsn AIB.

WBÖ IV,1302.

Komp.: [**blau**]**t.**: °*der Acker is blaudeglt* „von dunklem Lehm" Hirnsbg RO. A.S.H.

Tegling[1]
M.: °*der Tegling* „gestampfter Lehm als Herdpflaster" Lenggries TÖL. A.S.H.

Tegling[2]
M., Tiegel, NB vereinz.: *Teglön* Sattling DEG; *Deglen* „Topf" WILDFEUER Kchdf.Ld 47. A.S.H.

dehein →*kein*.

†Dehel, Dechen, Dechant
M., F. **1** Schweinemast im Wald: *Dechel ... die* DELLING I,118; *Swann avch der techel wirt, so geit man ie von dem swein einen phenning* Pfarrkchn 14.Jh. MB XXXVI,2,47; *Holtz/ so noch fruchtbar/ zu dem Dechel/ oder andern gebrauch nutzlich* Landr.1616 736.
2 (Menge von) Eicheln u. Bucheckern zur Schweinemast: *Der ... Dèhhəl* SCHMELLER I,495; *denarius septimus pro tehen datur de quolibet porco* Anfang 14.Jh. Trad.Schäftlarn 458; *WAnn aber die armen Leut ... so kein Dechel verhanden/ mit jhren Schweinen in den Feldern bleiben müssen* Landr.1616 734.
3 Recht zur Schweinemast: *Dèhhəl* „das Recht, sie [Eicheln u. Bucheckern] durch oder für die Schweine zu sammeln" SCHMELLER ebd.; *Giebt es ein an Eicheln und Bücheln fruchtbares Jahr, so wird ... der Techel ausgeschrieben* BAUMGARTNER Neustadt 80.
4 Abgabe für die Schweinemast: *das das ganz piet zu Winhering mit ireu swein wol mügen treiben an das Mitterholz ... ân allen techant und zol* Winhöring AÖ 1450 GRIMM Weisth. VI, 136.

Etym.: Mhd. *dëheme, techel* st/swm., aus lat. *decuma, -ima* 'Zehntel'; ²DWB VI,551.

DELLING I,118; SCHMELLER I,495f.; ZAUPSER 21, 105.– WBÖ IV,1214f.

Abl.: *deheln*. A.S.H.

†deheln
Vb., (Schweine) im Eichen- od. Buchenwald mästen: *deheln* „mästen" SCHMELLER I,496.– Part.Prät., jung, zart, fett: *Dechelet* DELLING I,118; *„Dechelet* „jung ... zart/ fett/ einen der vor Fetten zittert/ oder schwadert" J.C. WACK, [Toldot ve-aschkenazit,] Regensburg 1713, 122.

DELLING I,118; SCHMELLER I,496.

Komp.: †[**ab**]**d.** wie →*d.*: *von einer feist und abdechleten Schwein 30 kr.* 1700 KOCH-STERNFELD Gesch. 16.

SCHMELLER I,496. A.S.H.

dehneln
Vb. **1**: *dēln* „dehnen, trainieren" KOLLMER I,86. **2**: *dēln* „sich der Arbeit entziehen" ebd.

SCHMELLER I,513. A.S.H.

dehnen
Vb. **1** länger, breiter machen, überdehnen.– **1a** durch Ziehen, Spannen länger, breiter machen, OB, °NB, °OP vereinz.: *dir mou ma d'Åuan a weng däana* „Drohung" Wildenrth NEW; *den, dēd* SCHIESSL Eichendf I,25; *Contende ... déni* Tegernsee MB 11.Jh. StSG. II,645,6; *Denen* SCHÖNSLEDER Prompt. K8ᵛ.– **1b** überdehnen, zerren, OB, NB, OP vereinz.: *dea hot se d'Sehna dehnt* Neukchn VOH.
2 (ein Körperteil) ausstrecken, recken, NB, OP vereinz.: *d'Glieda deahn* Naabdemenrth NEW.
3 refl., unter Zug länger, breiter werden, OB, °NB, OP vereinz.: *d Håd* (Haut) *död sö* St.Englmar BOG.
4 refl., sich erstrecken, ausbreiten: *s Kiksuiwa dehnt sö in da Wiam* Mittich GRI; *Tenditur gadenit* Tegernsee MB 9.Jh. StSG. II,223,6.
5 refl., gähnen, NB, MF vereinz.: *dea dehnt si* Gergweis VOF.
6 länger dauern lassen, NB, OP vereinz.: „eine Arbeit *dena*" Sulzbach; *Protelentur ... gidenitwer̄* Rgbg 12.Jh. StSG. I,368,15-17; *Rechts-Händel auseinander ziehen und dehnen/ ärger als die Schuster ihr Leder* SELHAMER Tuba Tragica I,292.

Etym.: Ahd. *dennen*, mhd. *den(n)en*, germ. Bildung idg. Herkunft; KLUGE-SEEBOLD 186.

SCHMELLER I,513.– WBÖ IV,1485f.

Abl.: *dehneln.*

Komp.: [**an**]**d.** wie →*d.*1a, °OB, °NB, °OP vereinz.: *i deta danö Lusa schå å* „Drohung" Bischofsmais REG.

WBÖ IV,1486.

[**aus**]**d.** **1** länger, weiter machen, überdehnen.– **1a** durch Ziehen, Spannen länger, weiter machen, OB, NB, OP vereinz.: *Handscha asdähna* Wdsassen TIR; *aasdeahna* BRAUN Gr.Wb. 90; *das geruntzlet außdönen* SCHÖNSLEDER Prompt. L6ʳ.– **1b** wie →*d.*1b, NB, OP vereinz.: *d'Sehna asdehnt* Etzenricht NEW.– **2** wie →*d.*2: *Glieda asden* „ausstrecken" Beratzhsn PAR.– **3** refl., wie →*d.*3, OB, NB vereinz.: *d'Haud dent sö aus* Mittich GRI.– **4** refl., wie →*d.*4: *s Faia deⁿd sö aus* Aicha PA.– **5** wie →*d.*6: *Gschäft, Redn ausdehna* Mchn.– **6** refl., sehr lange dauern: *de Sitzung hat si lang ausdehnt* Passau.

WBÖ IV,1486f.

[**ausher**]**d.** **1**: *den Bauch außaden* „vorwölben" Aicha PA.– **2** herausziehen, nach draußen ziehen: *is ... in Boch eikuglt ... scho ... hobms allzwoa aassadeahnt* HEINRICH Gschichtla u. Gedichtla 36f.– **3** refl.: *si zum Fenster außaden* „sich herauslehnen" Aicha PA.

[**ver**]**d.** **1** wie →*d.*1b, OB, NB, OP, OF vereinz.: *a Sehn han a ma vodehnt* Innviertel.– **2** †wie →*d.*4: *Extendo firdeno* Windbg BOG 12.Jh. StSG. IV,59,51.

WBÖ IV,1487.

[**her-um**]**d.**: *der dehnt si rum* stinkt vor Faulheit Schloppach TIR. A.S.H.

Deibel → *Teufel.*

Teich, Teich(t)e
M., F. **1** Teich, °OB, °NB, °OP, OF, MF vereinz.: *Daich* „Altwasser" Schleching TS; *Hängt ... a Angl ... in sein Teich* HEINRICH Gschichtla u. Gedichtla 30; *Visch von den Taichen* Frauenchiemsee RO 1462 MB II,518; *der Neu-zuegerichte Lust- und Paumgartten ... darinnen 2 Teichtl* Neuburg PA 1674 Bayer.Heimatschutz 9 (1911) 31.– Phras.: *af daiχ un groufa hean mou ma woadn* nach UNGER Teichwirtsch. 16.– Auch in ON, z.B. *Mitterteich* (TIR).
2 auch N. (ESB), Vertiefung, Mulde im Gelände, °MF vielf., °OP, °SCH mehrf., °OB, °NB vereinz.: °*da Wölflbaua hot e seina Wies a Teicha drin* Wiefelsdf BUL; °*die Dachtn* Wolkersdf SC;

D· Strâss gêt durch 'Táichng OP SCHMELLER I,582; *Teichte* „eine Vertiefung, etwas Eingedruktes" HÄSSLEIN Nürnbg.Id. 132.– Schnaderhüpfel: °*duat um, af da Häich stäiht a Hulzbialbam, druntn in Deich lafn d Brünnala zam* Kchnthumbach ESB;– Ortsneckerei: °*Sizawan* [Sitzambuch NAB] *und Demariad* [Demenricht AM] *liegt a weng im Deich, und wenns weiße Henna hom, nau moinas, hans scho reich* Kemnath NAB.

3 sumpfige, feuchte Stelle, °OB, °OP, °MF vereinz.: °*Daichan* „feuchte, enge Stelle zwischen Häusern" Ingolstadt.– Auch: °*a Teich* magere Stelle in sonst fruchtbarem Acker Neumarkt.

4: *Deicha* „angeschwemmter Boden" Beilngries.

5: °*des Feld liegt auf der gleichen Teicha wöi mei Gartn* „Niveau, Fläche in bestimmter Höhe" Ambg.

Etym.: Mhd. *tîch* stm., germ. Wort idg. Herkunft; PFEIFER Et.Wb. 1421.

Ltg, Formen: *daix*, auch *dax* (HEB), *dęix* (HEB, N), *daixa* westl.OB (dazu AM, BEI, BUL, PAR; EIH, HIP; FDB), *daixŋ* (WM; BUL, CHA, R), *daiŋ* (BUL), *daixan* (IN), *dē̜xa* (NM), ferner *daixdn* MF (dazu GRI; DON, ND), *daixd* (WEG; DON), *dē̜xdn* (BOG).– M. in Bed.1, 2, F. in Bed.2-5, N. (ESB) in Bed.2.

HÄSSLEIN Nürnbg.Id. 132; SCHMELLER I,582.– WBÖ IV, 1312-1316, 1318.

Abl.: *Teichet*.

Komp.: [**Dorf**]**t.** Dorfteich, °OB, OP vereinz.: *da Doarfteich* Wdsassen TIR; *Daou, waou etzat der Spülplootz … is, daou war fröiha da Dorfteich* SCHMIDT Säimal 18.

WBÖ IV,1317.

[**Himmel**]**t.** Teich, der sein Wasser nur aus Niederschlägen erhält: °*Himmelteiche* „ohne Zulauf" Tirschenrth; „*Quell-* und *Himmelteiche*; letztere in den Bezirken Kastl [NM] und Parsberg" Fischerei Opf. 71.

[**Kinderleins**]**t.** Ort, an dem die noch nicht geborenen Kinder sein sollen: °*Kinalasteich* „dort schwimmen die Kinder in Seerosenblättern" Windischeschenbach NEW.

[**Oster**]**t.**: *Åustateich* „Teich, der immer zu Ostern abgefischt wird" Naabdemenrth NEW.

†[**Schwemm**]**t.** Teich als Schwemme: *die, welche man in Schwemteich legte, um sie gesund zu machen* BUCHER Kinderlehre 36.

WBÖ IV,1317.

[**Wiesen**]**t.** Mulde in der Wiese, °OP vereinz.: °*in da Wisndeich* Nabburg. A.S.H.

Teichel → *Teuchel*.

teichen

Vb. **1** bezahlen.– **1a** bezahlen, die Kosten übernehmen, °OB, °NB, °OP, °SCH vereinz.: °*wer soll das deicha?* „bei größeren Anschaffungen" Michelsneukchn ROD; „weil sonst der Wirth viel überzählige Gedecke anrichtet, welche ihm der Hochzeiter *deichen* muss" SCHLICHT Land-Hochzeit 15; *unsare Hopfazeicha da Baur duads uns mit Margl deicha* SCHWEIGER Hopfazupfa 67.– **1b** (Geld) bezahlen, °OB, °NB vereinz.: °*da hab i vöi Geld daicha mejssn* Lohbg KÖZ.

2 ersetzen, entschädigen, büßen, °OB, °NB, °OP, SCH vereinz.: °*wer an Schodn ogricht hot, muaß a deicha* Klingen AIC; *Wàs d· mə' z·brichst odə' və'liərst, muəst mə' du deihhə*~ SCHMELLER I,481; *Sy werden noch Jr sach deichen* 1.H.16.Jh. VHN 10 (1864) 292; *ich kans nicht teichen* PRASCH 25.

3 darben, fasten, °OB, NB vereinz.: °*so weni hat er vodient, daß er daicha håt müassn* (Ef.) Ismaning M.

4: °*der hat's deicht* „geliehen" Rehling AIC.

5 schleichend, gebückt gehen, °OB, °OP vereinz.: °*i bin unter die Bisch deicht* „beim Pilzesuchen" Erbendf NEW.– Part.Präs., mit krummem Rücken, krank, °OB, °OP vereinz.: °*der geht daichat daher* Lenggries TÖL.– Auch refl.: °*daich di!* „verschwinde!" Gangkfn EG.

6: °*daicha* „nicht gleich aufstehen und noch ein bißchen dösen" N'höcking LAN.

7: °*daicha* „nachgeben" Blaibach KÖZ.

Etym.: Mhd. *tîchen* stv., germ. Wort wohl idg. Herkunft; WBÖ IV,1319.

DELLING I,119; PRASCH 25; SCHMELLER I,481f.– WBÖ IV, 1318-1320.

Komp.: [**an**]**t.**: °*dågegn kost net ådeicha* „ankommen, sich durchsetzen, bei Geldangelegenheiten" O'bibg WOR.

†[**her-ein**]**t.** daher-, hereinschleichen: *herein-Teuchen* „lento passu procedere … incedere" SCHÖNSLEDER Prompt. Hh8ᵛ.

SCHMELLER I,482.

†[**er**]**t.** wie → *t.*5: *daz er in das pett erdeicht von den slegen* Frsg.Rechtsb. 54. A.S.H.

Teichet
N.: °*da is a Teichat* „feuchte Stelle in Wiese und Feld“ Neumarkt. A.S.H.

Deichsel[1]**, Deis(t)el, Deichstel, Eichsel, Deichse**
F., vereinz. M. (RID; LAU), Deichsel, °Gesamtgeb. vielf.: *d'Nåsn a da Deixl, daß Kring it* [nicht] *ochafålln kå* Kochel TÖL; *i muaß a Eichsl mocha* O'empfenbach MAI; *de Deisl holdn Holsrema und d'Afholdken* Söllitz NAB; *is à Wogn dåg'standn ahnë Eichsl* Haller Frauenauer Sagen 74; *Temonis dihsilo* Rgbg 11.Jh. StSG. II,437,29; *Swaz danne ander wægen ab get gen Wienen … der geit von der deichsel … LX. phenning* Pfarrkchn 1.H.14.Jh. MB XXXVI, 2,51; *3 finger v[on] der deixel so hart an die Mauer angetrukket* 1763 Mirakelb.Aunkfn 222.– Phras.: *ganze D.* nicht herausnehmbare Deichsel, OB, OP vereinz.: *a ganzi Deistl* „unbeweglich mit den Deichselarmen verbunden“ Naabdemenrth NEW.– *Doppelte / zwiefache D.* Gabeldeichsel: *doppata Deixl* Merching FDB; *zwiefache Eixl* Münchsmünster PAF DWA VIII,17;– °*kurze Deichsl* „mit zwei Holmen, nicht herausnehmbar“ Hzkchn MB.– „die Herren Abgeordneten fürs Reich und fürs Land … *Manna vo da Deigsl*“ NB Bayerwald 23 (1925) 306.– †*Die D. kehren* die Fahrt richten: *ob sich die Deichsel zue der Stat oder aus der Stat gechert hab* Landshut 14.Jh. VHN 76 (1950) 122.– °*Den bringst nimma zuawe zua da Deixl!* „zum Arbeiten“ Hartpenning MB.– *Über die D. schlagen* u.ä. die Grenze des Üblichen u. Erlaubten überschreiten, OB, °NB, OP vereinz.: °*dea schlogt iwa d Äxl* Leckern VIT.– *De hot se an da Deichsel ogstessn* „Die ist schwanger geworden!“ Göttler Dachauerisch 79.– Spruch: *wia Luada reiß Deixl o, is di å no it* [nicht] *zahlt* „da hört sich alles auf!“ Ohlstadt GAP.– Schnaderhüpfel: °*mei Deigsl wenn schelldert und da Sodlgaul schreit, nao is mei Maria a nimma weit!* Hohenburg AM.

Etym.: Ahd. *dîhsila*, mhd. *dîhsel* stf., germ. Wort idg. Herkunft; Kluge-Seebold 186.

Ltg: *daigsl* u.ä., ferner *daigsα* (FDB), *daiŋsl* (FÜ, N, SC, WUG), *dę̄gsl*, *dękʃl* u.ä. OP, OF (dazu BOG, DEG, REG, VIT, WOS; ER, HIP, LAU, N), *dạkʃl* u.ä. (SOB; EIH, LAU; WUN), auch *daisl* OP (dazu FO, PEG; HEB, LAU), *dęsl* (NM, PAR, SUL; HEB), *dạʃl* u.ä. (OVI; HEB, HIP), vgl. Lg. § 33e4, *daiʃtl* OP, OF (dazu FÜ, HEB, LAU, N), *dęʃtl* (NM), *daigsdl* (ESB; PEG, REH), mit Wegfall des als best. Art. aufgefaßten Anlauts *aigsl* OB, NB, OP, SCH (dazu EIH, HIP, WUG), *aiŋsl* (HIP, WUG), *ę̄gsl*, *ękʃl* (BOG, KÖZ, REG, VIT; CHA, NM, OVI, WÜM; EIH), *ạkʃl* (IN), wohl unter Einfluß von →*Achse daigs* (AIB, AÖ), *dạkʃ* (WOS), *dękʃ* (LL), *daigsn* (EG), *aigs* (ED, PAF, SOB; VOF; R, RID), *ạkʃ* (GRA), *aigsn* (SOB; KÖZ, LA), mit Anschluß an mhd. *ê dęigsl* (NM, SUL; FO, PEG), *dęisl* (NM, SUL; N), *dęisdl* (NM; N), *ęigsl* (KEH; OVI, WÜM), an mhd. *ei doαgsl* OB (dazu LA, MAL, PAN, VIB, VOF; R; A, FDB), *doigsl* (WS; KEH; PAR), *oαgsl* (LA, PAN), *oαgsn* (LA).

DWA VIII,K.1f.– Schmeller I,484.– WBÖ IV,1321-1324.

Abl.: *deichseln*[1], *Deichsler*(*er*).

Komp.: [**Änzen**]**d.** Gabeldeichsel, °OB vereinz.: *Anzndeichsl* Haag WS.– Zu →*Änze*[1] ‘dass.’.

WBÖ IV,1324 (Ēinetz(en)-).

[**Arm**]**d.** nicht herausnehmbare Deichsel: °*Armdeichsln* „mit den Deichselarmen fest verbundene Deichselstange“ O'högl BGD.

WBÖ IV,1324.

[**Doppel**]**d.** wie →[*Änzen*]*d.*, °OB, °OP, MF vereinz.: *Doubaeichsl* Rehling AIC; *Doppeldeichsel* DWA VIII,K.3f.

WBÖ IV,1324.

[**Dreh**]**d.** hochklappbare Deichsel, OB, OP, MF vereinz.: *Drahdeistl* Wdsassen TIR.

[**Ein**]**d.** wie →[*Änzen*]*d.*: °*Oa*^{n}*daigsl* Schalkham VIB; *Oadeichsel* Waltendf BOG DWA VIII,17.

[**Gabel**]**d.** dass., OB, °NB, OP, MF vereinz.: *Gobldeistl* Naabdemenrth NEW; *gōweaikʃn* O'glaim LA nach SNiB VI,158.

DWA VIII,K.3f.– WBÖ IV,1324.

[**Gig**]**d.,** [**Tschig**]**-** Deichsel eines Gigs, °OB, °NB, °OP, °SCH vereinz.: °*Tschigdeixl* „Deichsel eines zweirädrigen Einspänners, genannt *Tschig*“ Ruhstorf GRI; *Gigdeixel* Gallenbach AIC DWA VIII,7.

[**Halb**]**d.** **1** herausnehmbare Deichsel, °OB, °NB, °OP, °MF vereinz.: °*Halbdeichsl* „zum Abstellen des Wagens in kleinen Städeln“ Barbing R.– **2** kurze Deichsel, °OB, °NB vereinz.: °*Halbdeichsl* „halblange Anhängdeichsel für Schlitten“ O'högl BGD.

[**Roß**]**d.** Pferdedeichsel, OB, MF vereinz.: *Ochsn- und Roßdeixl* M'lstetten FFB; „eine *Roßeichsel* … die gebogen ist, während die Ochsendeichsel gerade ausgeht“ Neukchn VOH Schönwerth Opf. I,152.

[Scher(en)]d., [Ge-scher]- wie →*[Änzen]d.*, °OB, °NB, °OP, °MF vereinz.: *Schaardeiksl* „mit zwei Armen" Kochel TÖL; *Gschareichsl* Wackersdf BUL; „Gabeldeichsel beim Einspänner ... *šę̄ərədaikſl*" Hohenpeißenbg SOG nach SBS XIII,270f.

[Schnalz]d. wie →*[Dreh]d.*, °OP vereinz.: °*die Schnalzdeichsl* „wird zurückgelegt, damit sie in der Scheune weniger Platz einnimmt" Hahnbach AM.

[Schnell]d. dass.: °*Schnelldeichsl* „zum Aufschnellen, Zurückschlagen" Taching LF.
WBÖ IV,1325.

[Ein-spänner]d. wie →*[Änzen]d.*: °*Oaspaanadaiksl* Dfbach PA; *Uaschpännerdeigsl* Moorenweis FFB DWA VIII,K.4.
WBÖ IV,1325.

[Steck]d. wie →*[Halb]d.*1, °OB, °NB, °OP mehrf.: °*Steckeichsl* „wird in die Deichselarme hineingesteckt" Herrnwahlthann KEH; „*Steckdeichseln* ... dienten dazu, den Wagen ganz in die Schupfe hineinzubringen" Häring Gäuboden 97f.
WBÖ IV,1325.

[Waag]d. Wagendeichsel, OB, OP vereinz.: *da Woeichsl* Pondf RID; *Woagdeichsl* Haunzenbergersöll VIB DWA VIII,K.1f.

[Wagen]d., [Wäg(e)lein]-, [-a-]-, [Wägenlein]- dass., °OP, MF mehrf., °Restgeb. vereinz.: *d'Wåungdeixl raim* Mittich GRI; *Wagldeichsl* Adertshsn AM; *wa̜geaigsl* Englmannsbg DGF nach SNiB VI,158.– Phras.: „wenn eine Frau in der Hoffnung ist, sagt man, *sie habe sich an der Wagendeichsel gestoßen*" Neukchn VOH Schönwerth Opf. I,152.
WBÖ IV,1325.

[Wettern]d. wie →*[Änzen]d.*: *Wedandeichsel* O'pfraundf PAR DWA VIII,17.– Zu →*Wetter* 'gabelförmiges Verbindungsholz am Wagen'.

[Zang]d. dass.: *Zangdeichsel* Achdf LA DWA ebd.

[Zwei]d. dass.: *Zweieichsl* Zeholding LAN; *Zwanäxl* Heinrichskchn OVI DWA VIII,16.
WBÖ IV,1325.

[Zwie]d. dass.: *Zwiedeichsl* Waging LF; *Zwideichsel* Thanhm AM DWA ebd.

[Zwurgel]d. dass.: *die Zwurkldeichsl* Fronau ROD.– Zu →*Zwurgel* 'Astgabel'.

[Zwusel]d. dass.: *Zwusleichsl* Weihern NAB; *Zwusldeixl* Altenstadt VOH DWA ebd.– Zu →*Zwusel* 'Astgabel'.
WBÖ IV,1325 (Zwisel-). A.S.H.

Deichsel[2] →*Teufel.*

deichseln[1]
Vb. **1** (ein Fahrzeug u.ä.) lenken, steuern, °OB vereinz.: °*deixln* Grafing EBE; *deichseln* „Richtung geben (einem Wagen oder sonst einem Gegenstande)" M'nwd GAP Schmeller I,484; „Der Vordermann mußte das Gefährt so *deichseln*, daß er dem Schmiedsepp ... ausweichen konnte" Tremmel Ziagwagl 7.
2 deichseln, geschickt bewältigen, °OB vielf., °OP mehrf., °Restgeb. vereinz.: °*dös deixlt i scho, daß nåcha stimmt* Reichersbeuern TÖL; °*des håut a schüi deichslt* Dietkchn NM; *De Gschicht werdn ma scho deixln* Schlehdf WM HuV 15 (1937) 299.
Schmeller I,484.– WBÖ IV,1325.

Komp.: **[aus]d. 1** wie →*d.*2, °OB, °OP, °MF, °SCH vereinz.: °*des werma scho ausdeichseln* „in Ordnung bringen" Neumarkt.– **2** erklären, verständlich machen, °OB, °NB, °OP vereinz.: °*dem han is genau ausdeichslt, wia ers macha muaß* Passau.– **3** herausbekommen, herausfinden, °OB, °NB, °OP, °MF vereinz.: °*mei bis i dös blos ausdeichslt hob, wos dös bedeit* Schrobenhsn.– **4** auch refl., sich ausdenken, ersinnen, °OB, °NB, °SCH vereinz.: °*des hab i mir scho so ausdeichslt, daß a so geht* Bruckmühl AIB.– **5**: °*dös deichsl ma aus* „vereinbaren" Gaimershm IN.

Mehrfachkomp.: **[her-aus]d. 1** (ein Fahrzeug u.ä.) herauslenken, -steuern, °OB, °NB vereinz.: °*rausdeixlan* Tandern AIC.– **2** wie →*[aus]d.*3, °OB, °NB, °MF, °SCH vereinz.: °*dös wer mr scho rausdeixla* Burggen SOG.– **3** refl., sich herausreden, geschickt aus einer unangenehmen Lage befreien: °*der will si rausdeichsln* Friedbg.– **4** jmdm etwas entlocken: °*rausdeixln* Uffing WM.

[**ausher**]**d.** **1** wie →[*her-aus*]*d*.1, °OB, °NB, °OP vereinz.: °*dös Fouda howi gliggli außadeixlt* O'wildenau NEW.– Auch: °*den hab i außadeichslt* „jemanden aus einem Gewirr herausgeführt“ Rottau TS.– **2** wie →*d*.2, °OB, °OP vereinz.: °*dea hot dö Gschicht guat außerdeichslt* Fronau ROD.– **3** wie →[*aus*]*d*.3, °NB vielf., °OB, °OP mehrf., °OF vereinz.: °*so lang hod a hido, bis ers außadeichslt hod, wias geht* Starnbg; °*wenn ers aa laungt, d'Schandarm werns scho außadeichsln* Schaufling DEG.– **4** refl., wie →[*aus*]*d*.4: °*das hab i mir selber assadäxlt* Bodenmais REG.– **5** refl., wie →[*her-aus*]*d*.3, °OB, °NB, °OP vereinz.: °*då håb i mi außadeichslt* „aus der Affäre gezogen“ Taching LF.– **6** wie →[*her-aus*]*d*.4, °OB, °NB vereinz.: °*dem werd i d'Wahrheit scho außadeichsln* Aich VIB.– **7**: °*bis der dös außadeichslt* „umständlich erzählt“ Reit i.W. TS.

[**der**]**d.** **1**: °*s Roß laßt si net derdeichsln* „zügeln“ Riedering RO.– Auch: °*der kon de ned dadeixln* „hat sie nicht unter Kontrolle“ Grafing EBE.– **2** wie →*d*.2, °OB, °NB vereinz.: °*i kanns nöt dadeichsln* Passau.

Mehrfachkomp.: [**aus-der**]**d.** wie →*d*.2: °*dös hast wieda guat ausdadeichslt* Rosenhm.

[**hin**]**d.** dass., °OF mehrf., °Restgeb. vereinz.: °*döi hom dös sua hideichslt, daß koina gschpannt hat* Weiden.

[**zu-sammen**]**d.** **1** dass., °OB, °OP, °OF vereinz.: °*dös will i scho zamdeichsln* Falkenbg TIR.– **2** wohl dilettantisch anfertigen: °*was wird er denn alls zsammdeichsln* Deggendf.– **3** gedanklich kombinieren, in Verbindung bringen, °OB, °OP vereinz.: °*dös wern ma scho zammdeichsln* Weilhm. A.S.H.

deichseln[2], wüten, hetzen, →*teufeln*.

Deichsler(**er**)
M., Bastler, erfinderischer Mensch, °NB, °OP vereinz.: °*er ist ein alter Deichslerer* „ständiger Bastler“ Burglengenfd. A.S.H.

Teichtel →*Teuchel*.

deidei
I Interj., v.a. kindersprl., auch in Abwandlungen.– **1** Ausruf der Bewunderung, des Lobes od. als Hinweis auf etwas Schönes, OB, NB, OP, SCH vereinz.: *ei dei dei* „zu kleinen Kindern, wenn sie besonders gekleidet sind“ Ursulapoppenricht AM; *deidei* „Lob beim Gehenlernen“ Derching FDB; *Sie tragt a goldres G'schnür, da ruaf: „Dei, dei!“* Stemplinger Ovid 31.
2 Ausdruck der Zärtlichkeit, OB, NB, OP vereinz.: *deidei* „beim Liebkosen kleiner Kinder“ O'söchering WM.
3 Ausdruck der Beruhigung, OB, NB, OP, OF vereinz.: *deina deina* „beim Einschlafen eines Kindes“ Schönwd REH.– Phras.: *dei dei legn* „sich schlafen legen, zum kleinen Kind“ Volkenschwand MAI.
4 in Phras. *d. machen* / *gehen*.– **4a** tanzen, NB, °OP vereinz.: „kleine Kinder *machen deidei*“ Etzenricht NEW.– **4b**: °*gehn ma dei dei* „gehen wir spazieren“ Haselbach BUL.
5: *deidei* „es eilt, pressiert“ Rudelzhsn MAI.
II Adj., schön, °NB mehrf., OB, OP vereinz.: °*ja Dirnei, heit bist oba wieda deidei!* Tfnbach PA; *eitʃ bīsd ǭwa wida dáidái!* nach Kollmer II,414.– Auch: *dö is deidei, recht gscheat bonanda* „übertrieben modisch gekleidet“ Hengersbg DEG.
III Subst.– **1** N., etwas Schönes, NB, OP vereinz.: *das Deidei* „schönes Ding“ Passau.
2 N., Spielzeug, NB vereinz.: *du griagst a Deidei* Reisbach DGF.
3: *Deidei* „lächerliche Sache“ Perlesrt WOS.
4 M.: *er hat an Dei-dei* „Bierrausch“ Wasserburg.

Etym.: Lallwort; WBÖ IV,1312.

WBÖ IV,1311f. A.S.H.

†Teiding, -ung, Tageding
N., F., in heutiger Mda. nur gekürzt im Komp.
1 Gerichtsverhandlung, Gerichtstermin: *der richter … sol … drew taedinch nach einander vorsten* 1340 Stadtr.Mchn (Dirr) 328,1-4; *sollen die beampte ingedenck sein, in theidung der freveln, keinen kosten auffzuwenden* 1658 Wüst Policey 740 (Landsordnung Oberpfalz).
2 Verhandlung, Beratung: *da man darumb vil teyding und künkleich täg hin und her het* AndreasvR 624,41f.
3 Vertrag, Übereinkunft: *daz div tædinch also stæt beleiben* Dachau 1288 Corp.Urk. II,340,17f. A; *alda endt sich die bibel, die alt ê, pund und schriftlich teiding und vertrag* Aventin IV, 312,26f. (Chron.).– Auch Waffenstillstand: *Inducie tagadinch* Tegernsee MB 10./11.Jh. StSG. II,131,46.

4 kurze Frist: *Diecula tagadinc* Rgbg 11.Jh. ebd. 420,46.
5 leeres Geschwätz, Gerede: *wer … zuoehoert weltlichen maeren vnd zeitlichen taedigen* BERTHOLDvCh Theologey 82.

Etym.: Ahd. *tagading, tago-, tegi-*, mhd. *tagedinc, tege-, tei-* stn./m., *tagedinge* stf., Komp. aus → *Tag* u. → *Ding*; KLUGE-SEEBOLD 911.

SCHMELLER I,585; WESTENRIEDER Gloss. 576f.– WBÖ IV, 1328-1331.

Abl.: *teidingen, Teidinger, Teidigung.*

Komp.: †[**Ab**]**t.** Vergleich, Absprache: *Umb abtäding mit dem gericht* 1343 Stadtr.Mchn (AUER) 164.

WBÖ IV,1331.

†[**Bau**]**t.** grundherrschaftliches Gericht: *Waer, daz ein man einen pauren, der auf seinem gůt gesezzen ist, vercheren* [ablehnen] *wolt … in dem paẃtaedinch* Obb.Landr.1346 101.

SCHMELLER I,186, 585.– WBÖ IV,1333.

†[**Fäsel**]**t.** wie → *T.*5: *das wir lauter pueben oder narren sein, gên mit lauter veselteiding und trug umb* AVENTIN IV,571,1-3 (Chron.).

†[**Frevel**]**t.** Gericht über kleinere Vergehen: *die Lügen vnd Freveltheidungen … über Jahr nicht anstehn zu lassen* Landesord.1599 184.

†[**Ehe-haft**]**t.** reguläres Gericht: *in publicis placitis, quae … ehaftteidinge vulgariter appellantur* Passau 1252 Rechtswb. II,1231; *das man alle jar jarlich zway ehaft täding zu Prien auf der landschrannen besitzen sol* Prien RO 1498 BREIT Verbrechen u.Strafe 43.

SCHMELLER I,585; WESTENRIEDER Gloss. 120.– WBÖ IV, 1335f.

†[**Nach**]**t.** nachfolgende Gerichtsverhandlung: *das Er auf die Nachtheding, die der Richter gebeüttet, nicht khumbt* 1333 Schrobenhsn.Stadtrechtsb. 20.

WBÖ IV,1339.

[**Narren**]**t., Narretei 1** Narrenposse, Scherz: *a Nårretai* „toller Streich“ Wasserburg; *Fürnemli' g·hört dazua-r- a bissál Narratei* Unterer Bay. Wald DMA (FROMMANN) 4 (1857) 547; *mit büberei, narrenteidingen und bulerliedlin vermischt* AVENTIN I,331,16f. (Dt.Chron.); *alle zur fastnacht-Zeit gewöhnliche Unordnung in fressen, saufen, mummerey und dergleichen Narrentheidung … verbieten* Sulzbach 1668 Bayerld 18 (1907) 198.– **2** törichte Handlung od. Vorstellung, °OB, NB, OP, SCH vereinz.: *dö reinste Narradei!* Hengersbg DEG; *Narrethey … aberwitz* SCHÖNSLEDER Prompt. p2^r^.

DELLING II,86; SCHMELLER I,585; ZAUPSER 54.

†[**Not**]**t.** Gewalttat: *daß viel Rauberey, Dieberey, Mordbrand … Nothtaiding und andre Beschädigung … geschehen* Landshut 1498 BLH XIII, 70.

SCHMELLER I,586.– WBÖ IV,1339f.

†[**Stift**]**t.** Gericht eines Stifts: *Ez sol … der selb vlrich und Chunrat sin svn iærchlich erschẽinen in dem stiftaiding* 1299 Corp.Urk. IV,536,6f.; *Es schol … ain amman … di zwen tag in den stiftteidingen zwen vorsprechen haben* Winhöring AÖ 1.H.15.Jh. GRIMM Weisth. VI,133.

WBÖ IV,1340. A.S.H.

teidingen, teidigen

Vb., ä.Spr., in heutiger Mda. nur im Komp.
1 gerichtlich verhandeln: *daz daz getædinget/ vnd geendet werde mit dem rechte* Rgbg 1288 Corp.Urk. II,355,30f.; *was sich händel im gericht Aschau begeben hat, haben die von Freiberg und ir vorfodern … ye und ye getädingt* 1477 BREIT Verbrechen u.Strafe 36; *unsere landsa^e^ssen … die ihnen strafbare frevel … nit thaidigen* 1658 WÜST Policey 741 (Landsordnung Oberpfalz).
2 verhandeln, beraten: *in sachen dy geistlichen und pürgerschafft belangend … etlich tag … getedingt* Rgbg 1522 Chron.dt.St. XV,47,5f.
3 streiten, Meinungsverschiedenheiten austragen: *Ich hab mit in geredt und getådingt mit mund zu münd* HARTLIEB Dial. 322,23f.
4 beschließen, bestimmen: *man würd die sach teidingen, das es zu kainer schlacht kummen solt* AVENTIN IV,528,22f. (Chron.).
5 sich einigen, eine Übereinkunft treffen: *die nechsten zwai jar ze taidingen mit allen den fremden juden, die jetzů hie sint* 1354 Rgbg. Urkb. II,45.– Auch einwilligen: *Wird er aber Dinckh flüchtig* [sich dem Gericht entziehend] *… und tädingt er Nicht in den dreien tagen* Neuburg 1332 OA 45 (1888/1889) 250.
6 vermitteln, schlichten: *daz wir also getaidingt haben/ zwischen der fursten/ hertzog Ludwigen/ vnd hertzog Otten* Rgbg 1291 Corp.Urk. II,604, 7f.; *Hertzog Albrecht … tädingt zwischen Her-*

tzog Jörgen und der von Ulm FÜETRER Chron. 220,1-3.
7 zuteilen, zusprechen: *Vnd ist ... im daz obengenant gůt mit allem zůgehörn ... getaydingt vnd gesprochen* Vilsbiburg 1386 Urk.St.Veit 133.
8 wohl büßen, eine Strafe erleiden: *Andre Sighart ... hat tadingt darumb, (daß) er ... dem Jorg Daxen ein tod swein fur sein stuebn venster ... hat zogen* Hzhsn WOR 1511 BJV 1956, 128.
9 jmdn zu etwas bewegen, bringen: *herzog Wilhalm ... wolt sich nit mer in den krieg tädigen lassen* ARNPECK Chron. 617,25-27.

Etym.: Ahd. *-tagadingôn*, mhd. *tagedingen, tege-, tei-*, Abl. von →*Teiding*; KLUGE-SEEBOLD 957 (verteidigen).

SCHMELLER I,585; WESTENRIEDER Gloss. 577.– WBÖ IV, 1341f.

Komp.: †[**ab**]**t.** **1** durch Vereinbarung od. gerichtlich abgewinnen: *wann einer einen Wandel* [Geldstrafe] *abtaidingt mit einem armen Mann* Wasserburg 1470 BLH VII,253.– **2** sich vergleichen, absprechen: *Chain hantwerch sol abtaidigen mit dem richter umb der stat gesetzt* 2.H.14. Jh. Stadtr.Mchn (DIRR) 533,19f.– **3** sich versöhnen, Frieden schließen: *das si mit den veinten umb dhein* [kein] *gelt nicht abteydingen sullen* 1388 H. KNAPP, Alt-Regensburgs Gerichtsverfassung, Strafverfahren u. Strafrecht bis zur Carolina, Berlin 1914, 121.– **4** sich auf eine Vereinbarung einlassen: *sich nit abthädigen lassen, auf ain ander mal herwider zekhomen* Mchn 1488 Stadtarch. Mchn, Zim. 52, fol.62r (Eidb.).

SCHMELLER I,585.– WBÖ IV,1342f.

†[**an**]**t.** **1** rechtlich belangen, anklagen: *der genannt Barth ainen Rath ... zu Recht angedaigt hat* 1466 BERGMANN Mchn 57 (Urk.b.).– **2** rechtsgemäß beanspruchen, um etwas vor Gericht klagen: *noch alle di habe ... umb di 100 lb nimmermere ansprechen, anteidingen noch anvirtigen schůln noch můgen* 1367 Rgbg.Urkb. II,315.

†[**aus**]**t.** auslösen, aus Gefangenschaft freikaufen: *die Parsperger ... haben ... die Armen ... benöthiget, daß sie sich ... um Geld haben austhaidingen müssen* 1491 BLH X,388.

WBÖ IV,1343.

†[**bau**]**t.** vor einem grundherrschaftlichen Gericht verhandeln: *Er sol auch alliu jar ... putedingen mit den selben herren nach gewonheit anderr muller* Eichstätt 1353 MB L,414.

WESTENRIEDER Gloss. 71.

†[**be**]**t.** **1** vereinbaren, aushandeln, festsetzen: „die *heyrat* zwischen der *Neuen Wirtin* und dem Kammerer von drei Männern auf jeder Seite *beteidingt* ... wurde“ Wunsiedel 1513 SINGER Hochzeit 12.– **2** wie →*t.*9: *betheidigten in mit gueten worten, das er die pös gesellschaft alle urlaubt* AVENTIN V,214,6f. (Var.) (Chron.).– **3** wie →[*an*]*t.*1: *daß solche* [Verbrecher] *nit obenhin ... durch iemand anders betheidiget* 1658 WÜST Policey 755 (Landsordnung Oberpfalz).

SCHMELLER I,585; WESTENRIEDER Gloss. 577.– WBÖ IV, 1343f.

†[**ein**]**t.** wohl vor Gericht vorladen, einbestellen: *Sj ettlich mal vbel Tractiert, sej schon Zum dritten mal eindadigt worden* 1598 Stadtarch. Rosenhm Abt. B/C PRO 140, 29.

SCHMELLER I,585.

[**ver**]**t.** **1** †wie →*t.*1: *als er ez nach sines Rates rat vertaidinget hat* Mühldf 1291 Corp.Urk. II, 660,35f.; *es soll ... über unser Grundt und Poden niemand sigiln ... noch anderstwo vertättigt werden* Osterhfn VOF 1440 HARTINGER Ordnungen I,355; *solche freflung vor ihnen gebuerlich vertheidigen lassen* 1658 WÜST Policey 739 (Landsordnung Oberpfalz).– **2** †schlichtend beilegen: *daz der Chriech ... ist von Herm Hainrich ... vnd vlrich dem Tannær ... vertaidingt* Edlhsn PAR 1299 Corp.Urk. IV,606,5-9.– **3** †refl., wie →[*ab*]*t.*3: *daz si sich mit vns also vertaidinget habent* Mühldf 1285 ebd. II,135,1f.; *wo er sich anders mit vns/ vnd deß erschlagnen Freunden/ nit verthädigt/ oder verträgt* Landr.1616 436.– **4** †richterlich verurteilen, mit einer best. Strafe belegen: *Peter Puhler beclagt Jorgen tatnhauser vmb 24 glden ist bekhenntlich vnd ... parzbezalen vertedigt* 1559 Stadtarch. Rosenhm Abt. B/C PRO 136, 61.– **5** als Verteidiger vor Gericht vertreten: *sa Vatrötta hådn guad vataitigt* Mittich GRI; *Sie brauchen mi net z'verteidingen* THOMA Werke III,255; *daß ... der arme Gefangne ... durch einen bestellten Redner ... verthädigt worden* Landr.1616 820f.– **6** gegen Angriffe schützen: *do hots an Nodernkini ... drent daba, den hammant d'onern voteidigt* KÖZ, VIT BJV 1953,36.– **7** gegen Vorwürfe verteidigen, für jmdn od. etwas eintreten: *verteidinga* Passau; *wo i doch meine Ehre vateidign hob miassn* TOCHTERMANN Oiß wos Recht is 172.

SCHMELLER I,585f.; WESTENRIEDER Gloss. 627.– WBÖ IV, 1344-1346.

†[**un-ver**]**teidi**(**n**)**gt** wohl gerichtlich beigelegt, nicht verhandelt: *Ws sj aber gegen der fl obrigkhait verprochen ... Jst vnuerdädigt* 1595 Stadtarch. Rosenhm Abt. B/C PRO 139, 8.

†[**not**]**t.** Gewalt antun: *Wer trölich außtrit/ oder jemand beuehet* [befehdet] *oder notthedigt* Landsfreyhait 1553,fol.v^v^.

SCHMELLER I,585f.– WBÖ IV,1346.

†[**über**]**t.** wie →*t.*9: *uberthedingten in mit gueten worten, das er ... ân wer und harnasch für den künig ... käm* AVENTIN V,214,6-9 (Chron.).

†[**unter**]**t.** wie →*t.*6: *zu untertaidingen, und zu versuchen, ob Wir mit samt den ... Bischöffen ... noch etwas Gutes ... erlangen mögen* 1460 BLH V,42.

SCHMELLER I,586.– WBÖ IV,1346. A.S.H.

Teidinger, Teidiger

M., ä.Spr., in heutiger Mda. nur im Komp., Mittelsmann, Schiedsmann: *Des schaides was vnser taidinger brvder Chvnrad von Læntfrideshoven* Mchn 1292 Corp.Urk. III,22,3f.; *Diser künig was spruchman und taidiger in diser zwitracht* AVENTIN IV,139,17f. (Chron.).

Etym.: Ahd. *tegedinger*, mhd. *tagedinger*, *tege-*, *tei-* stm., Abl. von →*Teiding*; PFEIFER Et.Wb. 1511.

SCHMELLER I,586.– WBÖ IV,1346.

Komp.: †[**Aus**]**t.** dass.: „Siegler ... Gewolf Gräul als *der sache auzzteidinger*“ Seligenthal LA 1317 VHN 29 (1893) 211.

[**Ver**]**t. 1** †dass.: *wand si der vorgeschriben sache vertaidinger vnd verrichter gewesen sind zwischen dez genanten abbts vnd dez conuents ze Raitenhaslach* 1343 Urk.Raitenhaslach 618.– **2** Fürsprecher, jmd, der jmdn od. etwas gegen Vorwürfe verteidigt: *Christus ... wil ... allzeit vor got ir vertêdiger mitler und vorsprech sein* AVENTIN IV,805,17-20 (Chron.).– **3** Strafverteidiger: *wei sei Dochda ... bei am ganz berühmta Vateidiga ... ois Lehrling is* TOCHTERMANN Oiß wos Recht is 135.

WBÖ IV,1346f.

†[**Mit**]**t.** Beteiligter bei einem Schiedsspruch: *dye er darzu, als mitteydiger genomen vnd gezogen hat* Michelfd ESB 1482 MB XXV,409.

SCHMELLER I,586.

†[**Not**]**t.** Gewalttäter, Gesetzesbrecher: *so sollen sy an jrem leyb vnnd leben alls lanndsfrydprecher vnd notthädiger darumb gestrafft werden* um 1552 WÜST Policey 430.

SCHMELLER I,585f.– WBÖ IV,1347.

†[**Be-stands**]**t.** Zeuge bei einem Pachtabschluß: *bestandts tädinger s. g. die Ersamen V. Pettenpeck* Indersdf DAH 1482 OA 25 (1864) 88.

†[**Unter**]**t.** wie →*T.*: *Avitus ... ward ... undertaidinger und spruchman zwischen den Römern und Gotten* AVENTIN IV,1134,22-25 (Chron.).

SCHMELLER I,586.– WBÖ IV,1347. A.S.H.

Teidigung

F., ä.Spr., in heutiger Mda. nur im Komp. **1** gerichtliche Verhandlung: *Von auffmerckung und theidigung der freveln, wandel und unthaten* 1658 WÜST Policey 739 (Landsordnung Oberpfalz).
2 Vermittlung, Schlichtung: *die beuerischen ... wolten von kaim frid, von kainer theidigung gar nit reden* AVENTIN IV,528,23f. (Var.) (Chron.).
3 Vereinbarung, Übereinkunft: *In solcher Zwitracht ... ich ... ain Abred und Thedigung zwischen ihr baider Parthey gemacht hab* Schongau 1457 LORI Lechrain 169.

WBÖ IV,1347.

Komp.: †[**Be**]**t.** wie →*T.*2: *durch rat v. betädigunb* Indersdf DAH 1462 OA 24 (1863) 369.

WBÖ IV,1347f.

[**Ver**]**t. 1** †wie →*T.*3: *mit gepürlicher vertheydigung oder auffgerichten vertregen, zwischen vnnser, vertragen vnnd verricht* Passau 1536 WÜST Policey 287 (Gerichtsordnung).– **2** Abwehr, Schutz vor einem Angriff: *Von äsnan Tor, do is de Voteidigung oganga, und ... do ... hammant si gwiehrt, de Bauern* VIT BJV 1953,40.– **3** Fürsprache, Verteidigung gegen Vorwürfe: *daß sie anstat, der Beförderung und Verthätigung der Wahrheit und Gerechtigkeit, sie verhindern* Mchn 1.H.17.Jh. Bayerld 19 (1908) 396.

WBÖ IV,1348.

†[**Heirat**]**t.**: „Verlobung ... 1534 *Heirath taydigung* (neben *Ehetaydigung*)“ SINGER Hochzeit 11. A.S.H.

Teie
F., Viehunterstand auf der Alm, °OB vereinz.: *Tai* Bernau RO.

Etym.: Rom. Lehnw. kelt. Herkunft; WBÖ IV,1348.

Schmeller I,573.– WBÖ IV,1348-1350. A.S.H.

teien
Vb. **1** (Kuhmilch) saugen, °OB vereinz.: *dei lassn* O'audf RO; *deien* Schmeller I,477; *den sugenten (tigente)* Windbg BOG 12.Jh. ZDA 8 (1851) 133.
2 †: *deien* „säugen" Schmeller ebd.
3: *däin* beim Essen schmatzen Staudach (Achental) TS.

Etym.: Mhd. *dîen*, *t-*, *tigen*, germ. Bildung idg. Herkunft; WBÖ IV,1350.

Schmeller I,477f., 493.– WBÖ IV,1350-1352.

Abl.: *Teier*, *teietzen*.

Komp.: [**aus**]**t.**: *s Boa ausdain* „kauend auszuzeln" Hiesenau PA.

WBÖ IV,1352. A.S.H.

Teier
M. **1** Schnuller, °südl.OB mehrf.: °*da Daia* „Leinentuch mit Brot und Zucker, in Milch eingetaucht" Halfing RO.
2: °„mit dem *Daja* (Sauger) läßt man ein Kalb aus dem Schaff trinken" Reit i.W. TS.

WBÖ IV,1352f.

Komp.: [**Brot**]**t.**: *Broutdeija* „in Stoff eingewikkeltes Brot als Schnuller (früher)" Sojer Ruhpoldinger Mda. 7. A.S.H.

teietzen, teitzen
Vb.: *deitzn* beim Essen schmatzen Neukchn LF.

WBÖ IV,1353. A.S.H.

Teig
M., vereinz. N. (DAH). **1** beim Backen, Kochen.– **1a** Teig, °OB mehrf., °Restgeb. vereinz.: °*Toag knetn* Spatzenhsn WM; °*dau schmögz na Doa* Lohbg KÖZ; *də duəh gēt* Dinzling CHA BM I,252; *des Bsunda hob i scho nei in's Doag aa* Scholl Dachauer Gesch. 31; *Pasta têic* Aldersbach VOF 12.Jh. StSG. III,225,47; *der brôtbecke … swemet den teic mit hefel* BertholdvR I,285,13f.; *der taig mŭs aber nit gar din aŭs gewalckt* // *Sein* Pickl Kochb.Veitin 93.– Phras.: „Sauerteig … [man nimmt] *an saurən tǫag*" Dießen LL nach SBS X,410.– °*Der is wia Doag* „wankelmütig" Schwandf.– *Dea håt an Doag ön Gsicht* „ein paar recht fette Wangen" Schönau VIT.– °*Der hot eiglangt en Toig* „sich in eine unangenehme Lage gebracht" Klardf BUL.– *In den T. fallen* u.ä. in eine unangenehme, unglückliche Lage kommen, °OB, °NB, °OP, °MF vereinz.: °*der is schö einögfalln an Toag mit dera* Ziegelbg RO;– °*dem sei Glück möcht i habn, der is ja direkt in Toa einögfoin* „in eine glückliche Lage geraten" Lam KÖZ;– °*no, der is schö in Toag einigfalln* „besoffen" Schönbrunn LA.– °*Toag im Mai ham* „nuscheln, undeutlich reden" Frsg.– *An Toag as Mäu eistreicha* „einem schöntun" Simbach PAN.– °*Nichts ausm Toag bringa* „zaudern" Lenggries TÖL;– *in Toagk steckat bleim* „faul sein" Etzenricht NEW.– *Den T.* (*gut*) *anrühren* / *-richten* / *schlagen* u.ä. für gute Stimmung sorgen, °OB, °NB, °OP vereinz.: *den Doag hanö guad agriat* Mittich GRI;– °*den Doag arichtn* „Geschäftsverbindungen vorbereiten" Passau;– °*an Toag anandgricht* „Unfrieden gestiftet" ebd.;– erweitert: *jatz sitz i drin an Doag, denst du angriat håst* „bin ich in der unangenehmen Lage, die du verursacht hast" Mittich GRI.– °*Jetzt is da Doag gehat woan* „endlich tut sich was" Aigenstadl WOS.– *Wåust higraiffst, graiffst auf lautta Doag* „überall geht es schmutzig und charakterlos zu" Mittich GRI.– *Mir san ma alle aus oan Doa bacher* [alle Menschen sind gleicher Abstammung] Siebzehnriebl Grenzwaldheimat 245.– „*Süst wurd' ma' der Toag aa gaing z'le'* [weich] … würde es zu spät" Dreyer Bayern 132.– Spruch: °*wia hamas denn, ess ma an Doag, wia a is, oder mach ma do wos draus?* „wenn keine Stimmung aufkommt" Pocking GRI.– Rätsel: *Wos gaid in Hulz und braucht koin Wurtzl? … – Dar Doag in Kübl* O'bernrieth VOH Schönwerth Leseb. 284.– **1b** meist Dim., Mischung aus Mehl u. Wasser zum Eindicken, °OB, °NB, °OP, °SCH (FDB) vielf., °MF vereinz.: °*ans Kraut mach i a Toagerl hi* Landshut; °*a Doigl årian* „an eine Suppe oder Soße" O'nrd CHA; *d'Muatta … hat no' in der Kuchl mitg'holfa mit Dampferln macha und Teigln o'rühr'n* Franz Lustivogelbach 83; *verfertige auch ein kleines Taiglein* Hagger Kochb. I,2,13.– **1c** Vorteig, Sauerteig, °OB, °NB, °SCH vereinz.: °*s Daigl arührn* Dirnbg VIT; „den Vorteig bereiten beim Hefeteig … *a dǫaxla måha*" Dietfurt WUG nach SBS X,423.– **1d**: *Toigl* kleiner Brotlaib aus dem Teigrest Maxhütte BUL.

2 breiige, weiche Masse.– **2a** breiige, teigige Masse, °OB, °NB, °OP vereinz.: *s Brot is no lauta Toag* Mchn; *Dirts* [ihr] *möits na Taag a weng festa haltn, wenna sua lätschat is, laafm ja de Stickla vanana* SCHMIDT Säimal 38; *Massam teik* Rgbg 10.Jh. StSG. II,333,66; *Man sol chainen slůzzel wůrchen ... die auf taik oder auf wachs sind gedrucket* 1365 Stadtr.Mchn (DIRR) 418,17f.; *Wan die Mühl erlegt würdt und ain Taig fassen will, soll sie ... außgehebt werden* Erding 1606 ZILS Handwerk 109.– **2b** Dreck, Matsch, °OB, °NB, °SCH vereinz.: °*der Weg war oa Toag* Garching AÖ; „Das Material der Hafenmacher war Schamotte, *Dreck, Toag* ... der beim *Hafermocha* übrigblieb" HALLER Geschundenes Glas 40.– **2c**: *Doag* „Malzkeimschlamm, zur Schweinemast" Reisbach DGF.
3 Zahnstein, °OB vereinz.: *an Zenan an Toag droham* Erding.
4 Säugling mit weichen Knochen: °*im Wagl drin is a winzigs Doagei gleng* Schonstett WS.
5 Geld, °OB, NB, OP vereinz.: *uma zwoa rum is uns da Toag ausgangga, aft sama hoamgangga* Traunstein; *Dabei geht's, wenn's der Doag ... erlaubt, hoch her* Bay.Wald HuV 13 (1935) 105.
6 Unangenehmes, Ärgerliches: *do host iaz dein Toag!* „was hast du nur angerichtet!" O'audf RO.

Etym.: Ahd. *teig*, mhd. *teic* stm., germ. Bildung idg. Herkunft; KLUGE-SEEBOLD 911.

Ltg. Formen: *dǫag* OB, NB, SCH, auch OP (dazu HEB, HIP), vgl. Lg. § 27d3, *-x* OP, MF (dazu AÖ, FS, IN, LF, PAF; KEH, LA, MAI, MAL, ROL; DON), *dǫa* (BOG, KÖZ, REG, VIT; R), *duag* (RID), *-x* (CHA), *dua* (BOG, KÖZ, VIT), *dǫig* (FS, LF; DEG, GRI, KÖZ, PAN, WEG; AM, OVI; WUG; ND), *-x* (IN; OVI; EIH, HIP, SC, WUG), *dåg* OF (dazu ESB, KEM, NEW, TIR), *-x* (KEM, VOH, TIR; REH; AN, FÜ, GUN), *dāg* OF (dazu HEB), *-x* MF (dazu PEG), mit analogem Uml. aus Dim. *deag* (FFB).– Dim. *dǫag(a)l(a)* OB, NB, OP, SCH, *-gai* u.ä. südl.OB, *dǫax(a)l(a)* (KEM, NAB, PAR, TIR; WUG), *dǫig(a)-l(a)* NB, OP (dazu AIC, IN, MB; EIH, HIP), *-gai* (RO, TS; GRA), *dǫix(a)l(a)* (AM, NEN, PAR, TIR; WUG), *dåg(a)l(a)* u.ä. (ESB; FÜ, HEB, LAU, SC), *dāxl* (LAU), mit analogem Uml. *deagl(a)* (FFB, GAP, STA, WM).

SCHMELLER I,595.– WBÖ IV,1353-1360.

Abl.: *teig, Teige, Teigel*[1], *teig(e)lig, teigeln*[1], *teigen, -teigen, teigerig, teigerln, teigetzen, teigig, teigisch, Teigler, Teigling.*

Komp.: [**Erd-apfel**]**t.,** [**-äpfel**]- Kartoffelteig, OB, NB vereinz.: *Erapfedoag* Winzer DEG.
WBÖ IV,1360.

[**Brand**]**t.** Brandteig: *Brandteige zu machen* HUBERINN Kochb. 466; *Es können die ... Schnitzlein von ... gebratnen Kälber-Schlegeln| in ... Brand-Taig| von süssen Milchram und Eyern ausgebachen werden* HAGGER Kochb. III,1,88.– †Phras. *mürb wie ein B.* wohl leicht zu kauen, übertr. ohne Widerstandskraft: *Mürb wiə ə~ Brandtaeg* SCHMELLER I,360; *der Teufel ... laß ihn ... braten, bis er so mürb wird, wie ein Brandteig* BUCHER Werke IV,44.
SCHMELLER I,360.– WBÖ IV,1361.

[**Brezen**]**t.,** [**Brezel**]- **1** Brezenteig, OB, NB, OP vereinz.: *Brezndoach* „für Laugen- oder mürbe Brezen" Sulzbach; „eine resche Krone aus *Brezenteig*" Mchn SZ 7 (1951) Nr.29,4.– **2**: *bre:zndoag* „Teig f. 'Brezenknödel'" KILGERT Gloss.Ratisbonense 163.
WBÖ IV,1361.

[**Brösel**]**t. 1** Mürbteig, OB, NB, OP vereinz.: *Brösltoag* „zur Bröselsuppe" östl.NB; *Bröisltoag as Butta, Brod, Mehl, Zucka und Oirdudan* Wdsassen TIR; *Bröselteig zu Obstkuchen* SCHANDRI Rgbg.Kochb. 174.– **2**: *Brösltoag* „Teig mit Semmelbröseln für Knödel" Mchn.
WBÖ IV,1361.

[**Brot**]**t.** Brotteig, °OB, °NB, OP, SCH vereinz.: *da Broudtoig wiad ois Zugpflasta vawendt* Hengersbg DEG; „Das *Klözenbrod*, aus *Brodtaig* und gedörrten Birnen bestehend" LEOPRECHTING Lechrain 210.
WBÖ IV,1361f.

[**Butter**]**t.** wie →[*Brösel*]*t.*1: *A Gansjung mit Buttatoag* LAUTENBACHER Ged. 86; *Mach ein bůtter taig an* PICKL Kochb.Veitin 127.
WBÖ IV,1362f.

[**Flecklein**]**t.** Teig für flache Teigstücke (→*Fleck*), OB, NB, SCH vereinz.: *aufn Flöckldoag muas ma aufbassn* Mittich GRI; „Man mache den ... *Fleckelteig* ... und steche mit einem Stutzglas runde *Fleckeln* aus" M.K. DAISENBERGER, Bayer'sches Kochb., [14]München u.a. 1837, II,31.
WBÖ IV,1363f.

[**Germ**]**t.,** †[**Gerben**]- Hefeteig, NB mehrf., OB vereinz.: *Germtoig* Tittmoning LF; *Geermdoag* Aufhsn LAN Passauer Bistumsbl. 75 (2010) Nr.51,28.
WBÖ IV,1364.

[**Ur-hab**]**t.** Sauerteig: *Uratoag* Neuschönau GRA; „knetet er … den geweihten *Urateig*" VIT Bayerld 48 (1937) 503.– Auch mit Sauerteig versetzter Teig: *a uara·toag* (Sauerteig-Teig) *is 's háyt* STRÖBL Malching 61.– Zu →[*Ur*]-*hab* 'dass.'.

WBÖ IV,1364.

[**Hefel**]**t. 1** dass.: *Hefltoag* Sauerteig Ettal GAP.– **2** wie →[*Germ*]*t.*, OB vereinz.: *Höffidoag* „Hefeteig" Peiting SOG.– Zu →*Hefel* 'Sauerteig, Hefe'.

WBÖ IV,1364.

[**Hefe(n)**]**t.**, [**Hepfen**]- **1** wie →[*Germ*]*t.*, OB, °OP, OF, MF, SCH vielf., NB vereinz.: *Häpfadoag* Hohenlinden EBE; °*der Häffatoag woar vül z'vül ganga* Weiden; *nacha kenna mia den Hefatoag zum Aufgehn net in sei warm's Bett neistelln* MM 11.7.1996, 21; *machs an wie ein andern höffen*/ *taig* PICKL Kochb.Veitin 126.– Phras. *aufgehen wie ein H.* u.ä. aufbrausen, zornig werden, °OP vereinz.: °*afgäih wöi a Häfatoag* Sulzbach-Rosenbg; *Haouchganga isa, da Franz, wöi a Heffatoag* HEINRICH Gschichtla u. Gedichtla 32.– **2**: °*Häfferdoagerl* „Vorteig" Rottendf NAB.– **3** wie →[*Ur-hab*]*t.*, OB vereinz.: *Hefatoag* Sauerteig Lochhsn M.

WBÖ IV,1364.

[**Hörnlein**]**t.** Teig für Hörnchen, Kipfel, OB, NB, OP vereinz.: *Herndldaach* „mit Milch" Neukchn VOH.

WBÖ IV,1364f.

[**Kipflein**]**t.** dass., NB, OP vereinz.: *Kipfötoag* Hengersbg DEG.

WBÖ IV,1365.

Mehrfachkomp.: [**Eier-kipflein**]**t. 1** dass., °OB, NB vereinz.: °*Oargipfltoag* Salzachgau.– Phras.: °*dau bist wirkli in Oiarkipföltoich einegfalln* „in eine unangenehme Lage gekommen" Schnaittenbach AM.– **2**: *dös ist da reinst Oaküpfltoag* „heikle Angelegenheit" O'nzell WEG.

[**Knödel**]**t. 1** Teig für Knödel: °*Gnöldoag* Neufraunhfn VIB; *Stell när awaal as Knialwassa hie am Uafm, daaß kocht, bis d'na Knialtaag ferte haoust!* SCHMIDT Säimal 130.– **2** Teig für in Schmalz gebackenes Hefegebäck (→*Knödel*), NB, OP vereinz.: *da Knöaldoag* „für Krapfen" Mittich GRI.– Phras.: *die Föichtnstöck … mitaran Wurzlwerk, waou aasarananergäiht, wöi a Knialtag in der Pfanna* SCHEMM Stoagaß 20.– **3** wie →*T.*1b: *s Gnedldoagal* Mischung aus Wasser und Mehl, die man dem Kraut beim Kochen zusetzt Aspertsham MÜ.

WBÖ IV,1365.

Mehrfachkomp.: [**Leber-knödel**]**t.** Teig für Leberknödel, übertr.: *dös Gsicht is da reinst Leberknödltoag* „hat viele Leberflecken" Cham.

[**Kuchen**]**t.**, [**Küchlein**]- **1** Kuchenteig, °OB, OP vereinz.: *Khouchadoach* Stadlern OVI; *bacht aus Kuachatoag … a Osterlamm* Altb.Heimatp. 65 (2013) Nr.13,11; *Pastētaig od kucheltaig* Voc. Teutonico-Latinus y.iiij[r].– **2** wie →[*Knödel*]*t.*2, °OB, NB vereinz.: *der Küachötoag in der Båmoitan* [Teigschüssel] Tann PAN; *kχiaχldoag* „Schmalznudelteig" nach SCHWEIZER Dießner Wb. 202.– Phras.: °*dea hot a Backa wöi a Köichldoag* fette Wangen Fronau ROD.

WBÖ IV,1365.

[**Laiblein(s)**]**t. 1** Teig.– **1a** Teig für Semmeln, Brot, °OB mehrf., °NB, °OP, °OF vereinz.: *Loawidoag* Walpertskchn ED; *Loiwltoagk* Etzenricht NEW; *Vo'Loawitoag a braune Krust'n* FRANZ Hutzelweck'n 3.– Phras.: *gejbrau*[n] *wia a Loabötoag* „von brauner Hautfarbe" östl.OB.– Auch als Sprachtest für Auswärtige, °OB, °NB, OP vereinz.: „wer beim Hamstern nicht *Oachkatzl* und *Loabltoag* sagen kann, dem bleibt die Vorratskammer verschlossen" O'nzell WEG; „Kann ein *Zuagroasta … Loawedoag …* einwandfrei aussprechen, wird er als Einheimischer anerkannt" ILMBERGER Fibel 46.– **1b**: *Loawladoag* „Plätzchenteig" Wb.Krün 32.– **2** übertr. von Menschen.– **2a** scherzh. Bäcker, °OB, NB vereinz.: *Loibitoag* Finsing ED.– **2b** ängstlicher Mensch, °OB, NB vereinz.: *a Loabidoag* Mirskfn LA.

WBÖ IV,1365.

[**Ludel**]**t.** →[*Nudel*]*t.*

[**Mehl**]**t.** meist Dim., wie →*T.*1b, °OB vielf., °NB, °OP mehrf., °Restgeb. vereinz.: °*a Mealtoagla ans Kraut do* Steingaden SOG; °*wenn as Graut goar is, kimds Mehldoacherl eine* Trausnitz NAB; „eine Morgen- bzw. Abendsuppe: In die kochende Milch wurde ein *Mehldeugl* (ein fließender Teig aus Mehl und Wasser) hineingerührt" ANGRÜNER Abbach 30.

WBÖ IV,1365f.

[Nudel]t., **[Ludel]-** **1** Hefeteig für Dampf-, Rohrnudeln u.ä. Mehlspeisen, °OB, °NB, OP, MF, SCH vereinz.: *da Nultoag geht schö mächtö daher* östl.NB; *Nuuldoag* „für Dampfnudeln" Spr.Rupertiwinkel 55.– Phras.: *aufgehen wie ein N.* u.ä. aufbrausen, zornig werden, °OB, °OP vereinz.: °*da Hartl is aufganga wia Nudltoag* Wiefelsdf BUL;– °*brauchst ned glei wieder aufdrah wia Nuldoag* „streitlustig sein" Eiting MÜ.– °*Des loßt si ziang wie a Nudltoag* „ist dehnbar" Teisendf LF.– *Sich ziehen wie ein N.* träge, langsam, antriebslos sein, °OB, °NB vereinz.: °*der zäihgt si wäi a Lulltoag* St.Englmar BOG;– °*der ziagt sö wia a Nudldoag* „weicht der richtigen Antwort aus" Reit i.W. TS.– *Dö hot a Gsicht wöi a Nudltoag, wenn man übas Knöi zuigt* „schmales Gesicht" Kötzting.– Rätsel: *Was geht mitten in' Holz auf? … Der Nudelteig* Tittmoning LF OA 34 (1874/1875) 54.– **2** Teig für Nudeln, Teigwaren, NB, OP vereinz.: *Nudldoag* Beratzhsn PAR; „Mache von einem ordinären *Nudelteig* mit drey Eyern geschnittene Nudeln" Huberinn Kochb. 451; *Mŭs in der dine sein als wie ein geschniden Nŭdl täig* Pickl Kochb.Veitin 147.

WBÖ IV,1366.

[Sauer]t., **[Säuer]-** **1** wie →[*Ur-hab*]*t.*, °OP (v.a. N) mehrf., °Restgeb. vereinz.: °*der Sauadag wiad agwoigt* Kchnthumbach ESB; *Sauâ:doag* „Rest des Brotteiges, der unter den neuen Sauerteig beim Kneten gemischt wird" Christl Aichacher Wb. 74; *Nim … sayr-teig Esig und brunzwaser, warm yber gebunten* Höfler Sindelsdf.Hausmittelb. 42; *So nym saurteig* Passauer Wundarznei 36.– †Übertr. sich ausbreitende üble Gesinnung: *das jr eure hochvertraute zuhörer … vor dem bapstischen vnd caluinischen sauerteig vnd iersall … gewarnet* Neuburg 1606 Wüst Policey 658.– **2** †Magensäure: „Die rothe und weisse Johannes-Beerlein … erfrischen den *Sauerteig* des Magens" Schreger Speiß-Meister 138.– **3** übertr.: *der reinste Sauerteig* „verdrossen dreinblickende alte Jungfer" Weiden.

WBÖ IV,1366-1368.

[Schöberlein]t. Eierteig für best. Suppeneinlage (→*Schöberlein*): *der Schöberltoag* Malching GRI.

[Schoppelein(s)]t. Teig für fingerförmige Nudeln (→*Schoppelein*), °OB, °OP, °MF vereinz.: °*Schobberlteig* „aus Kartoffeln, Mehl und Eiern, in Fett gebacken" Gleißenthal NEW.

[Schuberlein]t. **1** Teig für best. Roggensemmeln (→*Schuberlein*), °NB mehrf., °OB vereinz.: °*Schuwaltoa* „mit Roggenmehl und Kümmel" Bodenmais REG.– **2**: °*Schuberlteig* „Spätzleteig, den man mit einem Holzmesser ins kochende Wasser schiebt" Reit i.W. TS.– **3**: °*Schuberlteig* „abgeschabte Teigreste für Hühner oder Kinder zum Spielen" Bayersoien SOG.

[Semmel]t. Teig für Semmeln, OB, NB, OP vereinz.: *da Semötoag wiad mit an bisl Mejch, Oar und an Bröckl Schmoiz ågmocht* Hengersbg DEG; *Semmldoachbacha* Judenmann Opf.Wb. 148.– Phras.: *so schö weiß und lind wia a Sömötoag* „Kinder mit weißer Hautfarbe und weichen Gliedern" Altötting.

WBÖ IV,1369.

[Strudel]t. Strudelteig, °OB, °NB, °MF vereinz.: *Schtrulltoig* Hengersbg DEG; *Strudelteig* „mit Fett zubereiteter Nudelteig, der sich sehr dünn ausziehen lässt" [4]Zehetner Bair.Dt. 339.– Phras. *sich ziehen wie ein S.* u.ä. sich in die Länge u. Breite ziehen, °OB, °NB, °OP vereinz.: °*mei alta Strickjanka, der ziagt si wia a Strudltoag* Rosenhm;– nicht klar umrissen, vieldeutig sein, °OB, °NB vereinz.: °„ein Begriff *ziagt si wia a Strudltoag*" N'höcking LAN;– träge, langsam, antriebslos sein, sich drücken, °OB, °NB, °OP vereinz.: °*dö ziagt sö vo da Arbat wia a Strudltoag* Ziegelbg RO;– unentschlossen, zögerlich, ausweichend sein, °OB, °NB, °OP, °MF vereinz.: °*der ziagt si wiara Strudldoag* Landshut;– hinterlistig, durchtrieben sein, °NB, °SCH vereinz.: °*der zieht si wie a Strudlteig* Frauenau REG;– °*der ziagt si wia a Strudldoag* „ist zäh und unnachgiebig" Anzing EBE;– lange andauern, sich hinziehen, °OB, °NB vereinz.: °*dös ziagt si naus wie a Strudltoach* Hfndf ROL.– *Jmdn ziehen wie einen S.* u.ä. nicht festlegen, nicht verantwortlich machen können, °OB, °NB vereinz.: °*do werd ma nit klar, der laßt si ziagn wia a Strudltoag* Fischbachau MB;– ausnützen, °OB, °NB, °SCH vereinz.: °*der laßt si ziacha, wia man braucht, wi an Strulltoag* Polling WM;– beeinflussen, umstimmen, °OB, °NB, °OP vereinz.: °*a gouts Wei zejgt ihrn Moo wej an Schtrudltoig* Wettstetten IN.– °*Der war platt wiar an auszogna Strudltoag* [wohl völlig überrascht] Taching LF.

WBÖ IV,1369f.

[Wecken]t., **[Wecklein]**- Teig für Wecken, OB, NB, OP vereinz.: *Weckltoach* „für ein mürbes Brot" Sulzbach.

WBÖ IV,1370.

Mehrfachkomp.: **[Eier-wecklein]t.** dass., in Phras.: °*då muaß ma damit umgeh wia mit an Oarweckltoag* „von einer heiklen Angelegenheit" Ziegelbg RO. A.S.H.

teig

Adj. **1** teig, überreif, weich (vom Obst), °NB vielf., °OP mehrf., °OB, MF vereinz.: *dö doakn Bian weant an Bachofa diat* Mittich GRI; °*dö Bian han owa scho schö doich* Nittenau ROD; *dö toag'n Bian'n* Lautenbacher Ged. 9; „Die *Hagenbutzen* [Hagebutten] ... können, wann sie Winterzeit *teig*, also roh genossen werden" Schreger Speiß-Meister 140.– Phras.: °*der håt an Kopf wia a doage Birn* „ist geistig beschränkt" Rgbg.

2 teigig, nicht durchgebacken, °NB vereinz.: °*dös Brot is doagg* Dingolfing.

3 lehmig, aufgeweicht: °*doiga Bodn* „durch Regen" Bodenmais REG.

4: °*dea håt a so a doagi Trea^{n}schn* „blasses und schwammiges Gesicht" Halfing RO.

5: *an doakn Schell håm* „mit entzündeter, eiternder Kopfhaut" Aicha PA.

6 kraftlos: *a Doaker* Gschaid PAN; *doagg* „kraftlos, schwach" Spr.Rupertiwinkel 22.

7 dumm, ungeschickt, °NB vereinz.: °*doak* Ruhstorf GRI.

8: °*des is a doagi Sach* „verzwickte Angelegenheit" Polling WM.

Etym.: Mhd. *teic*, Abl. von →*Teig*; Kluge-Seebold 911.– Formen mit *-oi-* teilw. nicht von →*dalk* zu trennen.

Ltg: *dǫag* OB, NB (dazu NEW, R), *-x* (WUG), *dǫig* NB, OP, *-x* (KEH, MAL; BUL, PAR, R, ROD; EIH), *dǟg* (KEM).

Hässlein Nürnbg.Id. 132; Schmeller I,595; Zaupser Nachl. 40.– WBÖ IV,1370f.

Komp.: **[mar]t.**, **[marig]**- wie →*t.*1: „eine überreife Birne ist *moadoag, moaridoag*" Rasp Bgdn.Mda. 107.– Zu →*mar* / →*marig* 'mürbe, weich'. A.S.H.

Teige, -en

M., F.(?) **1**: °*Doakn* schlecht ausgebackenes Brot Marquartstein TS.

2: °*der Torf is a Toackn* „feuchte Masse" Reit i.W. TS.

3: °*der hot an Doagn* „verkrüppelten Finger" Ruhstorf GRI.

4: *Toagn* „langweiliger Mensch" Kehnsur WS. A.S.H.

Teigel[1]

M. **1**: *Doagl* „Weichling" Wb.Krün 12.

2 dummer, ungeschickter Mensch, °NB vereinz.: °*Doagl* Eitting MAL; *Toagl* „Dummling, Trottel" STA I. Ding, Jungfernfahrt, Reinbek bei Hamburg 2015, 285.

3 ängstlicher, schüchterner Mensch: *sDoagal schaugt doagig drai* Spr.Rupertiwinkel 22.

4: °*Doagl* „langweiliger Mensch" Wollomoos AIC.

5: °*Toagl* „unzuverlässiger Mensch" Innernzell GRA.

WBÖ IV,1374 (Teigerlein). A.S.H.

Teigel[2] →*Teufel*.

teig(e)lig, -icht

Adj. **1** teig, überreif, weich (vom Obst), °NB, °OP vereinz.: °*doagle* „ist eine weiche Birne" Abbach KEH.

2 teigig, nicht durchgebacken, °OB, °NB, °OP, °MF vereinz.: °*doagale* „vom Brot" Haselbach BUL.– Auch: °*teigelig* „zu weich gekocht" Pökking STA.

3 lehmig, aufgeweicht, °OB, °NB vereinz.: °*toaglig* „ist ein durch starke Regenfälle aufgeweichtes Feld" Steinhögl BGD.

4: °*toaglat* „feucht und naß" Grafenau.

5: °*doagli* „blaß" Senkenschlag DAH.

6 mit weichen Knochen, schwächlich.– **6a** mit weichen Knochen, °NB vereinz.: °*des Kind is no ganz doaglad* Malching GRI.– Auch: °*dö Pflanzn han recht doigerla* „jung, zart gewachsen" Fronau ROD.– **6b** schwächlich, kränklich, im Wachstum zurückgeblieben, °OB vereinz.: °*a doagaliger Bua* Garmisch-Partenkchn.

7 ängstlich, empfindlich, °OB, OP vereinz.: *doigale* Höll WÜM.

8 träge, lustlos, °OB vereinz.: °*er is so toaglig* „hat kein Leben in sich" Erlstätt TS.

9: °*toagala redn* „undeutlich, schwer verständlich" Pattendf ROL.

WBÖ IV,1372, 1378. A.S.H.

teigeln[1]

Vb. **1** nach Teig, unangenehm riechen, schmekken.– **1a** nach Teig riechen od. schmecken, °OB,

°NB mehrf., °OP, °SCH vereinz.: *dös Broud toagalat, dös is zweng ausbacha* Tann PAN; °*vo dera geht a doagerlda Gschmoch weg* Fronau ROD.– Auch nach Hefe, Sauerteig riechen, °OB, °OP vereinz.: °*dou doiglds* Nabburg.– **1b** unangenehm riechen, °OB vereinz.: °*da Kare doaglt heit wieda fescht* „riecht verschwitzt" Wildenroth FFB.

2 teigig, nicht durchgebacken sein, °OB, °NB, °OP vereinz.: °*der toachet* „ist nicht fertig gebacken" Koppenwall ROL.– Auch: °*de Platzerl doagln* „enthalten zu viel Mehl" Pleinting VOF.– Übertr.: °*de doaglt ja no* „ist zu jung, unreif" Flintsbach RO.

3 Teig bereiten.– **3a** den Vorteig, Sauerteig bereiten, °OB, °NB vereinz.: °*doagln* Hunding DEG.– **3b** Teig rühren od. kneten, °OB vereinz.: °*toagln* Steinhart WS.

4 andicken, °OB, °NB, °OP vereinz.: °*dös Kraut müaß ma doagln* Altenbuch LAN.

5 mit weicher Masse herumschmieren, mit Teig herumspielen, °OB, °NB, °SCH vereinz.: °*do host wos zon doagln* Frasdf RO.

6 weich werden, sein.– **6a**: *doagln* „weich zu werden beginnen, von einer Birne" Bernau RO.– **6b**: °*do doaglts gscheid* „ist der Erdboden aufgeweicht" Sallach MAL.– **6c**: °*toagln* „weich, geschmeidig sein, von der Haut" Rosenhm.

7 umstimmen, sich einschmeicheln.– **7a**: °*den werma toagln* „weich machen in Wort und Tat" Neumarkt.– **7b** sich einschmeicheln: °*toagln* Neukchn a.Inn PA.

8 trödeln, unbeholfen, schwächlich sein.– **8a** trödeln, ohne Tatkraft sein, °OB, °NB vereinz.: °*der doagld* Aigenstadl WOS.– **8b**: °*des Mannsbuid doaglt aba* „ist unbeholfen" Halfing RO.– **8c** Part.Prät.: °*der is aber doigelt* „empfindlich, schwächlich" Seebarn NEN.

WBÖ IV,1372f.

Komp.: [**an**]**t.** **1** wie →*t.*3a, °OB, °NB, °OP vereinz.: °*i muaß d'Nudln odoagln* Taching LF.– **2** wie →*t.*4, °OB, °NB, °OP vereinz.: °*otoagln* Mintraching R.

[**der**]**t.** Part.Prät., erschöpft, ermüdet: *dadoaglt* O'taufkchn MÜ.

[**ein**]**t.** **1** wie →*t.*3a: °*eindoagln* „Hefeteig anrichten" Friedbg.– **2** wie →*t.*4, NB, OP (R) mehrf., OB vereinz.: °*der Dotschndauch* [Tunke aus Steckrüben] *werd eitoaglt* Anzing EBE; °*du muaßt s Kraut eitoagln* Altenbuch LAN.– **3**: *an Schinkn eitoagän* „in Teig einschlagen" O'audf RO.– **4** wohl mit Teig beschmutzen: *håst iazt dös ganz Gschia eitoigln müassn* Hengersbg DEG.

WBÖ IV,1373.

[**ver**]**t.** **1** unter den Teig mengen, °OB, °OP vereinz.: °*des Mej muaß ma vadoagln* Lenggries TÖL.– **2** zu viel Mehl unterrühren, zu viel Teig bereiten, °OB, °NB, °OP vereinz.: °*verdoaglt* Essenbach LA.– **3** Part.Prät., wie →*t.*2: °*votoaglt* „ist ein mißlungener, nicht gegangener Teig" Rettenbach WS.– **4** verunstalten, verderben, zunichte machen, °OB vereinz.: °*jetzt hat er das scheane Zeig alls verdoaglt* Perchting STA.– **5** Part.Prät., wie →[*der*]*t.*: *verdoaglt* erschöpft Ringsee IN. A.S.H.

teigeln[2], wüten, hetzen, →*teufeln*.

teigen

Vb., außer in Komp. nur Part.Prät. **1**: *doaggd* „weicher Zustand (Obst, Birne)" SOJER Ruhpoldinger Mda. 10.

2 teigig, nicht durchgebacken: °*doagd* „vom Brot" Kastl NM.

WBÖ IV,1374.

Komp.: [**an**]**t.** den Sauerteig bereiten: °*odoachn* Hfndf ROL.

[**ein**]**t.** **1**: *eindoagn* „mit Teig umhüllen" Schrobenhsn.– **2** Teig herstellen: *einteigen* „die Zutaten zum Brotbacken zusammenmischen" Mchn; *Knetten ... od'eintaigen. od'taigmachen* Voc.Teutonico-Latinus r.j[r].– **3**: *einteigen* „Wäsche in der Lauge einweichen und herumrühren" Mchn.– **4**: *einteigen* „Malz einweichen, maischen" ebd.

WBÖ IV,1374.

[**ver**]**t.** Part.Prät., wie →*t.*2, °NB vereinz.: *s Brout is a rechta Bazn a vatoigta* Hengersbg DEG. A.S.H.

-teigen

Adj., nur im Komp.: [**hefen**]**t.**: *hefatoagn* aus Hefeteig Wald AÖ. A.S.H.

teigerig

Adj.: *d Schüssl und da Trog hand toigarö* „voller Teig" Hengersbg DEG. A.S.H.

teigerln
Vb., andicken, °NB vereinz.: °*s Kraut täugerln* Kötzting.

Komp.: [**an**]**t.** dass., °OB, °NB, °OP vereinz.: °*s Kraut odoagaln* Nandlstadt FS.

[**ein**]**t.** dass., °OB, °NB, °SCH vereinz.: °*i muaß s Kraut no eintoagerln* Bayerbach GRI. A.S.H.

teigetzen
Vb.: °*do doagezt awa* nach Teig riechen Scheyern PAF. A.S.H.

teigig, -icht
Adj. **1** teig, überreif, weich (v.a. vom Obst), °OB, °OP, °OF vielf., °NB mehrf., °Restgeb. vereinz.: °*eascht wenn de Birn doage hand, kamas diachtn* „dörren" Garching AÖ; °*a doachate Birn moch i niat* Ursulapoppenricht AM; °*de Birn is deuged* Nagel WUN; *Dei Biern is awer arch tächi!* Berthold Fürther Wb. 228; *Scheele die Birn/ wann sie nicht taigicht seynd* Hagger Kochb. IV,2,173.
2 teigig, aus Teig.– **2a** teigig, nicht durchgebacken, °OB vielf., °NB, °OP mehrf., °Restgeb. vereinz.: °*de Bau*^{n}*tzn* (Dampfnudeln) *san doagat woarn* Wildenroth FFB; *de Weckn, de de Leit toagögö zum Bäcker bringa, werdn mit Buchstabn gmerkt* Winzer DEG; *hätt auf de toagige nudl ei*^{n}*ghaut* nach Ströbl Malching 63; *Mei Beiri kocht Nud'l auf dreierna Fürm … Bold doaki, bold gelsti* [ranzig], *bold onbrennt d'rzua* ND Einhundertzehn Volks- u. Gesellschaftslieder des 16., 17. u. 18.Jh., ges. u. hg. von F.W. Frhr. v.Ditfurth, Stuttgart 1875, 321.– **2b** aus Teig: *Doagigs* „Mehlspeise" Häring Gäuboden 139.– **2c** voller Teig, OB, °NB, OP vereinz.: *s Nullbrött und d Händ hand toigö* Hengersbg DEG.
3 lehmig.– **3a** lehmig, aufgeweicht, °OB, °NB, °SCH vielf., °OP, °OF mehrf., °MF vereinz.: °*heid hods wieda a doagade Läddn* Dürnbach MB; °*da Wech is doache* Marching KEH; °*da Bon is no ganz doigi* Nabburg.– **3b** voller Lehm, feuchter Erde: °*deine Schuah san ja ganz toagi* Hohenpeißenbg SOG.
4 feucht, welk.– **4a** feucht, klebrig, °OB, °NB, °OP vereinz.: °*dös Hei greift si ganz toagi o* Reichersbeuern TÖL.– Auch: °*der is no toagig* „von einem stark riechendem Furz" Kay LF.– **4b** welk: °*toagat* Peiting SOG; *dǫagad* Jesenwang FFB nach SBS XII,207.
5: °*der hat toagige Zähn* „mit Zahnstein belegt" Ergolding LA.
6 blaß u. aufgedunsen, mollig, °OB mehrf., °NB, °OP, °MF, °SCH vereinz.: °*den kannst olanga, wost mogst, der is überoi toagi* Schrobenhsn; °*a doichis Gsicht håd er* Dollnstein EIH.
7 nicht ausgereift, schwächlich.– **7a** mit weichen Knochen, °OB, °NB vereinz.: °*der Säugling is mir no z'toagat, den mog i no net am Arm nehma* Reichersbeuern TÖL; *„schäi tahgat* sind … die Hände eines Kindes" Singer Arzbg.Wb. 233.– **7b** unfertig, unreif, °OB, °NB, °OP vereinz.: °*o, döi is no ganz doigi* „von einem unreifen, unschuldigen Mädchen" Nabburg; *taəggəd* „noch unentwickelt an Wesen oder Geist" M'nwd GAP Schmeller I,595; „zu jung … Zu *doagat*, wie der Münchner zu sagen pflegt" B. Valentin, „Du bleibst da, und zwar sofort!", München ^{2}1972, 38.– **7c** schwächlich, kränklich, im Wachstum zurückgeblieben, °OB, °NB vereinz.: °*dea Bua is aba toagi* Halfing RO; *Wenn a so a schwächliches Kind gstorbn ist … Des is ja scho glei so toage beinand gwen* Roider Jackl 219.– Auch: °*toachi* „zusammengeschrumpft" Herrnwahlthann KEH.
8 dumm, ungeschickt, °OB, °NB vereinz.: °*packts es deat* (doch) *net gui so doageg o!* Weildf LF; *doagad* „ungeschickt, unbeholfen" Koller östl.Jura 19.
9 ängstlich, schüchtern, weinerlich, °OB, °NB, MF vereinz.: °*doageg dreischau* Weildf LF; *den hobi toigi gmacht* O'eichstätt EIH.
10 träge, lustlos, langweilig, °OB, °NB, °SCH vereinz.: °*is da dös a toagigs Mannsbild!* Ismaning M; *doagi* Göttler Dachauerisch 22.
11: °*doagat redn* „schwer verständlich" Teisendf LF.
12: *toagi* famos Aibling.
13: °*toagi* „von einer unsicheren Angelegenheit" Wollomoos AIC.

Etym.: Abl. von →*Teig*; WBÖ IV,1372, 1375.– Formen mit *-oi-* teilw. nicht von →*dalkicht* zu trennen.

Schmeller I,595.– WBÖ IV,1371f., 1375-1377.

Komp.: [**halb**]**t.** nicht völlig durchgebacken, °OB vereinz.: °*a so a hölbtoagis Brot* Mammendf FFB.

WBÖ IV,1377.

[**kern**]**t. 1** vom Kerngehäuse her in Fäulnis übergehend: *a kerndoagiga Apfe* Paunzhsn FS.– **2** von Kernfäule befallen: °*kerntoage* „vom Stammholz" Parsbg MB. A.S.H.

teigisch
Adj.: °*a doagisches Brot* „nicht durchgebacken" Eging VOF. A.S.H.

Teigler
M. **1** schwächlicher, kränklicher Mensch, °OB vereinz.: °*mei, dös Mala is a so a Toagla* Mammendf FFB.
2 dummer, ungeschickter Mensch, °OB vereinz.: °*a Toagla* Parsbg MB.
3: °*den Doagla hät i net mögn* „antriebsloser Mensch" Halfing RO. A.S.H.

Teigling, Teigerling
M. **1** Teigling, nicht Durchgebackenes.– **1a** Teigling: „mit einer Partie *Teiglinge* vor dem Einschießen in den Versuchsbackofen" Frsg Altb. Heimatp. 43 (1991) Nr.38,25.– **1b** nicht Durchgebackenes, °OB, °NB vereinz.: °*den Doalöng nimmö glei wieda mid hoam* „nicht durchgebackenen Kuchen" Grafenau.
2 von Menschen.– **2a**: °*so a Doagerling* „Mensch mit fetten Wangen" Reit i.W. TS.– **2b** schwächlicher, kränklicher Mensch, °OB, °NB vereinz.: °*Toigling* „schwächliches Kind" St.Englmar BOG; °*Doagleng* „Schwächling" SOJER Ruhpoldinger Mda. 10.– **2c** weicher, ängstlicher, wehleidiger Mensch, °OB, °NB vereinz.: °*Doagalen* „Person mit weichem Gemüt" Simbach PAN; „Wer sich nichts traut, ist ein *Doagáleng*" Garching AÖ Oettinger Ld 19 (1999) 256.– **2d** langweiliger Mensch, OB, °NB vereinz.: °*Doagling* Nottau WEG.
3 verkümmerte Zwetschge, °NB vereinz.: °*dös han heia lauta Doaglen* Altenbuch LAN.
WBÖ IV,1378. A.S.H.

deihen
Vb. **1** austrocknen.– **1a** †allg.: „*deihen*, Part. prät. *gedeicht* und *gedigen* ... austrocknen und dadurch dichter werden, in einen engern Raum zusammen gehen" SCHMELLER I,497.– **1b** schwinden (vom Holz): °*daicha* Inzell TS; „An aufgeklaffertem Holz ist das *Deihen* sehr bemerkbar" SCHMELLER ebd.– **1c** †Part.Prät., getrocknet, gedörrt, geräuchert (von Speisen): *swelher niur gedigens ... vlaesch vail hat, der mack von einem andern chauffen vlaesch* 1310-1312 Stadtr.Mchn (DIRR) 250,24f.; *2 häfen mit latwergen und ain mit dignen öpfln* Rain SR 1547 Rgbg u.Ostb. 122 (Inv.).– **1d** Part.Prät.: °*a tiegigr Tropf* „ausgedorrter Kerl" Hzhsn LL.
2 wachsen, werden, vorankommen.– **2a** wachsen, gedeihen, sich gut entwickeln, ä.Spr., in heutiger Mda. nur im Komp.: *Proficere ... dihhan* Tegernsee MB 10./11.Jh. StSG. I,788, 1-3.– Part.Prät., im Alter vorgerückt, hochbejahrt: *Grandeuvs gidiganer* Tegernsee MB 11. Jh. ebd. 398,3.– **2b** †zu etwas werden, in einen best. Zustand gelangen, kommen: *Transit dehdo* Rgbg 11.Jh. ebd. II,439,68; *Adam ... ist gedigen inn vnuerstand vnd in gotes zorn* BERTHOLDvCh Theologey 126.– **2c** †vorrücken, fortschreiten: *Processerat deh* Tegernsee MB 11.Jh. StSG. I,805,49.– Auch gleiten: *Retro sublapsa ... hindᵒrore* [zurück, nach unten] *gidigin* Weihenstephan FS 12.Jh. ebd. II,672,67f.– **2d** †Part.Prät.: *gedigen* „vollkommen" WESTENRIEDER Gloss. 185.
3 †vermögen, stark, wirksam sein: *Polleant dihent* Tegernsee MB 11.Jh. StSG. II,281,37.– Part.Prät., schwer, gewichtig: *Graues ... gidigine* Windbg BOG 12.Jh. ebd. I,750,53f.
4 Part.Prät., gediegen.– **4a** lauter, rein: *gediegnes Gold* Passau; *gediegen Gold* WESTENRIEDER ebd. 185; *vierhundert und acht centen golds ân das digen, geprägt und gearbait golt* AVENTIN IV,303,3f. (Chron.).– **4b** sorgfältig gearbeitet: *a gediegnes Fabrikat* Passau.– **4c** solide, zuverlässig: *a gediegner Mensch* ebd.
5 †Part.Prät., ernst, ernsthaft: *Seria gidiginiu* Rgbg 11.Jh. StSG. II,414,45.
6 †Part.Präs., vortrefflich, überreich: *excellens ... dihanti* 8./9.Jh. ebd. I,118,1.

Etym.: Ahd. *dîhan*, mhd. *dîhen* stv., germ. Wort idg. Herkunft; KLUGE-SEEBOLD 338. Part.Prät. auch zu →*[ge]d.* möglich.

SCHMELLER I,493, 497f.; WESTENRIEDER Gloss. 185.– WBÖ IV,1378, V,70f. (digen).

Abl.: *-diegnen.*

Komp.: †[**auf**]**d.** Part.Prät., wie →*d.*1c: *daß die Hering ... vnd ander gesaltzne/ oder aufgedeichte Fisch ... vnbeschawt nit verkaufft* Landr.1616 625.

SCHMELLER I,497.

†[**aus**]**d.** völlig trocken werden: *Die dürre Bain ... Ob sie zwar ausgetigen* J. BALDE, Teutscher Poeten Eyferig, München 1647, 125.

SCHMELLER I,497.– WBÖ IV,1378.

[**ein**]**d.** **1** eintrocknen.– **1a** †durch Verdunsten verschwinden: „Das auf den Boden gegossene Wasser *is ei˜deihht*" OB SCHMELLER I,497.–

1b durch Flüssigkeitsverlust einschrumpfen: °*seine Kürbis san heier nix worn, ganz eideicht warns* Hzhsn WOR.– Übertr.: *eideicht* klein und häßlich Aufkchn STA.– **2** †: „*Meine Wirthschaft ist*, oder *ich bin ei˜deihht*, zu Grunde gegangen" SCHMELLER ebd.

SCHMELLER I,497.

†[**er**]**d.** **1** gelingen, förderlich sein, zuteil werden: *so wollen wir all mit dem schwert … erkriegen, das uns mit der güete aller billigkait nit erdeien will* AVENTIN V,184,23-25 (Chron.).– **2** sich ereignen, geschehen: *demnach die wirkliche Wendung und Abschaffung nicht erdeien noch widerfaren wollte* Landshut 1594 SEIFRIED Gesch. 398.

SCHMELLER I,497.– WBÖ IV,1378.

[**ge**]**d.** **1** wachsen, sich entwickeln, vorankommen.– **1a** wie →*d.*2a, OB, NB, OP, MF vereinz.: *des Kind gedeiht går ned* Cham; *(Excreuisset) gidigi* Frsg 9.Jh. StSG. II,164,49; *daz der ewangelien zal auf viere gedeyhe* BERTHOLDvCh Theologey 89.– **1b** †wie →*d.*2b: *Sô muost dû halt selbe ofte unde dicke ze bôsheite gedîhen* BERTHOLDvR I,191,20f.; *es möcht im hernach zu unstaten gedeihen* FÜETRER Chron. 106,12f.– **1c** †wie →*d.*2c: *Processit gidech* Windbg BOG 12.Jh. StSG. I,705,39.– **2** †wie →[*er*]*d.*2: *Proficeret gidigi* Tegernsee MB 10./11.Jh. ebd. 741,25; *Das alles uns aber nach billichen sachen nit ergeen noch gedeihen hat mögn* AVENTIN V,580,36-581,1 (Chron.).

SCHMELLER I,497.– WBÖ IV,1378f.

†[**zu**]**d.** wohl zuteil werden lassen: *Herzog Ernst … begert ains Fürlegers … der Im erlaubt ward, und zudeiget … zu Anweiser Herrn Johannsen* Mchn 1432 LORI Lechrain 123. A.S.H.

Teil

M., N. **1** Teilstück.– **1a** Teilstück, Teilmenge, °Gesamtgeb. vielf.: *a kloana Toi* Schöfweg GRA; °*vo denan gits kloina Doalala Fleisch* Kchnthumbach ESB; *glɘngs Doae hea* Spr.Rupertiwinkel 22; *ɘ~ guɘts Taɘl Nu'ln sánd übɘ'-'blibm* Bay.Wald SCHMELLER I,599; *in zuei teil* 8./9.Jh. StSG. I,100,21; *svln div zwai tail dem gotshovs werden/ vnd daz dritte dem vogt* Rgbg 1281 Corp.Urk. I,408,42f.; *tailten si Baiern in drei tail* AVENTIN V,34,23 (Chron.).– Phras. *zum T.* teilweise: *tsum Thael* Walpertskchn ED; *Iich bin mit da Årwat äia(r)scht zan Tåål ferte!* BRAUN Gr.Wb. 641; *zum Thail* SCHÖNSLEDER Prompt. Ii1[r];– †*ein T.* dass.: *Wenn man dez krautes wurtzl ein tail in wein legt, so macht er dester mer trunchen* KONRADvM BdN 441,16f.; *er ward den kristen ain tail genediger und widerrüeft die ächt* FÜETRER Chron. 21,24f.– †*Ein/ das T.* einige, manche: *ɘ˜ Taɘl sán'davo˜ gloffɘ˜, und ɘ˜n Taɘl sán' dà 'blibm* SCHMELLER ebd.;– auch in attr. Verwendung: *ɘs Tâl Leut sán' grundfólèsch* ebd.;– *ɘ˜ Taɘl Ourt, ɘ˜ Taɘl Örtɘ'n* „an einigen Orten, einiger Orten" ebd.– †*Halber T.* zur Hälfte: *der kamerschatz ist halber tail verfallen auf sant Michels tag* [29. September] *und halber tail auf den obristen* [6. Januar] Gaimershm IN 15./16.Jh. GRIMM Weisth. VI,197.– **1b** †letztes, äußeres Stück: *Dés Taɘl, 's andɘ' Taɘl* „dieses, jenes Ende (z.B. von einer Stange, einem Strick ec.)" SCHMELLER I,600.

2 zustehender od. zu leistender Anteil, °OB, °NB, °OP vereinz.: *dö Gschwista kriagn eana Hairetguat, a jeds sai Tai* Pfarrkchn; °*du host dein Dal krejgt* „vom Erbe" Mintraching R; *Naou'n Kirchagang Gi't s'je'n san Dool* SCHWÄGERL Dalust 122; *Funiculum teil* Tegernsee MB 11.Jh. StSG. I,683,24; *gît ieglîchem sînen teil* BERTHOLDvR I,432,17f.; *Letel hat seinen tail zalt* 1403 Runtingerb. II,206.– Phras.: °*ga Deahlmacha geah* „Bäume fällen, die an den Rechtsbesitzer abgegeben werden" O'ammergau GAP.– *Sein(en) T. haben* betrunken sein, OB, NB, OP, SCH vereinz.: *dör hod sein Doal* Derching FDB;– einen Schaden erleiden, NB, MF vereinz.: *dea håd sän Däl* Kötzting;– „Tod … *Er hat seinen Theil gegessen*" Baier.Sprw. II,136.– *Ich für mein(en) T.* was mich betrifft, OB, NB vereinz.: *i fir mein Doahl siech niernischt* [nirgends] *ebbs Gfährlis* Staudach (Achental) TS; *Ich für mein Theil glaub nicht/ daß ein Handwerck sey auf der gantzen Welt/ wo man so gar offt kan betrogen werden … als in der Mühl* SELHAMER Tuba Rustica II,68.– *Sich sein(en) T. denken* seine Meinung für sich behalten: *i denk ma main Tal* Fürstenfeldbruck; *Der Moa denkt si sein Tal* SCHEMM Dees u.Sell 65; *Der Herrgott … laßt sie halt reden, und denkt sich seinen Theil* BUCHER Charfreytagsprocession 48.

3 Parzelle, Teilgrundstück, v.a. des Gemeindegrunds, °OB, °NB, °OP, °SCH vereinz.: °*i geh heut an Tai außi* „Anteil je nach Hofgröße am gemeinschaftlichen Weidegrund" Reichersbeuern TÖL; *dål* nach KOLLMER II,80.– Als Fln. °OB, °NB vereinz.

4 Abteilung, Scheitel.– **4a** abgeteilte Stelle, abgeteilter Raum, OB, OP vereinz.: *as Dool* Raum des Stadels, wo die unausgedroschenen Garben untergebracht werden Königstein SUL.– **4b** Haarscheitel: °*Doai* Rettenbach WS.
5 †eine von zwei Parteien, Seite: *wirt man aber des schuldich von des hertzogen tail* Wechselbg AÖ 1286 Corp.Urk. II,198,8f.; *sollen die theil solche irr* [Streit] ... *vor deß orts ordenlichen Obrigkeit ... außtragen* Landr.1616 731.– Auch Ehepartner: *Daß Heurathen ist ein sehr wichtigs Geschäfft/ weil sich der einmal gemachte Knopf nicht mehr auflösen läst/ bis eintweder Theil in die Gruben falt* Selhamer Tuba Rustica I,46.
6 †Aufteilung, Zerlegung in Teile: *die neun Mann, die den obgeschriebenen Theil gemacht haben* Straubing 1439 BLH II,11.
7 Speise, Futter.– **7a** Gebäckstück: °*der Häffatoag woar vül z'vül ganga, drum san däi Dallala goar a so groußauchat woarn* Weiden.– **7b** Kleie mit Topfen als Geflügelfutter: °*a Daoi* „im Winter warm, im Sommer kalt gefüttert" G'holzhsn RO; *Der, das Taəl* OB Schmeller I,599.– **7c**: *doil* „Klümpchen der Sauermilch, des Topfens, besonders in der Suppe" Unterer Bay.Wald Kollmer II,323.– **7d** Dim., zu dörrender od. gedörrter Apfelschnitz, °OB, °NB, °SCH vereinz.: *Doiai* Anzing EBE.

Etym.: Ahd., mhd. *teil* stm./n., germ. Wort unklarer Herkunft; Kluge-Seebold 911.

Ltg: *dǫal* OB, SCH (dazu KEH; SUL), *dǫa* (AIC, FS, SOB; DGF, VIB, VOF), *dǫil* (SOG; KÖZ; RID; EIH, HIP; A), *dǫi* u.ä. OB, NB (dazu BEI; EIH; ND), *dǭl, dāl* NB, OP, OF (dazu FFB, GAP, TÖL, IN), *dāl* MF, *dẹ̄l* (WM; KÖZ), ferner unter schriftsprl. Einfluß *dail*, im Vokalisierungsgeb. *dai*.

Schmeller I,599f.– WBÖ IV,1379-1388.

Abl.: *teilen, Teiler, Teilet(s), teilhaft, teilhaftig, teilig, -teilisch, -teillich, teils, teilsam, Teilung.*

Komp.: [**Ab**]**t. 1** wie →*T.*4a, OB, NB vereinz.: *Abteil* Fach in der Getreidetruhe Hirschbach PAN.– **2** Eisenbahnabteil, OB, NB vereinz.: *Åbtail* Fürstenfeldbruck.– **3** wie →*T.*4b, °OB vereinz.: *an Odoi howi ma gmachd* (Ef.) Dorfen ED.– **4**: °*der Åtai* „Teilung eines Grundstücks der Länge nach" Malching GRI.

WBÖ IV,1389.

[**Achsel**]**t.** Schulterpasse, OB, NB, OP vereinz.: *da Auchsldåi muaß zeascht pråuwiat wean* Mittich GRI.

WBÖ IV,1389.

[**Acht**]**t.** →*Achtel.*

[**Alt(en)**]**t.** Altenteil, °Gesamtgeb. vereinz.: °*da Baua is in Åltntail* Kolbermoor AIB; *oidntail* Zangbg MÜ nach SOB V,10.

WBÖ IV,1389.

[**An**]**t. 1** wie →*T.*2, OB, °SCH vereinz.: *oam sain Åntail rauszåin* Ingolstadt; *Anteil* „der unter den Schiffern am Jahresende, je nach Rang, verteilte Gewinn" Laufen Salzfass 29 (1995) 27; *Sie hab nit einen Zwirnfaden Werth Anthaill bekhommen* Kemnath 1696 Wir am Steinwald 2 (1994) 72.– **2** wie →*T.*3, °OB, NB vereinz.: *Åntåö* einzelnes Grundstück Neßlbach DEG.

WBÖ IV,1389f.

†[**Ander**]**t. 1** Hälfte: *noch Achtheil, oder andertheil der laeut hab* Rgbg 1323 MB XXVIII, 2,429.– **2** Sekunde, 3600ster Teil eines Grades: *ain iegleich grad tailt sich in sehtzig minut; ain iegleich minut tailt sich in sehtzig andertail* KonradvM Sphaera 24,14-16.

[**Aus**]**t. 1** Zulage für Dienstboten od. Arbeiter, v.a. in Form von Lebensmitteln, °OB, °NB, °OP, °MF, °SCH vereinz.: °*d'Ehhoidn und Towercha ham am Samsta s Austoai kriagt, meist 2-5 Kiachln* Marktl AÖ; „Dazu [erhält der Hüter] noch den *Austeil* ... zu Ostern, Pfingsten, Kirchweih und Weihnachten von jedem Haus 4 Kücheln oder 2 Nudeln" AIC Bayerld 8 (1897) 255; *Do hot der Ejhojtn 'n A(u)stoil krejgt: Kejchei and an Lua' Brout* KÖZ, VIT BJV 1954,197.– **2** (zusätzlich) ausgeteilte Speise allg., °OB, °NB, °OP, °MF vereinz.: °*das Austeil* „kleine Fleischzugabe zur eigentlichen Portion" Aidenbach VOF; °*da Austal mou für fünf Leit glanga* Fronau ROD.– **3** Brotzeit für Dienstboten od. Arbeiter, °OP vereinz.: °*der Austeil* Tirschenrth.

[**Barn(s)**]**t.** Seitenraum der Scheune zur Lagerung von ungedroschenem Getreide, Heu u.a., OP (SUL), °nördl.MF vielf.: *as Baandool* Königstein SUL; *Boanstaal* Ottersdf SC; *Barnteil* „M. Teil des Stadels zur Aufnahme der Streu" Horn Hersbr.Hopfenbauern 10.– Zu →*Barn*[2] 'Trennwand zw. Tenne u. übriger Scheune'.

[**Berg**]**t. 1** Parzelle, Teilgrundstück des gemeinschaftlichen Bergwalds, °OB vereinz.: °*Börgdoal* „Holzgerechtsame, auf dem Haus ruhend"

Benediktbeuern TÖL.– **2** †Anteil an einem Bergwerk: *Es sollen … der Hauptman und Bergmeister … im Berckwerck zu Erbendorf* [NEW] … *keine Bergkteyll haben* 1521 LORI Bergr. 164.

WBÖ IV,1390.

[**Pfründe**]**t.** wie →[*Alt*(*en*)]*t.*: °*Pfrendteil* Bayersoien SOG.

[**Brust**]**t.** die Brust bedeckender Teil der Kleidung, °OB, °NB, °MF vereinz.: *da denkö* [linke] *Brusttaö* Altötting.– Auch: *s Bruschttoal* „Brustriemen des Hundsgeschirrs" Peiting SOG.

WBÖ IV,1390.

[**Dritt**]**t.** →*Drittel.*

[**Erb**]**t. 1** Anteil an der Erbschaft, OB, °MF vereinz.: *Irpdoie* Walpertskchn ED; *iabdoi* nach GRUNDLER Erding 66; *vnd sol dietreichs svn geleichen eribteil haben mit andern sinen chinden* Frsg 1290 Corp.Urk. II,513,10-12 A; *sol ich nit pillich nemen hin mit rechte meinen erbteil?* HAYDEN Salmon u.Markolf 333,966f.– **2** Veranlagung, ererbte Eigenschaft, OB, NB vereinz.: *dös is a Erbtoal vom Vatern hera* Mchn; *Grad woll' ma' sey' und redli' und frumm, Dees Erbthoal woll'ma'd'erhaltn* KOBELL Ged. 214.– **3** †Anteil des Grundherrn an einem Bergwerk: *daß … dem Grundherrn … auf des Gütern Bergwerk erbauet … acht Theil oder Guckus* [Kux] *zu Erbtheil zugeschrieben werden* Freihung AM 1619 LORI Bergr. 444.

WBÖ IV,1391.

[**Etz**]**t.** Viehweide, °OB, °OP vereinz.: *Etztoai* „meist sehr mösige Streuplätze" Ostin MB.– Zu →*Etz* 'Weiden des Viehs, Weideplatz'.

[**Vater**]**t.** Penis: °*Vaterteil* Breitenbg WEG.

[**Vier**]**t.** → *Viertel.*

[**Viertel**]**t.** Viertel, vierter Teil, NB vereinz.: *Viatldai von Doaf* Hengersbg DEG.

WBÖ IV,1392.

[**Vor**]**t.**, [**Für**]**-, Vortel, Pfortel 1** Vorteil, Nutzen, Gewinn, °OB, °NB, °OP, °SCH vereinz.: *der wa grod af sein Vouschdl* Elbach MB; °*den Fortl gebn* „dem Schwächeren einen Vorsprung geben" Gottfrieding DGF; „*Vort·l* (*Vourtl*), plur. *Vört·l*" SCHMELLER I,599; *aaf döi Weis'haut a de Truahtrocha gengüwa an grauß'n Voa'l g'hat* SUL SHmt 48 (1959) 118; *dan derselbig … vor freuden … on ainen vortail auf den gaul sprang* AVENTIN V,146,26-29 (Chron.); *In dem Handel habt ihr Bauren ein gewaltigen Fortl* SELHAMER Tuba Rustica I,300.– **2** Geschicklichkeit, Sachkenntnis, Kunstgriff, (betrügerischer) Trick, °Gesamtgeb. vielf.: °*a kloas Vertala isch vul wert* Kohlgrub GAP; °*der håd an Pfoadl zum Ackern* O'hausbach EG; °*der hout en Vorl raß* Dietkchn NM; *Des wird a Knead, dea schaud mid Voadl … unttas Vaich eini!* Velburg PAR SCHÖNWERTH Leseb. 216; *Wennst n Vorl niat haoust, brängst dös niat zsamm* SINGER Arzbg.Wb. 253; *mit was List, Betrueg, und Senckhen* [ungestüme Bitten], *was für fortl Er auffündt* 1695 M. KNEDLIK, Kemnather Passion, Pressath 1993, 73.– Phras.: *der V. treibt das Handwerk* u.ä. geschicktes Arbeiten fördert das Handwerk, °OB, °NB, °OP, °SCH vereinz.: *der Pfachtl treibts Handwerk* Pocking GRI; *Der Vorteil treibt s Handwerk!* HALLER Waldlersprüch 63.– **3** †vorteilhafte, geschützte Stellung: *wolt er sein vortail, ein perg zwischen der stat und wagenpurg, einnemen* AVENTIN IV,384,7f. (Chron.).– Auch Hinterhalt: *wann ich auff vortail oder zů aim scharmützel bin außgeschickt worden* SCHAIDENREISSER Odyssea 139,29f.– **4** †Voraus, Erbteil: *die sůllen vortails als vil haben von dem gůt … als vil den beraten* [abgefundenen] *chinden geben ist ze geleichem tail* Stadtr.Mchn (DIRR) 376,26-377,1.– **5** Zuschuß, in heutiger Mda. nur an Schützengesellschaften: „übergab dann den *Vortl* an die Compagnie" Wdmünchen Bayerwald-Echo 71 (2015) Nr.127,34; *davon er aber seinem Gefallen nach an der Ehafft-Zerung ein Vortl gibt* Hemau PAR 1585 HARTINGER Ordnungen III,72.– **6** beim Schießen, Kegeln, Billard, Eisstockschießen.– **6a** auch †F., Siegespreis, v.a. beim Schießen, °OB, °NB vielf., °OP mehrf., °SCH vereinz.: °*dea håt si an Vortl außagschossn* Ismaning M; °*Vortl* „gestiftete Preise von geringerem Wert wie Weinflaschen, Wurstkranz, Hausgeräte" Hfndf ROL; „beim *Strohscheiben* [best. Preiskegeln] werden die Preise (*Vortl*) in Stroh … verpackt und der Gewinner darf wählen" ObG 15 (1926) 71; *Brauium … forataila* 8./9.Jh. StSG. I,54,18; *ein Scheiben schüessen mit Pfeill- Worzur Ihr Mayt: die Kayserin sehr Kostbahre sachen zum Vortheill aufgeworffen* Raiß 39.– **6b** Preisschießen, bei dem nur der beste Schuß eines Schützen gewertet wird: °„37 Schützen haben an 10 oder mehr *Vortel* teilgenommen" Murnau WM; „Es wurde … das erste

Vortl den 26 Juli abgehalten“ Kemnath 1851 Heimat TIR 24 (2012) 105.– Auch Billardturnier um einen Preis: °„die Jugendvereinsmeisterschaft wird übers Jahr verteilt in kleinen Turnieren, genannt *Vortel*, ausgetragen“ Pfeffenhsn ROL; „will man das Trainingsangebot … mit einem *Vortel* an jeden [sic] ersten Freitag eines Monats erweitern“ Mühlhsn KEH MZ für Kelheim, Abensberg u. Neustadt 71 (2015) 34.– **6c** best. Schützenscheibe, °NB vereinz.: °*Fortl* „Scheibe mit 2 Ringen, auf die der Schütze nur einen Schuß abgeben darf“ Mainburg; „Für gleichmessende Schüsse entscheidet der bessere Schuß, welcher von dem … Schützen für das betreffende Stand-Beste (*Haupt, Vortel, Hirsch, Glück* u.s.w.) zuletzt gemacht worden ist“ Allg. Schützen-Ordnung für das Königreich Bayern vom 25. August 1868, Verlag J. Grubert, München [1868], 35.– **7** Vorrichtung.– **7a** Zugvorrichtung der Egge, °OB mehrf., °NB, °OP, °MF, °SCH vereinz.: °*der Fortl* „Balken, an dem die Eggenfelder hängen“ Perchting STA.– Auch: °*Vorteil* „vorderes Eggenfeld einer dreiteiligen Egge“ Haselbach BUL.– **7b** (Vorrichtung zur) Veränderung der Hebelkraft am Ortscheit, °OB, °NB, °SCH vereinz.: °*nummedog derf da Jung rostn, na tuast aber an Fuchs an Vuitl* „das Zugscheit des stärker belastbaren Pferdes wird näher an den Drehpunkt des Ortscheits gehängt“ Weildf LF; *im Vortl gehen* „junges Pferd … schonen, indem man ihm mit der *Vortlwog* den Vorteil … zukommen läßt“ Häring Gäuboden 183.– Auch: °*Vorddl* „Zugscheit beim einspännigen Fahren“ Neufraunhfn VIB.– **7c**: °*Vourtl* Hebebaum Münsing WOR.

Ltg: Neben *vǫatǫal*, *-tai(l)* meist *fǫrtl*, *fǫadl* u.ä., auch *fǫurtl* (TÖL, WOR), *furtl* (SC), *fǫtl* (DEG, GRI, KEH, WEG), *vui(t)l* (LF), *fǫrl*, *fǫal* u.ä. OP (dazu WEG; WUN), *fǫ(a)xdl* (GRI, PA), *fǫuxdl* (MB, WOR), *fǫušdl* (MB, TS), *fǫišdl* (MB), ferner *pfǫadl* (BOG, EG, GRI, KÖZ), *pfǫxdl* (GRI) sowie in Bed.7a *virtl* (AIC).

Schmeller I,599, 847.– WBÖ IV,1392-1395.

Mehrfachkomp.: †[**Pferde-vor**]**t.**: *Raisiger Pferdvortl* [Zuschuß für ein ausgerüstetes Pferd], *auf jeden 6. fl.* Rgbg 1595 Lori Kreisr. 177.

– [**Ehre**(**n**)-**vor**]**t.** **1** †Ehrenpreis: „Zu Ehren der langjährigen Mitglieder der hiesigen Schützengesellschaft … gibt dieselbe … denselben einen *Ehrenvortel*“ Landshut Landshuter Ztg 17 (1865) 651.– **2** best. Schützenscheibe: °*Ehrenvortl* Fischbachau MB; „Beim Schießen auf die grüne Scheibe, den *Ehre-Vortel* … Nur ein Schuss war erlaubt, um die Jubiläumsscheibe zu erringen“ Wasserburg Wasserburger Ztg 17.3.2012, 22.

– †[**Fähnlein-vor**]**t.** Zuschuß für eine Truppe von Landsknechten: *Seinem Obristen Leuthenambt* [Leutnant] *uf sein Statt und Fähndleinsvortl fl. 400* Rgbg 1595 Lori Kreisr. 176.

– [**Frei-vor**]**t.** **1** †Preisschießen um Privilegien wie die Befreiung von Abgaben: *Designation Yber die Bey Gemainer Statt Schießstatt zu Traunstein ausgeschossenen … Hosen: und frey Vortln* Traunstein 1756 Stadtarch. Traunstein, Akten 1490-1870, A IX 20 Nr.11[, 1].– **2** Preisschießen, an dem jeder teilnehmen darf: „Bei Gelegenheit eines *Freivortels* … nach der Preisevertheilung auf hiesiger Schießstätte“ Landshut Landshuter Ztg 6 (1854) 452; „Es werden … ein *Herrenvortel* sowie ein *Freivortel* … ausgeschossen“ Stefanskchn MÜ Mühldorfer Anzeiger 16.2.2017, 16.

– [**Haupt-vor**]**t.** **1** (Preis bei einem) best. Preisschießen: °„die *Hauptvortel* werden immer auf drei Schießabende ausgeschossen“ Hmhart LAN; „Die *Hauptvortel* gingen a[n] … Gewinner der *Nebenvortel* waren …“ Wasserburg Wasserburger Ztg 3.11.2016, 21.– **2** Schützenscheibe für best. Preisschießen,Bed.1: „Die ersten acht Schüsse zielten auf die schwarze Scheibe, den *Glück-Vortel*, weitere vier auf eine rote, den *Haupt-Vortel*“ Wasserburg ebd. 17.3.2012, 22.

– [**Herren-vor**]**t.** **1** †herrschaftlicher Zuschuß an Schützengesellschaften: „der dortigen Schießstätte etwa verliehenen sogenannten *Herrnvortl*“ Schützen-Ordnung, München 1796, 17.– **2** †mit Bed.1 bezahlter Siegespreis od. Preisschießen darum: *Der Herrnvortl* „das, was als Preis auf jene Scheibe gesetzt ist, die im Rang nach der Haupt- und vor der Glückscheibe kommt“ Mchn Schmeller I,599; „Die hievon bestimmten … *Herrnvortl* sollen nur fleißig … ausgeschossen werden“ Mchn Schützen-Ordnung ebd., 46f.– **3** (Preis beim) Preisschießen, an dem nur erwachsene männliche Personen teilnehmen: „Es wird ein *Jugend-, Damen-* und *Herrenvortel* ausgeschossen“ Stefanskchn MÜ Mühldorfer Anzeiger 12.1.2017, 17.

Schmeller I,599.

– †[**Hosen-vor**]**t.** (Tuch für eine) Hose als herrschaftlicher Siegespreis od. Preisschießen darum: *Wan zwen nacheinander die Hosen gewinnen, so müssen sye hernach zu ainem HosenVortl … ain jeder geben 24 kr.* Traunstein 1597 OA 41 (1882) 176; „am Sonntag nach Jakobi zwey *Hoosen*, oder *Herrnvortl* an einem Tag ausgeschossen" Mchn Schützen-Ordnung, München 1796, 49.

– [**Jux-vor**]**t.**: °*Juxfortl* „Spaßpreis für den schlechtesten Schützen" Breitenbg WEG.

– †[**Manns-vor**]**t.** vorrangiges Erbrecht der männlichen Nachkommen: *dem älteren Manns-Erben ein ehrlicher Manns-Vortel* Landr.1756 307.

SCHMELLER I,599; WESTENRIEDER Gloss. 343.

– †[**Haupt-manns-vor**]**t.** Zuschuß für den Führer einer Truppe von Landsknechten: *die 500. beeder Fähndlein Hauptmannsvortl macht 1400. fl.* Rgbg 1595 LORI Kreisr. 177.

– †[**Schieß-vor**]**t.** Zuschuß an Schützengesellschaften: „Der Pfleger … trat dafür ein, daß … im Grenzgericht der *Schießfortl* wieder gereicht werde" 1661 Chron.Kiefersfdn 561.

WBÖ IV,1395.

– [**Stroh-vor**]**t.**: °*das Strohfortl* „in Stroh verpackter Preis für den besten Schützen" Peiting SOG.

– [**Schützen-vor**]**t. 1** wie →[*Schieß-vor*]*t.*: „dankte … für … die Zuwendung des alljährlichen *Schützenvortl*" Wdmünchen Bayerwald-Echo 71 (2015) Nr.127,34; „Stadt Landshut … Ausgabe … *Schützenvortel* 54 fl. 17 kr. 1 hl." HAZZI Aufschl. IV,3,663; *der von Uns … bewilligte gewöhnliche Schützenvortl* Mchn 1661 Slg der Kurpfalz-Baier. … Landes-Verordnungen, hg. von G.K. MAYR, München 1788, IV,555.– **2** (Preis beim) Preisschießen: °„Franz O[…] hat den *Schützenvortel* gewonnen" Dingolfing; „Morgen … findet in Verbindung mit dem gewöhnlichen *Schützenvortl* … das … Kirchweihschießen statt" Ambg Amberger Tagbl. 1874, 666.

– [**Zimmer-stutzen-vor**]**t.** Preisschießen mit kurzläufigem Gewehr (→[*Zimmer*]*stutzen*): °*Zimmerstutzenvortel* Aufham BGD; „Preisverleihung der Disziplin *Zimmerstutzen-Vortel*" Frsg SZ Freising 57 (2001) R3.

[**Vorder**]**t.**, [**Vörder**]- Vorderteil, °OB, NB, °OP, °MF vereinz.: *Vodatoal* Körperteile der Biene Staudach (Achental) TS; *as Vedatåi* „der Joppe" Hengersbg DEG; *Aus dera Joppn von altn Bauern … gang no a Hosn … d'Vordatoal und da Buckl san pfenningguat* BAUER Oldinger Jahr 54; *daz vordertail dez arms … ist auz zwain painen* KONRADvM BdN 43,7f.; *Muest ein ieder ein haupttharnasch und vodertail haben auf dem denken* [linken] *arm* AVENTIN IV,432,20f. (Chron.).

WBÖ IV,1395.

[**Fünf**]**t.** →*Fünftel.*

[**Fuß**]**t. 1** Fußende des Betts, Gesamtgeb. vereinz.: *Foußtal vo da Bettstadt* Winkelhaid N.– **2** Hosenbein, OB, NB vereinz.: *sa na Hosn ghean zwoa Fuasdåi* Mittich GRI.

WBÖ IV,1395.

[**Gegen**]**t. 1** Gegenteil, Entgegengesetztes: *Da Bfäffa, dea machd schoaf, oowa in deen Fall machda s'Gengdaal* LODES Huuza güi 64; *Da Neid soll's Gengtho*[*a*]*l höan* SCHUEGRAF Wäldler 31.– Phras. *im G.* ganz u. gar nicht: „Sind Sie wo heruntergefallen? *Na, im Gengteil*" A. KÜHN, Münchner Gesch., Frankfurt a.M. 1977, 106.– **2** †zweiter, anderer Teil: *Nun han ich … des bemelten haus den gegentail, der mir von meinem man zugefallen ist … zu kaufen geben* Landshut 1501 Urk.Juden Rgbg 253.– **3** †Gegenpartei, Gegner: *der soll dem Richter die Bueß geben*/ *vnd seinem gegenthail … den schaden widerkehren* Landr.1616 231.– **4** von Menschen.– **4a** Ehepartner: *wie mi itz mei Gegnthoal plagt … Erst gestern hats mi wieder gschlagn* MAYER Raindinger Hs. 123; *dz sie … längst innerhalb 6 Wochen sich vm einen Anständigen Gegentheill vmsehen … solle* StA Mchn Hofmark Amerang Pr.19 (2.9.1782).– **4b** †weibliche Person allg.: „die Bezeichnungen des weiblichen Geschlechts … *Gegenthål*" FENTSCH Bavaria Mchn 200.

SCHMELLER I,879.– WBÖ IV,1395f.

[**Gut**]**t.** Großteil, beträchtlicher Teil: *An Guatteil dervon machat Zeitzeugen aus* SOG der altlandkreis 2012, H.12,28.– Phras. *ein G.* in beträchlichem Maße, größerenteils: *Däa is a Gouttahl fa(u)l* SINGER Arzbg.Wb. 79.

†[**Halb(en)**]**t.** wie →[*Ander*]*t.*1: *ain halptail des tyrkraizs ob im und daz ander halptail under*

im KONRADvM Sphaera 50,14f.– Auch adv. zur Hälfte: *So hän mä halt gloffen, ja halbmthal schier gflogn* Stubenbg PAN um 1800 PH. LENGLACHNER, Geistliches Zeitten B., München 2012, 86; *also mert sich der christen hail, uncz* [bis] *dy stat wol halbentail dy tauf het enphangen* HAVICH St.Stephan 17f.,1203-1205.
WBÖ IV,1396f.

†[**Half(t)en**]**t.** dass.: *daz halfentail dez weingarten, den ich mit ir han, wan daz ander halfentail vor ir ist* 1341 Rgbg.Urkb. I,520; *ain tagwerck wismat vor dem dorf Teging* [Töging BEI] ... *daraus nymbt Herman Kamerl den drittail althew vnd halftentail grumats* 1449 Trad.Weltenburg 302.

[**Häuslein**]**t.** wie →*[Alt(en)]t.*, °OB, °NB, °OP vereinz.: °*däi nemma ihran Heislteil und genga nüwa* „ins Ausnahmshäuschen" Sulzkchn BEI.

[**Hefen**]**t.**: „die Rohrnudel, auch *Häffadal*" Oberpfalz 80 (1992) 144.

[**Ahn-herren**]**t.** wie →*[Alt(en)]t.*: °*der Anherntal* (Ef.) Fronau ROD.

[**Hinter**]**t. 1** rückseitiger Teil, OB, NB, OP vereinz.: *s Hinterteil* „Rückenteil der Kleidung" Wasserburg; *aus Clinger gericht Jst alher überantwort auf lxviiij man vordertaill. und lviij Hinttertail* 1533 StA Mchn Reg. Burghausen 926,fol.10r (Inv.).– **2** hinten befindlicher Teil, OB, OP vereinz.: *Hindadoi vo da Zunga* Beilngries.– **3** Gesäß: *Hintatai* Hengersbg DEG; *'s Hindadal* „Po" KONRAD nördl.Opf. 77.
WBÖ IV,1397.

[**Holz**]**t.** Parzelle, Teilgrundstück des gemeinschaftlichen Walds, OB, NB, OP, OF, SCH vereinz.: *mein Houlzdoal giwi um ghoan Breis hear* Mering FDB; *hūltſtōl* nach LECHNER Rehling 95; *Bey uns wurden im Monat May die Wälder geteilt, davon wir 8 Holztheile bekomen haben* 1777 SCHELLE Bauernleben 56.
WBÖ IV,1397f.

[**Hut**]**t.** Parzelle, Teilgrundstück der Hutweide, OP vereinz.: *Houdtål* Stadlern OVI.

[**Keu**]**t.** Kinn: *Kuidåi* Viechtach.– Zu →*Keue* 'dass.'.

†[**Kinds**]**t.** Erbanteil eines Kindes: *Deßgleichen soll jhr* [der Witwe] *geben werden/ ein gleicher Kindtstheil/ so vil einem jeden Kindt zu gleichen thailen* Landr.1616 201.

[**Kopf**]**t.** Kopfende des Betts, Gesamtgeb. vereinz.: *Kuepfdål* Wöhsau WUN.
WBÖ IV,1398.

[**Kreuz**]**t. 1** Schragen, Gestell mit kreuzweise verschränkten Füßen, °OB, °NB, °OP vereinz.: *Kreizdal* Söllitz NAB.– Auch: Füße dess., °OB, °NB vereinz.: °„der Sägebock zum Brennholzabsägen hat zwei *Kreuzteile*" Lenggries TÖL.– Längsbalken zw. den Füßen dess., °OB vereinz.: °*das Kreuzteil* Rettenbach WS.– **2** Untergestell für den Waschzuber mit kreuzförmiger Auflagefläche, °OB, °NB vereinz.: °*Kreuzteil* Hfndf ROL.– S. Abb. 12.– **3** kreuzförmige Strebe, °OB, °MF vereinz.: °*Kreuztai* „damit sich der rechte Winkel bei Gattern und Türen nicht verschiebt" Reichersbeuern TÖL.– **4** wohl Holzkreuz zum Aufhängen des Getreidesiebs: °*Kreuzteil* Endlhsn WOR.– **5** wohl kreuzförmiges Riemenwerk beim Zugtiergeschirr, °OB, °OP vereinz.: °*Kreuzteil* „Teil des Pferdegeschirrs" Ensdf AM.

[**Luß**]**t.** wie →*T.*3: °*Lusteile* „lange, schmale Parzellen, die einzelnen gehören und gemeinschaftlich genutzt werden" Polling WM.– Zu →*Luß* 'durch das Los bestimmter Anteil an Grund u. Boden'.

[**Ge-mein**]**t.** dass., °OB, NB, °OP, MF vereinz.: *dös sind laute so kloane Äckerlen, müesse so Gmoadoal sei* Hfhegnenbg FFB; *Schrems* [seitwärts] *awi zu mein'm G'moa(n)thal schia* LAUTENBACHER Ged. 43.

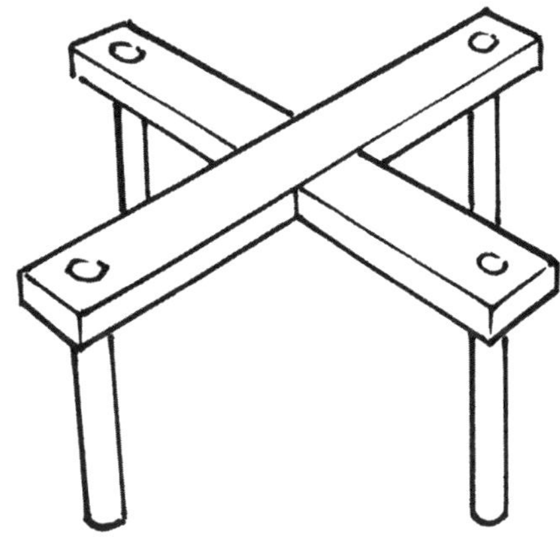

Abb. 12: *Kreuzteil* 'Untergestell für den Waschzuber' (Hfndf ROL).

†[**Meist**]**t.** der größte Teil, nur adv.: *umb das herz* [Teil der Angel] *rot maistail seiden* 15./16. Jh. ZDA 14 (1869) 163 (Tegernseer Angel- u. Fischb.).

WBÖ IV,1398.

[**Moos**]**t.** Parzelle, Teilgrundstück des gemeinschaftlichen Sumpflands, OB, NB vereinz.: *Moosdoih* Staudach (Achental) TS; *mos-dål* „nasses Wiesengrundstück" nach KOLLMER II, 80.

WBÖ IV,1399.

[**Nach**]**t.**, †**Nachtel** Nachteil, Schaden, °OB, °NB vereinz.: °*d Nouchtei houd mi gschregd* Buch LA; *Der Nâchtail* SCHMELLER I,599; *beschicht dardurch im traidfeld oftmals groszer schad und nachtl* Winhöring AÖ 1594 GRIMM Weisth. VI,140.

SCHMELLER I,599.– WBÖ IV,1399f.

[**Aus-nahm**(**e**)]**t.** wie →[*Alt*(*en*)]*t.*, °OP vereinz.: °„ein *Ausnahmbauer* verzehrt im *Austraghäusl* seinen *Ausnahmteil*, pro Tag 8 Eier, 1 Liter Milch, pro Woche 1 Laib Brot" Kchndemenrth NEW.

[**Ober**]**t. 1** oberer Teil, OB, OP vereinz.: *s Obertoil vom Schuah* Wasserburg; *Obertal* Kopfende des Bettes Ursulapoppenricht AM.– **2**: °*Oberteil* „höher gelegener Teil einer Gemeinschaftswiese" Eschenlohe GAP.

WBÖ IV,1400.

[**Rucken**]**t.**, [**Rücken**]- Rückenteil eines Kleidungsstücks, OB, NB, OP vereinz.: *s Rucknta*ö Altötting.

WBÖ IV,1401.

[**Seiten**]**t.** Seitenteil, OB, NB, OP, SCH vereinz.: *dös föda Seitntaö* „des Zuschnitts beim Schneidern" Pfarrkchn; *Seitntal* „Backenstück des Pferdehalfters" Etzenricht NEW.

WBÖ IV,1401.

[**Streu**]**t.** wie →[*Moos*]*t.*: *Schtratål* Leupoldsdf WUN; „sumpfiges, nasses Land ... *šdrēdǫal*" Dießen LL nach SBS XII,36-38.

[**Unter**]**t. 1** unterer Teil, OP, OF vereinz.: *Untertal* Fußende des Bettes Ursulapoppenricht AM; „*im Unterteil* ... *gemauerte Häuser* ... bei denen das Erdgeschoß ... aus Stein war" 1580 Chron.Kiefersfdn 391.– **2**: °*Unterteil* „tiefer gelegener Teil einer Gemeinschaftswiese" Eschenlohe GAP.

WBÖ IV,1402.

[**Ur**]**t.**, **Urtel** auch †F. **1** gerichtliche Entscheidung, Urteilsspruch: *Urteil* Passau; *Der Landrichter z' Mühldorf hat ma 's Urtel g'sprocha* Garching AÖ DREYER Bayern 74; *iudicia, quae Bawarii urteila dicunt* O'neuching ED 772 Monumenta Germaniae Historica Concilia II,1, Hannover/Leipzig 1906, 101 (Neuchinger Dekrete); *auf der offen shrann, also* [die] *gemainchlichen vrag vnd vrtail sagt* Tittmoning LF 1307 Urk.Raitenhaslach 458; *Sölch urtl und recht ward von den stenden des reichs über herzog Thessel* ... *gefelt* AVENTIN V,114,15f. (Chron.).– Als Fln. ED.– **2** Stellungnahme, Beurteilung: *Urteil* „endgültige Auffassung" Passau; *Sententia* ... *urteila* Rgbg 11.Jh. StSG. II,440,52; *sol vns daz reht geschehen nach der andern Geisel v̊rtail* Passau 1298 Corp.Urk. IV,226,5; *wie grob sein wir mit unserē plumpen Urthl angefahren/ wir hielten die und die für lauter Idioten* SELHAMER Tuba Rustica II,116.– **3**: „*uətl* bildliche Darstellung von Mordtaten und Hinrichtungen auf Jahrmärkten, Beschreibung solcher Geschehnisse" SCHIESSL Eichendf II,18.

SCHMELLER I,601.– WBÖ IV,1402f.

Mehrfachkomp.: †[**Bei-ur**]**t.** Zwischenurteil: *so soll der Gerichtschreiber von einer Beyurtheil fünf und vierzig* ... *Pfenning Landshuter* ... *nehmen* Landshut 1474 BLH VII,486; „Andere Obrigkeitliche Conclusa ... welche weder auf die Absolution noch Condemnation, sondern nur auf weitere Fortsetzung des peinlichen Process gehen ... heissen blosse *Bey-Urtheile*" CJB 125.

SCHMELLER I,601.– WBÖ IV,1403.

– †[**End-ur**]**t.** Endurteil: *Das ain yede enndturtl nach gestallt der clag formiert soll werden* Passau 1536 WÜST Policey 306.

SCHMELLER I,601.– WBÖ IV,1403.

– [**Vor-ur**]**t. 1** Vorurteil, °OB, NB vereinz.: °*Vorurtäeö* Erling STA; *A Vorurteil? Mei, des is zum Beispiel, wenn ma behauptet, dass alle Schotten geizig san* H. ZÖPFL, Du Papa, Rosenheim 2010, 31.– **2** †wie →[*Bei-ur*]*t.*: „Andere obrigkeitliche Conclusa ... welche ... nur auf weitere Fortsetzung des peinlichen Proceß gehen ... heissen bloße *Vorurtheile*" [2]CJB 1807, 158.

– †[**Fron-ur**]**t.** Todesurteil: *So begert anclager nach ein fron vrtl zufragen mit was todt er gericht werden sol* Rgbg 1550 Mittheilungen des Vereins für Gesch. u. Alterthumskunde in Frankfurt am Main 5 (1874-1879) 315.

– †[**Hof-ur**]**t.** Urteil eines landesfürstlichen od. gerichtsherrlichen Gerichts: *die Vierer … sein als lang Im rechten gestanden daß mer dan ain Vrtaill auch hoffvrtaill außgangen sein* Vohburg PAF 1481 MB XVIII,579.

WBÖ IV,1403.

– †[**Malefiz-ur**]**t.** Urteil über schwere Vergehen vor einem Hochgericht: „so wurde der *Panrichter* zur Angabe seines *Malefiz-Urtls* veranlaßt, *nach welchem diese Hexenkinder … durch einen zeitlichen Tod weggeräumbt wurden*" Geisling R 1694 A. Hallinger, „Die Hex' muss brennen", Augsburg 1999, 159.

[**Wald**]**t.** Parzelle, Teilgrundstück des gemeinschaftlichen Walds, °OB, °NB, OP, OF vereinz.: °*a Walddeala* O'ammergau GAP; *zwu Woldtål* Leupoldsdf WUN.

WBÖ IV,1404.

†[**Wider**]**t. 1** wie →[*Gegen*]*t.*3: *so sol man … zů sprechen seinem widertail, ob er erziugen welle oder ob er den ait nemen welle* 1310-1312 Stadtr. Mchn (Dirr) 278,4-6; *damit er seinen Widertheil lang auffziech/ vnd müed mache* Landr.1616 173.– **2** Uneinigkeit, Feindschaft: *von solicher irrung und widertayl … als die von Munichen mit einander gehabt haben* 1403 Stadtr.Mchn (Dirr) 604,10-12.

WBÖ IV,1404.

†[**Zwei**]**t.** zwei Drittel: *daz ich … ze chauffen geben han … meinew zwaytail des zehends zu Obern Weylbach* [O'weilbach DAH] 1386 Urk. Heiliggeistsp.Mchn 227f.

Schmeller II,1169.– WBÖ IV,1404f.

[**Zwerch(s)**]**t. 1** in Querrichtung verlaufender Teil.– **1a** allg., °OB, °NB, °OP, SCH vereinz.: *Zweachdal* „Fußbrett zwischen den Tischbeinen" U'hütte WÜM; *Zwerchdoal* „oberer und unterer Balken des Fensterstocks" Derching FDB.– **1b** Querriegel des Hosenträgers, °OB mehrf., °NB, °OP, °SCH vereinz.: °*s Zwerchtoi hängt scheps* „an der Trachtenhose" Taching LF; °*das Zwertal vom Hosntrocha* Fronau ROD.– **1c** wie →[*Vor*]*t.*7a, °OB, °OP, °SCH vereinz.: °*da Zwerchtei* „der an den Bulldog angehängte Eisenbalken, der die Felder der Egge verbindet" Wildenroth FFB.– **1d** Schaft od. Webeblatt des Webstuhls, °OB, °NB vereinz.: °*der Zwerchteil* „Garnspanner" Kay LF.– **1e** Querfäden eines Gewebes, °OB vereinz.: °*das Zwerchteil* Flintsbach RO.– **2**: °*Zwerchteil* „an einer Ecke angespannte Egge, die schräg geführt wird" Ried FDB. A.S.H.

deilen, (Fässer) dicht machen, →*dechteln*[1].

teilen

Vb. **1** in Teile zerlegen, °OB vielf., °NB, °OP mehrf., °Restgeb. vereinz.: °*dö grouß Eggart is toajt worn* Inzell TS; °*an Schwoam daln* Brennbg R; *dalta Huaf* Arzbg WUN; „*doala* … insbes. die Geländeaufteilung bei der Flurbereinigung" Freudenberg Böbing 44; *(Dispertiens) teilenter* Frsg 9.Jh. StSG. II,172,1; *allez min gůt daz ich vmb Leonberch han/ geteiltz/ vnd vngeteiltz* Rgbg 1291 Corp.Urk. II,679,18f.; *ob ein paum stüend in einem rain, wie man denselben tailen sol* Asbach GRI 1481? Grimm Weisth. VI,128.– Phras.: *i koa me niad daln* [mehrere Sachen zugleich tun, an versch. Stellen zugleich sein] Konrad nördl.Opf. 95.

2 in zwei Teile aufteilen, gliedern: *De Wänd* (Wand) *vo der Stubm, de hot'n Komin tält* KÖZ BJV 1952,30.

3 dividieren, OB, NB, MF vereinz.: *zwöif gedeit durch via is drei* Preith EIH; *Mathematik … is abziahgn, zammzähln … geteilt und mal* Altb. Heimatp. 62 (2010) Nr.41[,32]; *2805, daz tail in 17, ist 165* Rgbg Mitte 15.Jh. Die Practica des Algorismus Ratisbonensis, hg. u. erl. von K. Vogel, München 1954, 61,14.

4 untereinander aufteilen, °OB, °NB, °OP vereinz.: °*kaaf an ganzn Zopf Knofe, na doiman ins* G'holzhsn RO; °*öitza homa ehrle dalt und oimal bschissn* Weiden; *Na hammas ehra Geld doolt* N'premeischl WÜM Böck Sitzweil 28; *Dû muost disiu fünf pfunt ie mit im teilen* BertholdvR I,25,23; *was uns des wirt, das schůll wir mit einander tailn nach anzal* 1404 Runtingerb. II,197.

5 verteilen, austeilen, ä.Spr., in heutiger Mda. nur in Komp.: *Spargit teilit* Frsg 9.Jh. StSG. II,164,42; *daz … an ir Jartag auph irm Grab werden Tailet zwelph prot von Rokken/ vnd vier ches* Schliersee MB 1295 Corp.Urk. III,335,27f.; *von gstain vnnd golld funndens reichait an massen, das tailt er gar der werden schar* Füetrer Persibein 137,510.

6 †durch Erbteilung abfinden: *Swelich vater auch seinen sun von im hat getailt* Schnaittenbach AM 1296 Corp.Urk. V,552,35.
7 geistig od. seelisch teilen: *sei Ansicht teiln* Passau; *Er … ko mit nemads taln sei' Freid* NIEBLER Mutterspr. 19; *si swerent, daz … si … triuwe mit in teilen* HADAMARVL 53,213.
8 †Urteil sprechen, richten, entscheiden: *die teilten mit gemeiner volg auf die eide* Vilseck AM 1410 GRIMM Weisth. VI,108.
9 refl., sich trennen, scheiden, auseinandergehen, °OB, NB, °OP vereinz.: *d Strååßn tailt si* Fürstenfeldbruck; *d'Woikn teiln sö* Hengersbg DEG; °*da Bie teilt se* „der Bienenschwarm schwärmt aus" Haselbach BUL; *do laft der Bo ober, der toilt si* KÖZ BJV 1953,34; *Swâ sich daz herze teilet, dâ ist diu lieb gespalten* HADAMARVL 137,553; *dann das ist der ketzer aigenschafft … das sy sich teilent und nit ains bleybent* Ingolstadt 1526 J. ECK, Vier dt. Schriften gegen M. Luther, hg. von K. MEISEN u. F. ZOEPFL, Münster 1929, 47,36-48,1.
10 †refl., sich verbreiten, ausbreiten: *Der krieg hett sich allenthalben geteilt in dewtzsche land so gross* EBRAN Chron. 99,18f.
11 †Part.Prät.– **11a** Anteil habend, besitzend: *er war ein tailter Herr mit meinen Herren seinen vettern und hiet ein besunder lanndt* Mchn 1413 FREYBERG Slg I,320.– **11b** verschiedenfarbig, nach Art des Mi-Parti: *I tailten roch plabt vnd rot* PIENDL Hab und Gut 204; *man sieht sie in getheilten Kleidern, wie die Landsknechte, einhertreten* 1518 GEMEINER Chron. IV,340.

Etym.: Ahd. *teilen, -ôn*, mhd. *teilen*, Abl. von →*Teil*; PFEIFER Et.Wb. 1422.

SCHMELLER I,600.– WBÖ IV,1406f.

Komp.: [**ab**]**t. 1** abteilen, teilend aus- od. voneinander trennen, °Gesamtgeb. vereinz.: *host dei Har scho odoid?* „gescheitelt" Dorfen ED; *s Föid odoin* Beilngries; *d'Sau odoaln* zerlegen Derching FDB; *a-toaln* SCHWEIZER Dießner Wb. 4; *Conrad, bischof zu Freising, hat das spital … gar von der pfarr abgetailt* ARNPECK Chron. 519,16-18.– **2** wie →*t.5*: °*a Odoids* „an Dienstboten ausgeteilte Speisen" O'piebing SR.

WBÖ IV,1407f.

[**an**]**t.** gleichmäßig verteilen, auseinanderstreuen, °sw.OB vielf.: *an Kohlhauffa* [Kohlenmeiler] *atoala* Peiting SOG; *Der Goribauer tut Scherhäufn otoaln* BAUER Oldinger Jahr 67.

WBÖ IV,1408.

[**auf**]**t. 1** in Teile zerlegen u. verteilen, °OB, °NB vereinz.: °*s Grundstück is an de Kinder affdoid woarn* Wettstetten IN.– **2** in eine best. Anzahl von Teilstücken zerlegen: *Aufs Noulbrejdd schdreed mar a Meal na und doald nocher an Doag auf zejcha Baddsa auf* WÖLZMÜLLER Lechrainer 89.

WBÖ IV,1408f.

[**aus**]**t. 1** wie →*t.5*, °Gesamtgeb. vereinz.: °*ball* [wenn] *was zum Astööln kummt, bleibt nimma vüll üwa* Schnaittenbach AM; *An jedem Kiechel- oder Bachtage bekommt jeder Dienstboth zum Austheilen 4 Kiechel* Reisbach DGF 1830 BJV 1985,44; *außThailen* SCHÖNSLEDER Prompt. Ii1ʳ.– Phras.: „der gebogene Nasenrücken … zu breit … und zu lang … *Der ist beim Austeilen zweimal hingegangen*" Wdmünchn.Heimatbote 19 (1989) 32, ähnlich FS.– Übertr. (Schläge, Ohrfeigen u.ä.) austeilen, OB, NB vereinz.: *då håda Pfotzna austaid* Seestetten PA;– Phras.: °*wer astaalt, mou aa eisteckn* „wer andere hänselt, muß auch selbst Spaß vertragen" Wdsassen TIR.– Auch auf eine Fläche verteilen, ausbreiten: „Auslegen der Garbenbänder … *bęndr ausdǭalə*" Schwabhsn LL nach SBS XII,362.– **2** zuteilen, zuweisen: *aöza wiend Blatz asdalt* Sitzordnung bei der Hochzeit Zandt KÖZ; *ausdoin* „Bei Neuanlage eines Hopfengartens die Setzlinge auf die … Pflanzlöcher verteilen" nach MEISTER Hallertauer Hopfenbauern 48; *Und wurden in welsche land an alle ort nach dem lôß außgetailt* AVENTIN IV, 1178,19f. (Chron.).– **3** †aufteilen u. unterbringen, ansiedeln: *hat … ein tail Burgundier … an den Rein und Thonau außgetailt* ebd. 1024,16-18 (Chron.); *Jre Conuent frauen zu Jren befreindten vnd Closter aus deillen miesen* 1632 HAIDENBUCHER Geschichtb. 97.– **4** †wohl refl., wie →*t.10*: *ein rad von regenpogenfarb … über Weichsantpeter ausgetailt* Rgbg 1521 Chron. dt.St. XV,36,23f.– **5** †unterteilen, einteilen: *ain ainige sunn … tailt aus mit dem lauf die zeit des jars* AVENTIN V,37,29-38,1 (Chron.).– **6** †durch Gliederung unterscheiden, analysieren: *dy weyshait, dy da alle dyng scheynperleich ist austaylend* Tegernsee MB 1450/1460 Bonaventura. Itinerarium mentis in Deum, hg. von W. HÖVER, München 1970, I,45,100f.– **7** †refl., sich zu jmdm hinbegeben, sich jmdm anschließen: *Etlich bischof, rät und herren … tailten sich aus zu den sünen des kaisers* AVENTIN V,179,3f. (Chron.).

WBÖ IV,1409f.